David Safier

Miss Merkel

Mord auf hoher See

Roman

Kindler

Originalausgabe
Veröffentlicht im Rowohlt Verlag,
Hamburg, Januar 2024

Satz Albertina MT bei CPI books GmbH, Leck
Druck und Bindung GGP Media GmbH, Pößneck
ISBN 978-3-463-00031-2

Für Marion, Ben und Daniel.
Ich liebe euch von ganzem Herzen.

1

Gib Gas, Puffeline. Wir müssen uns beeilen!», keuchte Achim, und Angela erwiderte schnaufend: «Alte Dame ist doch keine Ostseepipeline.»

«Das Schiff tutet schon!», stöhnte Angelas Ehemann auf, der zwei alte grüne Reiserucksäcke über seinen schmalen Schultern trug, während sie Mops Pupsi auf dem Arm hatte.

«Ich glaube nicht», sagte Angela keuchend, «dass ‹tutet› der korrekte maritime Fachbegriff für dieses Geräusch ist.»

«Und sie schließen schon die Gangway», rief Achim voller Panik.

Das Schiff war bereits in Sichtweite, und in der Tat begannen zwei Angestellte der Kreuzfahrtlinie gerade damit, das Gitter am Eingang der überdachten, vollverglasten Brücke, die auf die *Elegant Princess* führte, zu schließen. Markerschütternd ließ das Kreuzfahrtschiff mit Platz für 412 Passagiere sein Horn ein weiteres Mal ertönen. Das Schiff war schon ein wenig in die Jahre gekommen. Am Bug blätterte an der ein oder anderen Stelle die blaue Farbe ab und legte den Rost darunter frei. Aber Angela war das Äußere einerlei. Auf der *Elegant Princess* wurde eine ganz besondere Ostsee-Kreuzfahrt veranstaltet, die sie zu ihrem persönlichen Traumschiff machte.

«Hey! Hey!», rief Achim den Männern zu. «Warten Sie auf uns!»

«Sie können dich nicht hören!», japste Angela und an den Mops gerichtet: «Still, Pupsi», denn er bellte die kreischenden Möwen an, die sich nicht einmal im Ansatz davon beeindrucken ließen. Es war, als ob Friedrich Merz die Bundesregierung kritisierte.

«Wir hätten», stimmte Bodyguard Mike, der mit vier Koffern beladen war und dessen Hemd aus der schwarzen Anzughose hing, nun ins Gekeuche ein, «nie die Deutsche Bahn nehmen sollen. Dreimal umsteigen. Dreimal! Da kann man ja gleich ein Hotelzimmer auf der Strecke buchen.»

In der Tat war die Fahrt von Angelas neuer Wahlheimat, dem uckermärkischen Klein-Freudenstadt, nach Kiel eine Tour de Farce gewesen. Dabei hatte Angela bei der Planung bereits Verspätungen eingerechnet. Sie wusste ja, dass die Deutsche Bahn nur 54 Prozent der Züge pünktlich ins Ziel brachte und bei der Berechnung sogar noch mehr trickste als das griechische Statistikamt auf dem Höhepunkt der Eurokrise. Womit Angela jedoch nicht gerechnet hatte, waren die vielen kleinen Hindernisse, die die Bahn für ihre Kunden bereithielt. Als da wären: der Trick des kurzfristigen Bahnsteigwechsels. Das Phantom des Schienenersatzverkehrs. Das Wunder der umgekehrten Wagenreihung. Und beim letzten Umstieg in Hamburg erlebte die kleine Reisegruppe das noch größere Wunder der angetäuschten umgekehrten Wagenreihung: Angesagt wurde eine umgekehrte Wagenreihung, woraufhin alle Reisenden auf dem ohnehin überfüllten Gleis mit ihren Koffern hektisch in ihre neuen Abschnitte liefen, nur um dort zu erfahren, dass nun doch die richtige Wagenreihung galt, und alle noch hektischer wieder in den ursprünglichen Abschnitt zurückhetzten. Es war erstaunlich, dass dabei auf den engen Bahnsteigen des Hamburger Bahnhofs nicht massenweise Menschen auf die Schienen purzelten.

Bei der Fahrt von Hamburg nach Kiel im stickigen Zug mit ausgefallener Klimaanlage kam es zu allem Überfluss auch noch zu mehreren Halten auf offener Strecke. Anfangs gab es noch Erklärungsversuche des tapferen Zugführers, die von «Oberleitungsschaden» über «Schafe auf den Gleisen» zu «Ich habe auch keine Ahnung, warum wir jetzt nicht weiterfahren dürfen» reichten. Beim letzten ungeplanten Halt sagte der verzweifelte Zugführer mit unverhüllter Ironie: «Wegen Verzögerungen im Betriebsablauf wird sich der Betriebsablauf verzögern.»

Hach, es war schwer, bei so einer fehlerhaften Organisation keine Ostalgie-Gefühle zu entwickeln.

«Wir hätten mit dem Auto fahren sollen», meldete sich nun auch Angelas Freundin Marie zu Wort, die einen Buggy mit ihrem mittlerweile knapp zwei Jahre alten Sohn Adrian Angel schob. In ihrem geblümten Sommerkleid mit der Jeansjacke darüber sah die Afrodeutsche von allen Mitgliedern der kleinen Reisegruppe am wenigsten derangiert aus.

«Das ganze Gepäck hätte niemals in das kleine Elektroauto gepasst, das sich Frau Merkel als Dienstwagen ausgesucht hat», schnaufte Mike nicht ohne vorwurfsvollen Seitenblick in ihre Richtung. «Außerdem gibt es auf dem Weg keine einzige Ladestation.»

Angela fühlte sich schuldig. So wie sie sich im letzten Jahr immer häufiger für irgendwelche Unzulänglichkeiten im Land verantwortlich fühlte, obwohl sie doch ihrer Meinung nach in ihrer Amtszeit alles ihr nur Mögliche getan hatte, um Deutschland voranzubringen. Aber es fiel nun mal schwer, sich selbst als erfolgreiche Regierungschefin a.D. zu sehen, wenn man bei einer Fahrt von der Uckermark nach Kiel kaum mehr als dreißig Sekunden am Stück Netzempfang hatte. Ganz zu schweigen von der Presse, die ihr quasi jeden Tag all ihre Versäumnisse an den Kopf warf. Die Journalisten taten fast so, als hätte sie höchstpersönlich die defekten *Puma*-Panzer zusammengeschraubt. Das Schlimmste für sie war, dass sie nichts mehr machen konnte, um die Fehler der letzten 16 Jahren zu beheben. Als Rentnerin konnte sie sich nur eine andere Tätigkeit suchen, in der sie den Menschen ein wenig Freude bereitete. Und sie wusste auch schon, welche das sein sollte!

«Hat der Hund etwa gepupst?», drehte sich Mike, der schräg hinter Angela ging, angewidert zur Seite.

«Ein Bäuerchen gemacht», erklärte Achim, der nun ebenfalls nach Luft rang.

«Bäuerchen?»

«Von der Uckermärker Leberwurst, die Angela ihm so gerne gibt, die extra Grobe.»

«Ich hasse meinen Job», murmelte Mike leise. Irgendwann müsste Angela ihm sagen, dass sein leises Murmeln in der Anwesenheit seiner Vorgesetzten eindeutig zu laut war.

«Du hättest», schnaufte Marie, «auch durchklingeln können, dass wir uns verspäten. Der Kapitän hätte garantiert auf dich gewartet.»

«Du weißt, ich will solche Extrawürste nicht», erwiderte Angela.

«Aber für die Wagner-Festspiele lässt du dir gerne die besten Karten geben», lächelte Marie Angela zu. Angelas beste Freundin hatte die Eigenschaft, ihre moralischen Widersprüche auf eine Weise aufzudecken, die sie ihr nie übel nehmen konnte.

«Die Gangway ist zu», sagte Achim und blieb abrupt stehen. Beinahe wäre Angela aufgelaufen, sie konnte gerade noch rechtzeitig ausweichen, stolperte so allerdings in Mike hinein. Pupsi jaulte auf, und Mike ließ die Koffer fallen. Sie landeten auf seinen Füßen.

«Aua!», rief er.

«Es tut mir leid», sagte Angela.

«Und mir weh», murmelte Mike wieder nicht halb so leise, wie es in Anwesenheit seiner Vorgesetzten angemessen wäre.

«Wir müssen wohl umkehren», kam Marie mit dem Buggy nun ebenfalls zum Stehen.

«Ich setze mich garantiert in keinen Zug mehr», entfuhr es Mike, der mit schmerzverzerrtem Gesicht mal auf dem einen, mal auf dem anderen Fuß hüpfte.

«Dazu müsste man auch erst mal einen Sitzplatz finden», sagte Achim und strich dabei tröstend dem Mops über den Kopf.

«Sieht so aus», sagte Marie zu Angela, «als ob es auf eine andere

Kreuzfahrt hinauslaufen wird.» Sie deutete auf die beiden Angestellten, die die verschlossene Gangway hochliefen.

«Ich will keine andere Kreuzfahrt machen. Nur diese Krimi-Kreuzfahrt!», erklärte Angela, die in der Tat für keine andere ihren CO_2-Fußabdruck vergrößern würde. Der war nach all den Jahren in Regierungsfliegern ohnehin schon so groß wie der von Burkina Faso.

«Nur weil du keine echten Morde mehr zum Lösen hast, liest du so gerne Krimis», lächelte Marie. «Das kannst du auch zu Hause machen.»

Angela hatte in den ersten Monaten in Klein-Freudenstadt die Morde an dem Freiherrn von Baugenwitz, dessen Ehefrau, einem Friedhofsgärtner und einer Pole-Dancerin aufgeklärt. Doch seit über einem Jahr hatte es in dem kleinen Örtchen keine weiteren ungeklärten Todesfälle mehr gegeben. Eine Tatsache, die alle Bewohner des Dorfs erleichterte, nur Angela nicht. Auch wenn sie wusste, dass man sich als anständiger Bürger keine ungeklärten Todesfälle in der näheren Umgebung oder sonst wo wünschen sollte, sehnte sie sich nach dem Thrill der Ermittlung. Nichts hatte der Pensionärin so viel Freude bereitet wie die Detektivarbeit.

Nichts, außer ihrem neuen Hobby.

Von dem sie noch niemandem erzählt hatte.

Weder Achim noch Marie, schon gar nicht Mike. Nur Pupsi wusste davon. Bei ihm war ihr Geheimnis sicher.

Und eben wegen ihres neuen Hobbys, mit dem sie in Zukunft Menschen Freude bereiten wollte, musste sie jetzt unbedingt auf dieses Schiff!

«Ich sprinte da jetzt hin und sorge dafür, dass sie uns noch auf das Schiff lassen.»

«Du willst … sprinten?», staunte Achim.

«Warum nicht?»

«Nun, sprinten ist nicht das erste Verb, mit dem ich dich in Zusammenhang bringen würde.»

Es war nicht immer schön, einen Ehemann zu haben, der stets ehrlich war.

«Ups, Fettnapf», murmelte Mike.

Achim erkannte nun auch, dass seine Bemerkung ein wenig an Charme zu wünschen übrig ließ, und versuchte sich herauszureden: «Aber es gibt natürlich sehr viele Verben, die man noch viel weniger mit dir in Verbindung bringt: voltigieren zum Beispiel …»

«Puffelchen?»

«Ja?»

«Was haben wir gesagt, was du tun sollst, wenn du in einen Fettnapf getreten bist?»

«Ich soll nicht auch noch darin herumspringen?»

«Genau.»

«Dann werde ich das auch nicht tun.»

«Sehr gut», sagte Angela und drückte ihm Pupsi in die Arme. «Ich sprinte dann mal!»

Mike öffnete den Mund, um wieder etwas zu murmeln, doch Angela sagte: «Und Sie hören endlich auf mit Ihren Kommentaren!»

Der Bodyguard schloss den Mund wieder. Angela knöpfte sich ihren blauen Blazer zu und sprintete los. So schnell sie konnte. Schneller als je zuvor in den letzten dreißig Jahren. Schneller sogar als im letzten Jahr, als eine Mörderin mit einer Armbrust hinter ihr her gewesen war. Sie ignorierte die Seitenstiche. Sie ignorierte die Schnappatmung. Sie ignorierte die Wade, die sich langsam zusammenzog. Sie verfluchte sich nur selbst, dass sie ihren Personal Trainer gleich beim ersten Training mit den Worten entlassen hatte: «Ich mag es nicht, wenn jemand grinst, während ich mich an einem Klappmesser versuche.»

Als Angela die Gangway erreichte, war sie völlig außer Atem, aber auch erleichtert: Die Verbindung zur *Elegant Princess* war noch angedockt. Die beiden Angestellten der Gesellschaft waren jedoch nicht mehr zu sehen. Dafür aber ein Mann, der aus dem Bauch des Schiffes zu Angela blickte, sie offensichtlich erkannte und sofort die Rampe herunterstürmte. Er war schlank, trug einen dunklen Anzug, darunter ein graues Hemd. Bei ihm handelte es sich um einen jener Slim-Fit-Mittvierziger, die gerne als Anfang 30 durchgehen wollten, wie Angela sie aus der FDP kannte. Nur war dieser Mann, das wusste sie aus dem Programmheft der Krimi-Kreuzfahrt, kein FDP-Politiker, sondern der vielfache Nummer-eins-Bestseller-Autor Florian Watzek. Er schrieb Psychothriller, in denen auf so kreative Art und Weise gefoltert und gemordet wurde, dass die CIA in ihren Geheimgefängnissen im Libanon gestaunt hätte. Marie mochte seine Romane. Für Angela waren sie nichts, hatte sie doch in ihrer Amtszeit zu viele Berichte über die Grausamkeiten auf der ganzen Welt gelesen. Sie brauchte so etwas nicht abends im Bett vor dem Einschlafen.

Watzek erreichte die Gangwaytür und rüttelte daran, konnte sie jedoch nicht öffnen. Angela rief ihm durch die Scheibe zu: «Sagen Sie an der Rezeption Bescheid, dass wir noch an Bord wollen.»

«Das mache ich gerne, Frau Merkel», rief Watzek enthusiastisch zurück.

«Danke», schnaufte Angela erleichtert.

«Wenn Sie auch eine Kleinigkeit für mich tun.»

Angela staunte.

«Erlauben Sie mir nachher, ein Selfie mit Ihnen für meine Social-Media-Accounts zu machen?» Watzek lächelte dabei so charmant, dass Angela ihm einfach nicht böse sein konnte.

«Einverstanden», antwortete sie durch die Scheibe. Was war schon dabei, sie hatte in ihrer aktiven Zeit so viele Selfies mit sich machen lassen, da kam es auf ein weiteres nicht an.

Wenige Minuten später knipste Florian Watzek an der Rezeption der *Elegant Princess* Selfies mit der ehemaligen Bundeskanzlerin. Es sollten die letzten in seinem Leben werden.

2

Und jetzt noch mal im Querformat», grinste Watzek in die Kamera und legte dabei seinen durchtrainierten Arm um Angela. Sie machte lächelnde Miene zum nervigen Social-Media-Spiel, Watzek knipste das allerletzte Foto seines Lebens und rief dann: «Sophie!»

Eine junge brünette Frau in grauem Langrock, grauem Langjackett und klobigen schwarzen Schuhen schrak auf. Sie war so unscheinbar, dass man sie in der Rezeptionshalle selbst dann noch übersehen hätte, wenn sich nicht unzählige Passagiere um Angela und Watzek geschart hätten.

«Ja, Florian?», antwortete die Brünette mit piepsiger Stimme. Angela betrachtete sie genauer: Hinter dem unscheinbaren Äußeren versteckte sich eine hübsche junge Frau, die nicht mal im Ansatz zu ahnen schien, wie hübsch sie war.

«Fang!», Watzek warf ihr das Handy zu. Sophie fing es so halb, aber das Handy purzelte ihr aus der Hand und fiel zu Boden.

«Sophie, Sophie, Sophie», sagte Watzek charmant tadelnd mit einem Blick in die Runde, «ich gebe dir eine Gehaltserhöhung, damit du dir eine neue Brille leisten kannst.»

Die Passagiere lachten und klatschten, während die junge Frau, die offensichtlich seine persönliche Assistentin war, beschämt das Handy aufhob. Die graue Maus hätte sich am liebsten unter dem blau-weißen, an einigen Stellen schon abgewetzten Teppichboden verkrochen.

«Poste bitte das Bild von mir und der Bundeskanzlerin gleich auf allen Kanälen!» Watzek wandte sich an die Passagiere: «Und Sie alle können das dann gerne auf Social Media liken. Auf Instagram und Twitter @FlorianWatzek und auf Facebook einfach nur ‹Florian Watzek›. Wir haben da auch gerade ein Gewinnspiel zu meinem neuen Roman *Der Henker*. Ich verlose unter meinen 739 838 Followern fünf signierte T-Shirts aus eigener Kollektion.» Er drehte sich zu Angela: «Na, Frau Merkel, was meinen Sie, um was es in dem Buch geht?»

«Ich schätze mal um einen Henker.»

«Sie sind echt scharfsinnig», lächelte Watzek auf seine spitzbübische Art. Die Menge lachte erneut. Angela fragte sich, ob sie seine Bemerkung mit einem ‹Dann ist es ja ein sehr fantasievoller Titel› kontern sollte – sie hatte Erfahrung mit präpotenten Männern –, ließ es aber bleiben, schließlich war sie nicht auf Krimi-Kreuzfahrt, um irgendjemandem die Show zu stehlen, sondern aus ganz anderen Gründen. Stattdessen sah sie der Assistentin hinterher, die in einen der Fahrstühle huschte, und dachte, diese Frau wirkt, als hätte sie sich aus einer Schwarz-Weiß-Welt in die unsere verlaufen.

«Ich will ein Autogramm!», rief eine Passagierin mittleren Alters, die einen orangenen Begrüßungscocktail in der Hand hielt.

«Ich auch», rief eine weitere Passagierin mittleren Alters mit einem erdbeerroten Cocktail. Nach und nach stimmten immer mehr Frauen gleichen Typs mit verschiedenfarbigen Cocktails ein, bis Angela sich an die Menge wandte und erklärte: «Ich gebe keine Autogramme, ich bin privat hier!»

«Doch nicht von Ihnen!», rief die erste Passagierin. «Von Flori!»

«Flori! Flori! Flori!», riefen die Frauen, offensichtlich war das der Kosename für ihr Idol. Sie begannen, Watzek zu bedrängen, als wären sie noch Teenager und Watzek Nick Carter von den *Backstreet Boys*. Angela kämpfte sich durch die Menge ins Freie. Dort standen am Rande der Rezeption Achim, Mike und Marie samt dem schlafenden Adrian Angel im Buggy und dem schnarchenden Mops Pupsi zu deren Füßen. Sie hielten bereits die Kabinenkarten in den Händen. Und Marie lächelte amüsiert: «Das sind die Watzis.»

«Watzis?», fragte Angela.

«So nennen sich die Hardcore-Watzek-Fans.»

«Dann sind sie in der Namensgebung genauso originell wie er.»

«Du bist ja nur neidisch», grinste Marie, «dass du nicht das Zentrum des Geschehens bist.»

«Das macht mir nichts aus.»

«Nein, natürlich nicht», grinste Marie noch mehr.

«Das kannst du mir glauben.»

«Das glaub ich dir ja auch», sie hörte gar nicht mehr auf zu grinsen.

«Wirklich!»

«Ja», Marie konnte sich kaum verkneifen, loszuprusten, und Angela fühlte sich ertappt. Sie hatte immer gedacht, der Bedeutungsverlust in der Rente würde ihr nichts ausmachen. Die meiste Zeit stimmte das auch, aber wenn er ihr so vorgeführt wurde wie gerade eben, war es halt doch nicht so einfach, ihn auszuhalten.

«Watzek», sagte Angela, «wird hier aber auch nicht lange das Zentrum des Geschehens sein.»

«Wieso? Die anderen Krimi-Autoren, die hier auftreten, sind bei Weitem nicht so erfolgreich», erwiderte Marie.

«Na dann», sagte Mike, «werden sie den Kerl genauso wenig ausstehen können wie ich. Wie der seine Angestellte behandelt hat ...»

«Du hast so ein gutes Herz», gab Marie ihm ein Küsschen. Mike wurde rot, wie immer, wenn seine Freundin ihn in Anwesenheit seiner Dienstherrin liebkoste.

«Es gibt noch einen Stargast», sagte Angela, «der berühmter ist als Watzek!»

«Der geheimnisvolle X», mischte sich Achim ins Gespräch ein.

«Oder die geheimnisvolle X», strahlte Angela. «X ist die Nummer eins im Programm und muss daher noch erfolgreicher sein als Watzek.»

«Erfolgreichere Autoren als ihn gibt es in Deutschland nicht», warf Marie ein.

«Also ist sie …»

«Oder er», warf Achim ein.

«… womöglich Engländerin», ließ Angela sich nicht beirren. Sie hoffte insgeheim, dass es sich beim Stargast X um Penny Plimpton handelte, die die neuen Geschichten von Agatha Christies Meisterdetektivin Miss Marple schrieb. Es wäre ein Traum, wenn Plimpton einen der Schreibworkshops, die auf der Reise angeboten wurden, leiten würde. Näher an die verstorbene Großmeisterin Agatha Christie könnte man gar nicht kommen, um etwas über das Krimischreiben zu lernen.

Krimis schreiben.

Das war es, was Angela wollte und bisher niemandem anvertraut hatte.

Aber sie wollte es exzellent tun, und dafür musste sie von den Besten lernen!

3

Wir werden sehen, wer X ist», sagte Marie. «Er oder sie wird heute Abend beim Dinner vorgestellt.»

«Vorher», sagte Achim, «müssen wir erst mal unsere Kabinen finden.»

«Und die Rettungsübung mitmachen», ergänzte Marie, die sich vor der Abfahrt diverse Kreuzfahrtdokus im Internet angesehen hatte, um sich über die Abläufe zu informieren.

«Rettungsübung?», staunte Mike. «Gehen die etwa davon aus, dass der Kahn untergehen kann?»

Angela musste schmunzeln. Es war immer wieder überraschend, wovor ihr Personenschützer, der keinem Attentäter aus dem Weg gehen würde und Marie, ihr Kind und den Mops bereits todesmutig vor einer Granate gerettet hatte, so Angst hatte. Bei ihrer letzten Mordermittlung hatte er sich nachts auf dem Friedhof von Klein-Freudenstadt vor Geistern gefürchtet.

«Keine Sorge», nahm Marie die Hand ihres Freundes, «das hier ist nicht die Titanic.»

«Das will ich stark hoffen», Mike hob die vier Koffer hoch und ging in Richtung Aufzug.

«Er hat», lächelte Marie Angela zu, «mit mir den *Titanic*-Film von James Cameron gesehen und am Ende geweint. Er ist so süß.»

Angela lächelte ihre Freundin an. Vielleicht war das Größte, was sie in ihrem Leben zustande gebracht hatte, nicht der europäische Rettungsschirm oder die in ihren Augen unter den gegebenen Umständen recht ordentliche Bewältigung der Coronakrise gewesen, sondern die Liebe dieser beiden Menschen ermöglicht zu haben.

«Aber leider», sagte Marie betrübt, «muss ich ihm das Herz brechen.»

«Du musst was?», Angela traute ihren Ohren nicht.

«Er will mir einen Antrag machen.»

«Hat er dir das gesagt?»

«Ich habe in seinem Gepäck eine Schachtel mit einem Ring gefunden.»

«Du hast sein Gepäck durchsucht?»

«Ich habe ihm eine Donald-Duck-Badehose gekauft, damit er auch mal was Buntes anzieht, und wollte sie als Überraschung in seiner Tasche verstecken.»

«Du kaufst ihm eine Donald-Duck-Badehose?»

«Das ist gerade nicht der Punkt.»

«Nein, der Punkt ist, dass du ihn nicht heiraten willst», sagte Angela mitfühlend.

«Nicht kann», korrigierte Marie betrübt.

«Warum?»

«Ich habe viel zu viel Angst davor.»

Angela verstand: Maries Eltern waren bei einem Autounfall gestorben und sie danach in einem Waisenhaus groß geworden. Die Leiterin wurde zu ihrer Ersatzmutter, aber auch die verstarb früh. Für Marie war eine enge Bindung gleichbedeutend damit, für immer verlassen zu werden.

«Aber wenn ich seinen Antrag ablehne», Marie begann zu zittern, «wird er vielleicht mit mir Schluss machen.»

Angela erkannte das Dilemma und antwortete: «Ich werde mit Mike darüber reden, dass er ihn vorerst nicht macht.»

«Du bist die Beste!», Marie drückte ihre Freundin an sich, griff nach dem Buggy und ging erleichtert zu den Aufzügen.

«Du hast es schon wieder getan, Puffeline», raunte Achim ihr zu.

«Was denn?»

«Dir eine extrem schwere, eigentlich unlösbare Aufgabe gesucht.»

«Aber Mike …»

«… wird damit nicht umgehen können.»

«Wieso nicht?»

«Er denkt ohnehin, er sei nicht gut genug für Marie. Und wenn sie seinen Antrag gar nicht erst hören will, wird er es als Gewissheit nehmen.»

«Wie kommst du darauf?»

«Das hätte ich auch gedacht, wenn du meinen Antrag nicht angenommen hättest», antwortete Achim und gab seiner Frau einen Kuss auf die Wange. Dann stupste er Pupsi mit dem Fuß an, damit er aufwachte, und machte sich mit ihm auf den Weg in den Fahrstuhl.

Angela blickte ihm nach, bis sich die Fahrstuhltür hinter den beiden und ein paar der Watzis schloss, und dachte sich: Männer und ihr Selbstwertgefühl – das letzte ungelöste Rätsel der Menschheit.

4

Auch Angelas und Achims Außenkabine mit kleinem Balkon hatte ihre besten Tage schon gesehen, so etwa im Jahre 1982. Die Einrichtung war kein allzu schöner Traum aus Braun und Orange. Auf dem orangenen Teppichboden standen ein schlichtes braunes Doppelbett, ein noch schlichterer brauner Schrank sowie ein kleines braunes Tischchen mit einem ebenfalls braunen Stuhl. Als Achim sich daraufsetzte, um Englisch zu lernen, wackelte er gefährlich. Sein Leben lang hatte Achim sich geärgert, dass er in der Schule zu DDR-Zeiten nur Unterricht in Russisch bekommen hatte und deshalb all seine heiß geliebten Rocksongs aus den 60ern kaum verstand. Jetzt in der Rente hatte er endlich die Zeit dafür, sich eine neue Sprache anzueignen, musste er sich doch nicht mehr mit seinem Fachgebiet, der Quantenchemie, beschäftigen. Achims selbst gewählte Lernmethode war, sich mit Grammatikheft und Wörterbuch über die Songtexte zu beugen. Auf diese Weise hatte er schon mal herausgefunden, dass es im Lied *Zabadak* in der Textzeile *Shai, Shai, Skagalak* nicht, wie von ihm jahrzehntelang vermutet, um einen Chai-Tee ging, der aus irgendwelchen Gründen auf dem Skagerrak vor Jütland getrunken wurde, sondern die Worte im Englischen genauso wenig Sinn ergaben wie der Brexit.

Angela machte die Kargheit der Kabine nichts aus. Wenn man wie sie als Kanzlerin ständig in 5-Sterne-Hotels unterwegs gewesen war, wusste man, dass man auch in deren Zimmern besser in Schuhen über den Teppich ging. Außerdem freute sie sich über das Bullauge in der Wand neben der Tür zum Balkon, aus dem man den Hafen überblicken konnte. Am meisten begeisterte sie jedoch, dass auf dem Bett neben dem Täfelchen Begrüßungsschokolade das aktualisierte Programmheft der Reise lag. Sie ergriff es sofort in der Hoffnung, dass sich X wirklich als Penny Plimpton erweisen würde. Leider stand in dem Heftchen lediglich, dass das Geheimnis um X gleich nach dem Auslaufen beim Dinner gelüftet werden sollte. Sie musste sich also noch ein wenig gedulden, so schwer es auch fiel. Das Letzte, worauf Angela in ihrem Leben so hingefiebert hatte, war der Zapfenstreich zu ihrem Amtsende gewesen. Hach, sie konnte sich immer noch diebisch darüber freuen, dass sie eine Bundeswehrkapelle dazu gebracht hatte, *Du hast den Farbfilm vergessen* zu spielen.

Angela las sich durch, welche Autoren final für das Programm feststanden. An Nummer eins gesetzt war natürlich Florian Watzek. Über ihn stand zu lesen:

Florian Watzek

Der Megastar des Psychothrillers wurde 1976 in Pirmasens geboren, studierte Medizin und weiß seitdem, wie man mit Skalpellen Grusel verbreiten kann. Sein Debütroman ‹Das Skalpell› stürmte die Spitze der Taschenbuchcharts und hielt sich dort 263 Wochen. Auch seine weiteren Romane ‹Das Display›, ‹Der Amokläufer› und ‹Das Badewasser› wurden Megaseller. Derzeit wird sein Roman ‹Impfung›, wie zuvor schon die Romane ‹Taxi› und ‹WLAN›, für Netflix als Mini-Serie produziert. Florian Watzek lebt ohne Frau, Kinder und Hund in Düsseldorf.

Kein Wunder, dachte sich Angela, dass so viele Frauen hofften, die Lücke in Watzeks Leben zu füllen, wenn er sie so öffentlich in seiner Kurzbiografie annoncierte.

An zweiter Stelle im Programm war das Foto eines älteren fröhlichen Mannes in Latzhose mit wilden weißen Einstein-Haaren abgebildet:

Jochen ‹Jockel› Fuchs

Der 1958 in Erlangen geborene Autor lebt seit über 30 Jahren auf seiner Wahlheimatinsel Rügen. Seine mittlerweile schon auf 33 Bände angewachsene Reihe von Inselkrimis mit dem gehbehinderten und einäugigen Ex-Polizisten Alexander Pommer, der stets den Durchblick hat, wurde schon in 15 Sprachen inklusive Plattdeutsch übersetzt. Für RTL wurde sein Debütroman ‹Inselhass› abgedreht, ‹Inselpanik› und ‹Inselkoller› sollen folgen. Jochen ‹Jockel› Fuchs engagiert sich für den Kampf gegen den Klimawandel und den Widerstand gegen das Artensterben durch Windräder.

Immer noch war nicht bekannt gegeben worden, welche Starautoren die Schreibworkshops betreuen würden, die Angela besuchen wollte, aber sie hoffte sehr, dass sie nicht bei Fuchs landen würde. Sie hatte keine Lust, sich ihre Versäumnisse in Sachen Klimaschutz auch noch auf Reisen vorhalten zu lassen. Abgesehen davon: Wenn Fuchs ökologisch so engagiert war, was machte er dann ausgerechnet auf einer Kreuzfahrt?

Lisa Adler

Die Gastgeberin der Reise …

Angela fiel wieder ein, dass die rothaarige Autorin mit den Sommersprossen, die sie von ihrem Foto aus mit ihren rosigen Pausbäckchen hausmütterlich anlächelte, zugleich die Kreuzfahrtorganisatorin war. Sie war, so hatte Marie in einem Internetklatschmagazin gelesen, mit dem Kapitän der *Elegant Princess* verheiratet. Einem Mann, der aussehen sollte wie Bill Clinton, was Angela, die den ehemaligen Präsidenten ja persönlich kannte, neugierig auf ihn machte.

... würde niemals ihre schwäbische Heimat verlassen wollen. Sie schreibt die beliebte Reihe um die italienische Austausch-Kommissarin Raffaela Bologna, die in der Schwäbischen Alb ermittelt und mit ihren Kochkünsten die Dorfbewohner nicht nur für sich gewinnt, sondern auch dazu bringt, ihre Geheimnisse zu verraten. Die Verfilmungen ihrer Romane ‹Bolognese-Skandal›, ‹Amarettini-Verschwörung›, ‹Carpaccio-Komplott›, ‹Insalata Mafia› und ‹Pizza Pesto e Fiasco› waren allesamt Schlager an den Kinokassen.

Zweierlei fiel Angela an den bisherigen Biografien auf. Das Alter der Männer wurde erwähnt, aber nicht jenes der Frau, die schätzungsweise Anfang 50 war. Und es war anscheinend enorm wichtig, darauf hinzuweisen, dass die Romane verfilmt wurden. Als ob die Bücher ohne die Bestätigung des anderen Mediums keinen Wert besäßen.

Würde sie selbst es denn wollen, dass der Detektiv, den sie sich ausgedacht hatte, auch auf Film gebannt würde? Sie musste aufhören zu träumen. Bevor sie an so etwas dachte, musste sie erst einmal ihren Krimi, von dem sie noch nicht mal das sechste Kapitel beendet hatte, fertig schreiben.

Detlev Reiter

Mit dem Roman ‹Der Tote mit dem Hakenkreuz› begann der 1983 in Iserlohn geborene Detlev Reiter die Reihe um den Pathologen Killian Groth, der während der Herrschaft des Nazi-Regimes in Deutschland sowie in der Nachkriegszeit Mordfälle aufklärt. Seine weiteren Romane ‹Mordsache Hitler›, ‹Die Ufa-Leiche› und ‹Mord im Lager› wurden mit den renommiertesten Preisen ausgezeichnet, darunter dem ‹Krimi-Preis am Bande›, dem ‹Krimi-Preis der Barmer Ersatzkasse› und dem ‹Deutschen Krimi-Preis in der Kategorie deutschsprachige Krimis›. Jeden seiner Bände gibt es im Übrigen auch als Graphic Novel zu erwerben.

Interessant, die Romane Reiters, der auf dem Foto aussah wie ein unterbezahlter Germanistikdozent, wurden, das wusste Angela als fleißige Feuilletonleserin, schon seit Jahren als amerikanische Prestige-Serie für den Sender *HBO* verfilmt. Warum gab er als einziger Autor nicht mit seinen Verfilmungen an? Und betonte stattdessen die Graphic Novels? Sie nahm sich vor, Reiter in einer ruhigen Minute danach zu fragen.

Unter dem blassen Mann war das Foto eines älteren Herrn abgedruckt, der aussah wie ein geselliger wohlhabender *Salonkommunist*, der sich im Ruhestand gerne in der Sonne bräunte, noch lieber gut speiste und sich mit guten Weinen auskannte:

Jean-Claude Luberon

ist das Pseudonym des 1955 in Bad Salzuflen geborenen ehemaligen Verlegers des Schiffer-Verlags Sven Ding. Seine Romane rund um den in der Provence ermittelnden Inspektor Harold Maude wurden bereits für ARD, ZDF und RTL plus verfilmt. Zudem wurde er von der Region Provence aufgrund der wundervollen Landschaftsbeschreibungen in seinen Krimis zum ‹Chevalier de Provence› ernannt. Unter seinem Klarnamen veröffentlicht Jean-Claude Luberon demnächst einen autobiografisch geprägten Roman über die Westberliner Hausbesetzerszene der 70er-Jahre.

Als Letzte auf der Liste stand eine Frau, deren Bücher in der Tat nicht verfilmt worden waren. Vermutlich, weil es zu schwer war, Tiere zum Sprechen zu bringen:

Gwendolin Gold

Gwendolin Gold wurde in Krimi-Kreisen bekannt durch ihre Romane mit dem im Reich der Tiere ermittelnden Eichhörnchen Écureuil Poirot. Ihr Roman ‹Fuchs, du hast die Gans ermordet› stand zwei Wochen auf Platz 21 der Spiegel-Bestseller-Liste. Es handelt sich dabei um eine clevere Hommage an die Romane von Agatha Christie.

Gwendolin Gold war der Programmmacherin Lisa Adler nur ein paar spärliche Zeilen wert gewesen. Nicht mal ein Autorenfoto von ihr war abgebildet. Wegen Frau Gold hatte sicherlich kaum jemand die Reise gebucht.

Krimis mit Tieren.

Angela blickte zu dem vor sich hin schnarchenden Pupsi: Vielleicht könnte der ja auch der Held eines Buches sein. Schließlich hatte er ihr im Mordfall des Schlossherrn von Baugenwitz das Leben gerettet. Vielleicht *Schnüffler auf vier Pfoten*? Oder *Kommissar Pupsi und das Geheimnis der Leberwurst*? Oder *Hände hoch oder ich furze*? Nein, das war alles zu albern. Der Ermittler ihres Romans hatte eindeutig mehr Potenzial.

«Angela», unterbrach Achim ihre Gedanken.

«Ja?»

«Ich übersetze gerade den Liedtext von *Lola*. Und ich bin verwirrt.»

«Das ist dein Grundzustand», lächelte Angela lieb.

«Ja, aber hier bin ich ganz besonders verwirrt. *She walked like a woman, but talks like a man* – geht es da um eine Art Genderfluidität?»

Es war rührend, wie sich Achim als alter weißer Mann bemühte, auf der Höhe der für alte weiße Männer verwirrenden Zeit zu bleiben, auch wenn es bedeutete, dass seine Lieblingssongs urplötzlich ganz andere Bedeutungen bekamen. Erst kürzlich hatte er erkannt, dass die *Village People* mehr waren als nur Bauarbeiter, Polizist, Sioux-Stammesmitglied, Cowboy, Soldat und Rocker und dass es in *Y.M.C.A.* bei *You can hang out with all the boys* und *You can have fun in many ways* wohl nicht nur um Ringelpiez-Spielen im Verein christlicher junger Männer ging.

«Das könnte durchaus sein», antwortete Angela ihm.

«Die Zeiten waren schon kompliziert, als wir gar nicht dachten, sie wären kompliziert», stellte Achim fest und kratzte sich dabei an der Wange.

«Und sie werden es wohl auch immer sein», lächelte Angela und gab ihrem Puffel ein Küsschen auf die Stirn.

Da ertönte plötzlich ein Alarm. Siebenmal kurz und einmal lang.

Mops Pupsi wachte auf und begann sofort zu bellen.

«Was ist das?», fragte Achim alarmiert.

«Der Beginn der Seenotrettungsübung», erklärte Angela. Sie strich dem Hund beruhigend den Kopf und gab ihm noch ein paar Leckerli aus ihrer *Longchamp*-Handtasche, während der Alarm immer weiterpiepte. Stets siebenmal kurz und einmal lang.

«Na, da wird der Mike sich aber freuen», grinste Achim.

5

Mike freute sich nicht. Aber nicht nur, weil er Angst vor einer Übung hatte, bei der es um den Untergang des Schiffes ging und ihm die Bilder aus dem Film *Titanic* dabei im Kopf herumschwirrten. Es gab einen weiteren Grund: «Bleiben Sie in der Kabine, Frau Merkel. Ich kann für Ihre Sicherheit nicht garantieren. Hier ist viel zu viel Gewusel.»

Er deutete in den Gang, in dem sich die Passagiere vorbei an holzvertäfelten Wänden und beigen Kabinentüren Richtung Treppe drängten, um an Deck zu gelangen.

«Mike», erklärte Marie, «man muss die Übung mitmachen. Siehst du, das Personal überprüft jede Kabine, ob auch alle rauskommen.» Sie deutete auf die Schiffs-Stewards mit den orangenen Leibchen, die sich gewissenhaft um den ordentlichen Ablauf kümmerten.

«Frau Merkel ist aber ein besonderer Fall!», sagte Mike.

«In jeder Hinsicht», grinste Achim.

Angela gab ihrem Mann einen freundlichen Knuff mit dem Ellenbogen in die Seite.

«Das ist hier», insistierte Mike, «zu unübersichtlich!»

«Wie oft denn noch», sagte Angela freundlich, «niemand, absolut niemand hat noch Interesse daran, mich anzugreifen.»

Das war wohl der größte Vorteil am Bedeutungsverlust: Keine fremde Macht würde sie mehr entführen wollen. Russland, Iran, China oder Nordkorea hätten nichts davon, denn der Olaf würde für sie weder politische Konzessionen machen noch ein Sondervermögen zur Bezahlung des Lösegelds einrichten. Und Reichsbürgerprinzen oder andere Spinner hatten sich mittlerweile mit den Mitgliedern der jetzigen Regierung neue Sündenböcke gesucht, von denen sie glaubten, sie wären von Hitler abstammende Eidechsen, die in Pizzerien satanische Rituale abhielten und dabei Wärmepumpen laufen ließen.

«Sie können stets in Lebensgefahr geraten», widersprach Mike, «was ist, wenn zum Beispiel hier einer wegen Ihrer Politik die Gasrechnungen nicht zahlen konnte?»

«Dann würde er sich wohl kaum eine Kreuzfahrt leisten können.»

«Stimmt auch wieder», lenkte Mike ein.

«Selbst den Gerhard Schröder will kein Mensch wegen Gas angreifen», versuchte Angela ihren Personenschützer zu beruhigen und fügte nur gedanklich hinzu: Und der hätte es schon verdient.

«Ich bin aber nicht für seine, sondern für Ihre Sicherheit verantwortlich.»

Angela legte nun die Hand auf Mikes starke, jedoch von knapp zwei Jahren Dienst bei ihr und ihren ständigen Widerworten etwas gebeugte Schulter: «Auf diesem Schiff droht für mich keinerlei Gefahr.»

«Sie wissen, wonach das für mich klingt?», fragte Mike.

Natürlich wusste sie es. Angela hatte diese Art von Gespräch mit ihrem Personenschützer schon häufiger geführt: «Nach berühmten letzten Worten.»

«Nach berühmten letzten Worten», bestätigte Mike.

«Sie sorgen sich zu viel», beendete Angela freundlich-bestimmt die Diskussion und machte sich auf den Weg mit den anderen Passagieren zur Seenotrettungsübung. Da ahnte sie noch nicht, dass sie zwei Tage später an Mikes Warnung der berühmten letzten Worte zurückdenken würde. Just in jenem Moment, als sie an einem Geländer hoch über dem Meer baumelte.

6

An der Musterstation D02 vor dem Ausgang zum Deck 02 standen die Passagiere dicht gedrängt. Eine kleine Stewardess las ihre Namen vor und hakte ab. Dabei stand ihre laute scharfe Stimme, die selbst AfD-Parlamentarier diszipliniert hätte, im Kontrast zu ihrem zierlichen Körper. Die Namensabfrage dauerte so lange, dass Mike, nachdem er aufgerufen worden war, seufzend bemerkte: «In der Zeit, die die braucht, ist das Schiff schon viermal abgesoffen.»

«Ich würde ja fragen», sagte Marie, die ihren kleinen schnullersaugenden Adrian in einem Tuch vor dem Körper trug, «warum sie das nicht digital machen. Aber wir sind ja in Deutschland.»

Angela warf ihrer afrodeutschen Freundin einen pikierten Blick zu.

«Sorry», entschuldigte sich Marie hastig.

Es gab Tage, an denen Angela bei dem Wort Digitalisierung am liebsten laut losgeschrien hätte.

«Florian Watzek», rief die Stewardess.

«Anwesend!»

Die Watzis unter den Passagieren jubelten.

«Jochen Fuchs.»

Keine Antwort.

«Jochen Fuchs!», wiederholte die Stewardess, und Angela wunderte sich über die Abwesenheit des Inselkrimi-Autors. Es war doch für alle Passagiere Pflicht, an der Übung teilzunehmen.

«Höchstwahrscheinlich», scherzte Watzek gut gelaunt, «protestiert unser umweltbewusster Jockel gerade gegen die Abgase unseres Kreuzfahrtschiffs.»

Die Watzis lachten.

«Detlev Reiter!», rief die Stewardess.

Auch der Autor der Historienkrimis war nicht anwesend.

«Sven Ding!», rief die kleine Stewardess den echten Namen des Autors Jean-Claude Luberon. Aber auch von ihm gab es keine Meldung. Kein Wunder, dass die Frau immer missmutiger dreinblickte.

«Vielleicht», rief Watzek vergnügt, «planen sie zusammen meinen Mord, damit sie auch mal die Chance haben, die Nummer eins unter den Krimi-Autoren zu werden!»

Die Watzis krümmten sich vor Lachen.

«Sophie, hast du den Gag für meine Kanäle gefilmt?», rief Watzek.

«Ja, Flori!» Die Assistentin hielt ihr Handy über die Menge der Watzis, die zwischen ihr und ihrem Arbeitgeber standen.

«Soll ich ihn noch mal sprechen?»

«Ich habe ihn drauf.»

«Ich sag ihn noch ein zweites Mal. Besser ist immer besser. Das ist mein Motto!» Er wandte sich an die Menge: «Und Sie alle lachen bitte noch lauter als beim ersten Mal. Auf drei! Eins … zwei … drei: Vielleicht planen die meinen Mord, damit sie auch mal die Chance haben, die Nummer eins unter den Krimi-Autoren zu werden!»

Die Watzis lachten noch lauter als beim ersten Mal.

«Gwendolin Gold!», rief die kleine Stewardess, der das Spektakel gehörig auf die Nerven ging, extra scharf und brachte damit alle schlagartig zum Verstummen.

«Hier!», rief eine lange Enddreißigerin mit ultrakurzen blonden Haaren in einem dunkelgrünen Strickkleid. Angela schaute zu ihr: Das war also die Tierkrimi-Autorin, für deren Foto kein Platz im Programmheft gewesen war.

«Na klar bist du hier, Gwenni», sagte Watzek mit freundlichem Grinsen, aber mit einer bisher nicht gekannten Lust in der Stimme, jemanden zu verletzen: «Eine wie du würde mich nicht ermorden, um die Erfolgreichste zu werden. Deine Bücher werden ja nicht gelesen.»

«Millionenauflagen sind nicht für jeden Autor das Ziel», lächelte Gwendolin so souverän, dass Angela sie auf Anhieb sympathisch fand. «Einigen von uns ist das Schreiben an sich wichtig.»

Watzek wollte gerade etwas erwidern, doch die Stewardess rief: «Sophie Sellering!»

«Hier!», hörte man Watzeks Assistentin unter dem hochgehaltenen Handy piepsen.

«Das wären dann alle! Ich zeige Ihnen jetzt, wie man die Rettungswesten anlegt!» Die kleine Stewardess hob eine Weste vom Boden auf und begann mit der Demonstration. Angela hörte jedoch nicht zu. Sie gehörte zu jenen 98,3 Prozent der Weltpopulation, die sich bei Sicherheitsdemonstrationen anfangs zwar vornehmen, genau hinzuhören, deren Gedanken aber spätestens in der Mitte des dritten Satzes auf Wanderschaft gehen. Angelas wanderten zu Watzek. Sie beobachtete ihn, wie er sich durch die Menge hindurch zu seiner Assistentin drängelte und sagte: «Du stehst jetzt auf der Liste, da musst du den Rest der Übung nicht mehr mitmachen. Geh wieder die Vorrichtung bewachen.»

Sophie nickte beflissen und huschte davon. Und Angela fragte sich in Gedanken: Vorrichtung? Was für eine Vorrichtung?

7

Im letzten Teil der Übung standen die Passagiere des Abschnitts Mo6 unter den ihnen zugeteilten Rettungsbooten und bekamen von der kleinen Stewardess die Abläufe für den Einstieg erklärt. Angelas Gedanken wanderten dabei erneut davon, diesmal zu Gwendolin Gold, die mit innigem Lächeln aufs Meer hinausblickte und die Ostseebrise genoss. Diese Frau schien in sich zu ruhen. Offenbar schrieb sie gerne Krimis, egal wie erfolgreich sie damit war, das hatte sie Watzek soeben vor seinen versammelten Fans klargemacht. Angela beneidete sie ein wenig: Als Autorin die Freude am eigenen Werk zu empfinden, am eigenen Tun, ohne vom Urteil anderer abhängig zu sein, das musste eine wunderbare Existenz sein.

Könnte sie selbst auch so eine Autorin werden?

«Wenn das Schiff sinkt», murmelte Mike, «werden die sich alle um die Plätze im Boot prügeln.»

«Ich hätte dir», seufzte Marie, «niemals *Titanic* zeigen dürfen.»

«Dann heißt es», versuchte Achim die Stimmung aufzuheitern, «Kinder und Ex-Kanzlerinnen zuerst.»

«Und was ist mit Möpsen?», versuchte Angela ihn beim Aufmuntern zu unterstützen und deutete dabei auf Pupsi, den Achim auf dem Boden abgesetzt hatte.

«Gut, also Kinder und Möpse zuerst. Danach kommen die Ex-Kanzlerinnen.»

«Ich finde das gar nicht komisch!», Mike öffnete den Kragen seines gestärkten Hemds. «Ich bin für die Sicherheit von Frau Merkel verantwortlich, also müsste ich bei ihr sein im Rettungsboot. Aber dann würde ich einer Frau, die in der Reihenfolge vor mir dran wäre, den Platz wegnehmen. Dann wäre ich so unanständig wie die herzlosen Millionäre in *Titanic* und … hmmllll.»

‹Hmmllll› war das Geräusch, das Mike machte, als Marie ihre Lippen auf die seinen drückte. Als sie wieder von ihm abließ, waren sowohl sein Redefluss als auch seine aufkommende Panik eingedämmt.

«Und damit ist unsere Übung zu Ende!», rief die Stewardess, und die Watzis bestürmten sogleich ihren Helden, um Autogramme von ihm zu ergattern. Eine Watzi wollte ihres sogar über den Bauchnabel gekritzelt bekommen. So was hatte sich von Angela niemand gewünscht, selbst nicht CSU-Wähler im Bierzelt. Der Starautor erklärte, dass er gerne im Laufe der Reise Bücher signieren würde, sich jetzt aber auf seinen großen Auftritt heute Abend vorbereiten musste. Dafür bräuchte er Konzentration. Er steckte sich drahtlose Kopfhörer in die Ohren und ging durch die Menge davon, als ob sie nicht existierte. Bemerkenswert wie der Mann schlagartig alles um sich herum ausblenden konnte. Was er wohl gerade hörte: Weißes Rauschen? Braunes Rauschen? Meeresrauschen? Letzteres wäre angesichts des Meeres vor Augen etwas absurd gewesen, und doch: Man hätte es auf diese Weise vielleicht sogar mehr genießen können als mit den ganzen schnatternden Menschen an Deck.

Als Watzek durch die Tür ins Innere des Schiffes verschwunden war, fragte sich Angela, ob die von ihm im Gespräch mit seiner Assistentin erwähnte Vorrichtung etwas mit seinem Auftritt zu tun hatte. Aber warum müsste man sie dann bewachen?

«Frau Merkel! Frau Merkel!», hörte Angela eine Stimme rufen. Sie drehte sich um und sah zwei Personen auf sich zustürmen. Die eine war Lisa Adler, die rothaarige, pausbäckige Krimi-Autorin, die die Krimi-Kreuzfahrt organisiert hatte, und die andere ein Mann in Kapitänsuniform, der tatsächlich verblüffende Ähnlichkeit mit Bill Clinton aufwies.

«Frau Merkel, Frau Merkel, ich bin Lisa Adler und …», sagte die Autorin hektisch, und ihre Pausbäckchen waren nun puterrot.

«Ich weiß, wer Sie sind», lächelte Angela.

«Oh!», staunte die Frau. «Sie lesen meine Romane?»

Angela hatte Adlers Roman *Torta Nostra* gelesen, und er hatte ihr gut gefallen. Nicht nur war er wie ein klassischer Krimi ohne Blut und Folter aufgebaut, sondern die Beschreibungen der leckeren italienischen Speisen, die die Ermittlerin Raffaela Bologna zubereitete, hatten Angela dazu gebracht, während des Lesens siebenmal den neuen Dorfitaliener von Klein-Freudenstadt *Da Casanova* zu besuchen. Geführt wurde der von einem wirklich sehr freundlichen Perser namens Mehdi.

«Einen habe ich bisher gelesen, aber gewiss werden noch weitere folgen.»

«Es tut mir unendlich leid, dass wir Sie nicht persönlich begrüßt haben.»

«Mir ist es auch unglaublich unangenehm», ergänzte Kapitän Clinton. «Ich habe sogar ausnahmsweise das Kommando bei der Abfahrt meinem Ersten Offizier übertragen.»

«Das wäre doch nicht nötig gewesen», sagte Angela freundlich. Der Kapitän blieb dennoch weiterhin im Entschuldigungsmodus: «Wir wussten nicht, dass Sie an Bord sind. Sie haben unter dem Namen Sauer gebucht.»

«Und wir wussten leider auch nicht», ergänzte Lisa Adler, «dass dies der Name Ihres Mannes ist. Ehrlich gesagt, ich wusste noch nicht einmal, dass Sie verheiratet sind.»

Achim schmunzelte vor sich hin. Er war es nicht nur gewohnt, dass große Teile der Bevölkerung ihn nicht kannten, er wollte es auch genauso haben. Obwohl er ein renommierter Quantenchemiker war, hatte er auch keine Probleme mit dem Bedeutungsverlust in der Rente, da ihn seine Bedeutung schon zu Berufszeiten nicht interessiert hatte.

«Ich weiß gar nicht», sagte Lisa Adler, «wie ich das wiedergutmachen kann.»

«Ich habe da eine Idee», mischte sich Marie ein.

Alle Augen richteten sich auf sie.

«Und welche?», wollte Adler begierig wissen. «Wir machen alles für Sie!»

«Sie setzen uns heute Abend beim Essen an den Kapitänstisch.» Wenn Marie forsch war, lächelte sie besonders unschuldig.

«Alles außer das», kam es von Lisa Adler wie aus der Pistole geschossen zurück.

«Wieso nicht?», staunte Marie.

«Am Kapitänstisch sitzen die ganzen Starautoren, wenn ich da auch nur einen einzigen wegsetze, bricht die Apokalypse aus!»

«Apokalypse?», fragte Angela, die die Formulierung ein klein wenig übertrieben fand.

«Wenn es gut läuft.»

Anscheinend waren Autoren ganz schöne Diven.

«Ich nehme mal an», mischte sich Gwendolin Gold ein, «ich sitze nicht mit den Starautoren am Tisch.»

«Gwendolin», seufzte Lisa Adler. Die kleine rundliche Frau im Blümchenkleid und die lange schlanke mit den grau-blonden Kurzhaaren bildeten einen Kontrast, dass Angela für einen Moment dachte, sie beide könnten ein gutes Ermittlerteam für Krimis abgeben: *Lang und Kurz* – zwei komplett unterschiedliche Autorinnen legen Mördern gewitzt das Handwerk.

«Ich weiß», lächelte Gwendolin gelassen, «meine Verkaufszahlen sind nicht hoch genug.»

«Und Florian hasst dich.»

«Was kümmert es die Eiche, wenn der Watzek sich an ihr reibt?», lächelte Gold entspannt und ging wieder an die Reling, um die Aussicht zu genießen.

«Ist das ein Hund?», deutete Kapitän Clinton pikiert auf Pupsi. Er hatte sich, wie Angela bemerkte, noch nicht mit seinem echten Namen vorgestellt. Anscheinend war er nicht ganz der Gentleman, für den man ihn auf den ersten Blick hätte halten sollen.

«Das ist ein Mops», antwortete Achim.

«Ein Mops hier an Bord?»

«Er heißt Pupsi.»

Einst hörte der kleine Mops auf den Namen Putin, aber Angela hatte ihn nach dem Beginn des Ukrainekrieges umbenannt. Welcher anständige Mops wollte noch einen solchen Namen tragen? Welches Frauchen wollte den noch zehn- bis zwanzigmal am Tag rufen? Obwohl es ihr zugegebenermaßen eine Zeit lang Spaß gemacht hatte, Sätze zu sagen wie «Mach Platz, Putin», «Gib Pfötchen, Putin», «Roll dich im Kreis, Putin» oder «Wer war ein braves Putinchen?».

«Ist der Name Pupsi etwa Programm?», fragte der Kapitän voller Sorge.

«Wenn der Name Programm wäre», murmelte Mike zum wiederholten Male nicht leise genug, «müsste er Giftgasanschlagi heißen.»

«Hunde sind an Bord meines Schiffes nicht erlaubt!», baute sich der Kapitän nun vor Achim auf. «Das hätten wir Ihnen auch mitgeteilt, wenn Sie versucht hätten, ihn anzumelden.»

«Oh, das muss ich wohl versäumt haben», sagte Achim mit gespielter Unschuld. Für Angela war es offensichtlich, dass er von der Regel gewusst hatte.

«Das Viech muss von Bord.»

In diesem Augenblick trötete das Schiffshorn erneut.

«Mir scheint», lächelte Achim, «dass Ihr Erster Offizier schon das Kommando zur Abfahrt gegeben hat.»

Das Schiff setzte sich sanft in Bewegung.

«Sie wollen doch nicht wegen eines kleinen Hundes unser Auslaufen stoppen?», lächelte Achim den Kapitän weiter an. Der rang mit sich. Lisa Adler nahm seine Hand und sagte: «Nein, das will er selbstverständlich nicht. Ihr süßer Mops ist uns herzlich willkommen.» Dann zog sie ihren Ehemann davon, und Achim tätschelte Pupsi den Kopf: «Wir würden dich nie in ein Hundehotel geben.»

«Ich muss dringend den Kleinen wickeln», sagte Marie und schob den Buggy Richtung Treppen. Mike war unsicher, ob er mit ihr gehen durfte, daher sagte Angela: «Jetzt passiert mir hier garantiert nichts.»

Mike nickte und verschwand mit seiner großen Liebe in den Bauch des Schiffes. Angela aber folgte Lisa Adler und dem Kapitän.

«Wo willst du hin?», fragte Achim.

«Ich muss noch unbedingt etwas in Erfahrung bringen.»

«Dann höre ich mir in der Zwischenzeit die Sprachkassetten an, die du mir geschenkt hast.» Achim kramte aus seiner Strickjackentasche einen blauen Walkman mit orangenem Schaumstoff am Kopfhörer, den er sich nach dem Mauerfall in Westberlin von seinem Begrüßungsgeld gekauft hatte und den er weder durch iPod noch iPhone noch durch irgendwelche neumodischen Bluetooth-Kopfhörer je hatte ersetzen wollen, obwohl er sich für das Geld, das im Laufe der Jahre für Reparaturen angefallen war, ein Luxusmodell hätte leisten können. Angela hatte das halbe Internet abgesucht, um für ihren Puffel noch einen Sprachlernkurs auf Kassetten zu finden, und hatte ihn Achim zum Geburtstag geschenkt. Er wandte sich wieder an den Mops: «Come on, Pupsi, let's make the Deck unsicher.»

Er setzte sich den Kopfhörer auf und begann, die Texte von der Kassette nachzusprechen: «In which direction is Buckingham Palace?» Die Frage irritierte eine vorbeigehende ältere Passagierin sichtlich.

Angela hingegen blieb Lisa Adler und Kapitän Clinton auf den Fersen. Als sie fast zu ihnen aufgeschlossen hatte, hörte sie, wie der Kapitän seiner Ehefrau zuzischte: «Sag du mir nicht, was ich tun soll und was nicht», und wie Lisa Adler zurückzischte: «Hätte ich das mal früher getan, hättest du nicht mein ganzes Geld verloren.»

Der Kapitän kochte vor Wut.

«Und ich», setzte seine Frau nach, «müsste keine Reise mit dem verdammten Watzek veranstalten.»

«Hättest ihn ja nicht einladen müssen.»

«Dann wäre die Reise nicht mal halb ausgebucht!»

Angela war es unangenehm, Zeugin dieses Streits zu werden. Sie wollte sich schon wieder umdrehen und gehen, da bemerkte Lisa Adler, dass sie hinter ihnen ging, und erschrak. Offensichtlich hatte sie Angst, dass Angela den Dialog gehört hatte. Eine Angst, die Angela der freundlichen Frau nicht nehmen konnte. Würde sie ‹Keine Sorge, ich habe nichts gehört› sagen, hätte sie damit Adlers Verdacht erst recht bestätigt. So stellte sie die Frage, die sie stellen wollte: «Ist Penny Plimpton X?»

«Penny Plimpton?», staunte Lisa Adler, während ihr Ehemann einfach weiterging, ohne auf sie zu warten.

«Die Autorin der neuen *Miss-Marple-Geschichten.*»

«Ich weiß, wer das ist. Aber so jemanden können wir uns nicht leisten. Ich habe schon mehr als die Hälfte unseres Gäste-Budgets für Florian ausgegeben. Und im Vergleich zu solch einer englischen Starautorin ist jeder deutsche Autor ein Schnäppchen. Selbst Florian.»

«Oh», sagte Angela enttäuscht.

«Aber keine Sorge! X ist wirklich jemand ganz Besonderes.»

«Aha», Angela kam über ihre Enttäuschung nicht so schnell hinweg. Sie hatte sich das so sehr gewünscht, sich ihre Begegnung bereits in allen Farben ausgemalt. Diese Reise sollte doch einmalig werden!

Lisa Adler spürte die Enttäuschung, nahm Angelas Hand und sagte lieb: «Ich verspreche Ihnen: So einen Gast hatte noch keine Kreuzfahrt!»

Angela fehlte die Vorstellungskraft, um wen es sich handeln könnte.

«Und ich verrate Ihnen etwas, was ich niemand anderem bisher verraten habe.» Sie legte ihre andere Hand an Angelas Ohr und flüsterte: «X ist kein Autor!»

8

Angela wurde fast verrückt vor Neugier, während sie durch den Kabinengang ging: X, X, X, wer zum Teufel konnte X nur sein? Wenn er kein Autor war, was dann? Hoffentlich nicht der Chef des Bundeskriminalamtes! Er war zwar ein netter Kerl, aber sie hatte überhaupt keine Lust, sich Vorträge über wirkliche Verbrechen anzuhören. Das Wunderbare an Krimis war doch, dass sie sich zu der Realität in etwa so verhielten wie Wahlprogramme zum tatsächlichen Regieren. Die Fantasie war so viel schillernder als die Realität!

Erst als Angela an einer einen Spalt offen stehenden Kabinentür vorbeikam, fragte sie sich nicht mehr, wer X wohl sein mochte, sondern warum in der Kabine so viele Bücher von Watzeks neuem Roman *Der Henker* gestapelt waren und ob sich hier die Vorrichtung befand, über die der Autor vorhin mit seiner Assistentin gesprochen hatte. Falls ja, müsste die junge Frau in der Kabine sein, um sie zu bewachen. Angela klopfte an die offene Tür. Es kam keine Antwort. Sie klopfte noch mal. Wieder keine Antwort. Sie rief durch den offenen Spalt: «Hallo, ist jemand da?» Aber da war sie sich schon sicher, dass sich niemand in der Kabine befand.

Angela hätte jetzt weitergehen können. Vermutlich auch sollen. Aber sie war einfach zu neugierig und betrat die Kabine, die angenehm nach druckfrischen Büchern roch. Sie war deutlich kleiner als ihre und wirkte durch die hohen Stapel sogar noch enger. Auf dem Boden lag ein

Stapel Poster, auf denen eine mit Blut gefüllte Spritze für Watzeks neue Netflix-Serie *Impfung* abgebildet war. Zudem T-Shirts mit seinem Konterfei und eine gruselige Clownsmaske, bei der es sich um Merchandise für seinen Roman *Der Clown* handelte, der mit dem Spruch beworben wurde: *Humor ist, wenn man trotzdem stirbt.*

Angela ging zum Schreibtisch, auf dem ein Blumenstrauß stand, daneben ein Manuskript. Es trug den Titel: *Nova, Vampir-Detektivin.* Der Titel passte so gar nicht zu Watzek, der, soweit Angela wusste, nicht über übernatürliche Wesen schrieb. Ihr Blick wanderte auf dem kargen Deckblatt nach unten, dort stand *Von Sophie Sell.* Watzeks Assistentin schrieb also ebenfalls und hatte ihren Namen dafür von Sellering auf Sell abgekürzt. Angela sah sich um. Auf dem Boden neben dem Tisch stand ein kleiner Apparat mit Zahnrädern und einem Greifarm. Er wirkte, als ob er schon fast hundert Jahre alt sei. Wozu er gut sein sollte, war Angela nicht klar. War das die besagte Vorrichtung für Watzeks Auftritt? Falls ja, warum war Sophie dann nicht hier, um sie zu bewachen?

«Was machen Sie hier?», ertönte Watzeks Stimme. Angela erschrak, drehte sich aber nicht sofort zu ihm um. Stattdessen formte sie mit ihren Händen eine Raute. Wenn sich ihre Fingerkuppen berührten, kam sie stets zur Ruhe. Auf diese neue Weise geerdet, wandte sie sich dem Starautor zu und antwortete seelenruhig: «Die Tür stand offen.»

«Und wenn eine Tür offen steht, gehen Sie einfach hinein?» Watzek war empört. War er es, weil er ihr Verhalten unanständig fand oder weil sie den Apparat gesehen hatte?

«Ich wollte nachsehen, ob jemand vielleicht seekrank ist und Hilfe braucht», schwindelte Angela.

«Das Schiff ist keine zwanzig Minuten unterwegs, so schwach ist kein Magen.»

Der von Mike vielleicht schon, dachte Angela, behielt das jedoch für sich. Stattdessen beschloss sie zu schweigen. Mal sehen, ob Watzek es wagen würde, sie aus der Kabine zu werfen. Der Starautor sah sie an, überlegte es sichtlich. Sie hielt seinem Blick stand. Zehn Sekunden. Zwanzig. Fast dreißig. Dann blickte er zum Bullauge. Er hatte länger durchgehalten als so manch anderer Mann, dem Angela im Laufe ihres Berufslebens begegnet war. Wenn es um Blickduelle ging, konnten auf dieser Welt nur Barack und leider auch Wladimir ihr das Wasser reichen.

«Ist das Ihre Kabine?», fragte Angela.

«Nein, die von meiner Assistentin.»

«Und was machen Sie dann hier?», fragte Angela in guter alter Politiker-Manier, nach dem Motto: ‹Hält dir jemand einen Spieß entgegen, drehe ihn um.›

«Sie hat mich gebeten, die neue Fassung ihres Romans zu lesen.»

«Nova, Vampir-Detektivin?»

«Schon die letzte Fassung war exzellent.»

Angela staunte.

«Sie glauben wohl nicht, dass jemand wie ich andere Autoren schätzen kann?»

«Das habe ich nicht gesagt.»

«Mussten Sie auch nicht. Wie die Kritiker vom Feuilleton halten Sie mich für jemanden, der nur schreibt, um Millionen zu machen.»

«Ehrlich gesagt, wirken Sie so», gestand Angela.

«Social Media, Fan-Artikel, Show, das mache ich alles nicht, um Geld zu scheffeln. Davon habe ich mehr als genug. Ich mache das, weil ich will, dass meine Bücher von vielen gelesen werden.»

Angela spürte, dass es ihm ernst war.

«Ich möchte so vielen Menschen wie möglich eine Freude machen.»

«Mit so blutigen Geschichten?»

«Thrill ist wie Humor. Bei beidem baut man eine Spannung auf, und schließlich entlädt sie sich beim Leser. Beim Humor, indem man Erwartungen weckt und dann eine völlig überraschende Wendung als Pointe setzt. Und bei dem, was ich schreibe, indem die Nerven der Leser so lange gekitzelt werden, bis sie sich geradezu euphorisch freuen, dass der Killer unerwartet doch besiegt wird. Einige haben mir sogar berichtet, dass sie laut klatschen, wenn sie mein Buch zu Ende gelesen haben.»

Anscheinend hatte sie Watzek falsch eingeschätzt: Er wollte seinen Lesern von Herzen eine gute Zeit bereiten! Er war also durchaus höher anzusiedeln als dieser David Safier, der die Frechheit besessen hatte, Angela höchstselbst zu einer Romanfigur zu machen: *oo Merkel, Geheimagentin mit Herz.*

«Und bei der Vampir-Detektivin», fragte sie, «ist das auch so wie bei Ihren Büchern?»

«Ja und nein.»

«Ja und nein?»

«Sophie schreibt auf vielen Ebenen: Ihr Buch ist romantisch. Und humorvoll. Und spannend. Und gruselig. Und sehr erotisch. Ich wünschte, ich könnte nur halb so gut schreiben wie sie.»

«Und warum behandeln Sie sie dann so vor anderen?»

«Weil ich manchmal ein Arsch bin», antwortete Watzek zerknirscht. «Okay, nicht nur manchmal, recht oft. Aber ich werde es wiedergutmachen. Mehr als das sogar. Ich werde für Sophie einen Verlag finden, und sie wird, davon bin ich überzeugt, die Buchwelt aus den Angeln heben.»

Angela konnte sich zwar nicht vorstellen, dass man dies mit einer Vampir-Detektivin schaffen konnte, aber Watzek war der Experte.

«Wo ist Frau Sellering eigentlich?», fragte Angela.

«Wissen Sie, wie viele Likes unser gemeinsames Foto auf Instagram bekommen hat?», beantworte er ihre Frage mit einer Gegenfrage, so wie sie es sonst gerne zu tun pflegte. Angela begriff, dass er ihr den Aufenthaltsort seiner Assistentin nicht verraten wollte. Und das wiederum bedeutete, dass die Vorrichtung, die sie bewachte, nicht jene kleine Maschine war, die auf dem Boden stand. Sie musste sich woanders befinden.

«Wie viele?»

«98 261», er lächelte zufrieden.

«Freut mich für Sie», antwortete Angela.

«Wir beide sind ein gutes Team.»

Angela lächelte freundlich.

«Wissen Sie, was ich gerade für eine Idee bekommen habe?», fragte Watzek schelmisch.

«Nein, aber Sie werden es mir bestimmt gleich sagen.»

«Was halten Sie davon, wenn Sie bei meinem Auftritt heute Abend meine Assistentin sind?»

Angela war erstaunt.

«Ich verrate Sophie dann auch nicht, dass Sie in ihrer Kabine geschnüffelt haben», jetzt lächelte er wieder so charmant, dass man ihm einfach nicht böse sein konnte. Und Angela, die es aus ihrem Leben in der Politik gewohnt war, Konzessionen zu machen, antwortete ebenfalls mit einem Lächeln: «Es wird mir ein Vergnügen sein.»

9

Ich habe einen Mordskohldampf!», sagte Marie, als sie alle durch eine braune Holztür den Speisesaal betraten, in dem es schon nach Essen roch, obwohl noch keines auf den Tischen stand. Dabei streichelte sie das Köpfchen ihres Sohnes, der im Buggy schlief. Mops Pupsi war zurückgelassen worden und schlummerte in der Abendsonne auf dem Balkon der Kabine.

«Ich habe eher keinen Hunger», sagte Mike, und sein bleiches Gesicht bestätigte das. Angela hoffte inständig, dass ihm nachher beim Anblick des Essens nicht vollends übel wurde, denn auf der Karte standen Austern.

«Was heißt Mordskohldampf eigentlich auf Englisch?», fragte Achim. «Murder-Coal-Steam?»

Angela ging auf diese Frage nicht ein, sondern schaute sich im Saal um: Die meisten Passagiere saßen schon, die Watzis hatten bereits ordentlich Sekt bestellt, und am Kopfende war eine kleine Bühne aufgebaut. Deren scharlachroter Samtvorhang war zugezogen, sodass man nicht sehen konnte, was dahinter war. Garantiert war es die Vorrichtung für Watzeks großen Auftritt, die sie nachher für ihn betätigen sollte. Er hatte ihr allerdings nicht verraten, worum genau es sich handelte und was genau sie zu tun hatte. Nur so viel: Es sollte für alle ein wunderbarer Thrill werden. Das bereitete Angela zugleich Unbehagen sowie einen angenehmen Nervenkitzel. Anscheinend war es genau das

Gefühl, das Watzek mit seinen Büchern bei den Lesern auslösen wollte.

«Die Bühne sieht provisorisch aus», stellte Angela fest.

«Ja, der Theatersaal wird gerade renoviert», hörte sie die Stimme von Gwendolin Gold. Die hochgewachsene Autorin ging neben ihnen und war die einzige Passagierin, die sich für den Abend, dessen Kleidungscode ‹Elegant› lautete, nicht extra umgezogen hatte. Achim hatte seinen braunen Lieblingsanzug rausgekramt, in dem er einst Angela geehelicht hatte. Mike trug seinen besten von 22 Personenschützer-Anzügen. Marie hatte sich in ein elegantes blaues Kleid gezwängt und ihrem Sohnemann einen gelben Wollpulli mit dem Konterfei von Käpt'n Blaubär übergestreift. Nur Angela hatte sich nicht völlig aufgebrezelt. Für Penny Plimpton hätte auch sie sich ein Kleid angezogen, so aber trug sie lediglich zur schwarzen Hose ihren roten Lieblingsblazer, den sie bei der Weltmeisterschaft 2014 in Brasilien anhatte und in dem sie, wie Achim fand, ‹so süß gejubelt› hatte. Dass Angela sich damals beim Aufspringen eine Lendenwirbelblockade zugezogen hatte, hatte sie sich vor den Kameras der Welt nicht anmerken lassen.

«Der Saal», sagte Marie, «könnte auch mal ein bisschen neue Farbe vertragen. Und eine neue Einrichtung.» In der Tat waren nur die blauweißen Rattan-Stühle moderner Natur. Die alten Holztische und der dunkelbraune, von vielen Reinigungen schon mitgenommene Teppich erinnerten an die Einrichtung des Bonner Kanzlerbungalows.

«Das Schiff sollte in *Not so elegant Princess* umbenannt werden», befand Achim.

«Wir sitzen zusammen», deutete Gold auf einen Tisch in der zweiten Reihe. Dort saß bereits Sophie, die in schwarzem Kurzkleid und schwarzen Stiefeln nicht mehr ganz so unscheinbar wirkte. Die junge Frau sprang sofort auf, als Angela mit ihrem kleinen Gefolge zu ihr trat, und erklärte stotternd, was für eine große Ehre es sei, mit ihnen allen an einem Tisch sein zu dürfen. Bevor Angela sie jedoch nach der Vorrichtung befragen konnte, damit sie nachher nicht völlig unvorbereitet in die Situation auf der Bühne geriet, ergriff Kapitän Clinton auf der kleinen Parkettfläche vor der Bühne das Mikrofon: «Herzlich willkommen an Bord der *Elegant Princess* zu unserer Krimi-Kreuzfahrt auf der Ostsee. Eine Reise von drei Tagen ohne Landgang, aber dafür mit umso mehr Spannung. Ich bin Ihr Kapitän Arne Holsten. Bitte begrüßen Sie mit mir ganz herzlich die Gastgeberin dieser Fahrt, meine Ehefrau Lisa Adler!»

Applaus brandete auf. Die rundliche Lisa Adler trat durch einen kleinen Nebeneingang in den Saal. Sie trug ein wallendes Blumenkleid, das sehr gut zu ihren roten Haaren und den Sommersprossen passte, ging zu ihrem Kapitän, drückte ihm einen Schmatzer auf die Wange, der noch größeren Applaus hervorrief, und nahm sich das Mikrofon: «Ich freue mich so sehr, Ihnen die fantastischen Autoren vorzustellen, die mit uns auf diese Reise gehen. Es sind nicht nur Meister ihres Faches, sie sind auch ganz, ganz wunderbare Menschen.»

Angela nahm wahr, wie Gwendolin Gold die Augen verdrehte und Sophie auf den leeren Teller starrte.

«Zuerst begrüße ich meinen ehemaligen Verleger, den großartigen Sven Ding. Ich nenne ihn nur Mister Provence!»

Durch die seitliche Tür kam zu großem Applaus Sven Ding hinein. Der Endsechziger trug ein grünes Kurzarmhemd über dem dicklichen Bauch und der Jeanshose – Bäuche wurden auf offiziellen Autorenfotos nicht abgebildet. Er hatte sein zerknittertes beiges Jackett lässig mit zwei Fingern über die Schulter geworfen und lächelte freundlich in die Menge. Sein unrasiertes Gesicht war so dunkelbraun gebrannt, dass man meinen konnte, er wäre direkt aus einer südfranzösischen Strandbar in den Saal gestolpert. Lisa Adler wies ihm den Weg zum Ehrentisch. Ding setzte sich neben den Kapitän und ließ sich von dem Chefsteward Rotwein einschenken.

«Der ist viel besser als unserer», deutete Achim auf die Flasche, die auf ihrem Tisch stand.

«Wein für unter 100 Euro ist nicht Dings Ding», erklärte Gwendolin.

«Als Zweites», flötete Adler ins Mikrofon, «freue ich mich unbändig, Ihnen den Meister der Inselkrimis vorzustellen. Den unvergleichlichen Jockel Fuchs!»

Durch die Tür trat Fuchs, er hatte die Latzhose an, die er auch auf dem Autorenfoto trug. Anscheinend war sie sein Markenzeichen. Vermutlich hatte er, wie Mike von seinen Anzügen, zweiundzwanzig davon. Er winkte zum Applaus und strahlte in die Menge. Als er an den runden Tisch trat, erlosch sein Strahlen jedoch blitzartig, und er setzte sich nicht etwa neben Sven Ding, wie der Kapitän es mit einer Handbewegung vorgeschlagen hatte, sondern so weit wie möglich von ihm entfernt, ohne ihn direkt ansehen zu müssen. Also etwa im 140-Grad-Winkel. Sven Ding schien das zu beunruhigen.

«Als Nächstes: der Meister des historischen Krimis. Detlev Reiter!»

Reiter, der unter Applaus den Saal betrat, trug eine braune Cordhose und ein blaues Jackett. Er eilte zum Kapitänstisch, der Rummel um seine Person schien ihm Unbehagen zu bereiten. Im Gegensatz zu Fuchs machte es ihm jedoch nichts aus, sich neben Ding zu setzen. Anschließend ließ er sich von dem Chefsteward ebenfalls von dem edlen Rotwein einschenken und wirkte dabei geistesabwesend. War er in Gedanken bei einem Krimi, den er gerade schrieb?

«Autoren», stellte Mike fest, «müssen sich anscheinend nicht schick anziehen.» Dabei stieß er mitten im Satz auf. Das Schiff befand sich mittlerweile auf offenem Meer, und es gab dank des Ostwindes leicht schwankende See, die ihm zu schaffen zu machen schien. Angela würde die Stewards bitten, die Austern gar nicht erst auf den Tisch zu stellen.

«Jeder männliche Autor», erklärte Gwendolin Gold, «besitzt nur ein Jackett für offizielle Veranstaltungen. Das sogenannte Autorenjackett. Außer Jockel, der inszeniert sich schon seit den Siebzigern als Rebell gegen Spießertum und Kapitalismus.»

«Was ihn», stellte Marie fest, «aber nicht davon abhält, auch den teuren Wein zu trinken.»

«Natürlich nicht», lächelte Gold. «Erfolgreiche Frauen haben es nicht so einfach mit der Kleidung. Die müssen immer wieder neue für ihre Auftritte finden.»

Angela nicke zustimmend und dachte dabei an ihre eigene Sammlung farbiger Blazer sowie die Kollektion von Annalena Baerbock, die ihr selbst niemals so gut gestanden hätte. Marie aber schaute auf Golds Strickkleid, das sie schon tagsüber getragen hatte. Die Schriftstellerin bemerkte das und sagte ohne jede Bitterkeit: «Ich bin keine erfolgreiche Autorin, die sich viele Kleider leisten kann.»

«Ihr Buch», sagte Angela, «war doch zwei Wochen auf Platz 21 der Bestseller-Liste.»

«Das waren zwei Wochen im Juli. Da werden wegen der Ferien die wenigsten Bücher gekauft. Wissen Sie, wie viele Exemplare ich für diese Platzierungen habe verkaufen müssen?»

«Nein.»

«Schätzen Sie.»

«75 000?»

«1700», antwortete Gold lächelnd. «Bei meinem schlechten Buchvertrag, den ich als Anfängerin abgeschlossen hatte, waren das knapp tausend Euro brutto für mich.» Wieder sagte sie es ohne Bitterkeit, sondern war geradezu über sich selbst amüsiert.

«Erstaunlich», wusste Angela nicht mehr dazu zu sagen. Anscheinend besaß sie nicht nur mangelndes Wissen über die Kunst des Schreibens, sondern auch über die Buchbranche an sich.

«Kommen wir zum nächsten Gast!», sprach Lisa Adler ins Mikrofon.

«Flori! Flori! Flori!», riefen die Watzis.

«Der Flori kommt nachher, er hat für uns alle eine ganz wunderbare Überraschung vorbereitet.»

Sophie Sellering hielt sich die Hand an den Hals – vermutlich tat sie es unterbewusst – als ob ihr etwas den Atem zuschnürte. Die Überraschung schien ihr unangenehm zu sein, gar Angst einzujagen. Bevor Angela sie danach fragen konnte, verkündete Lisa Adler: «Ich verrate Ihnen jetzt, wer unser Stargast X ist!»

Angela vergaß Sellering sogleich und blickte gespannt nach vorne.

«Es handelt sich bei ihm um einen der genialsten Köpfe unserer Zeit.»

Das Publikum raunte.

«Er besitzt einen messerscharfen Verstand!»

Es ging also um einen Mann. Hoffentlich nicht wirklich den Chef des Bundeskriminalamtes.

«Diesen Verstand benutzt er nicht etwa, um sich besonders raffinierte Kriminalromane auszudenken, sondern um echte Mordfälle aufzuklären.»

Dann konnte es nicht der Leiter der Behörde sein, der 95 Prozent der Zeit in Sitzungen verbrachte.

«Freuen Sie sich mit mir über einen waschechten Kriminologen! Vergleichbar nur mit Sherlock Holmes und Hercule Poirot!»

Ein Mann, der so gut kombinierte wie die Meisterdetektive?

«Er hat die spektakulärsten Mordfälle der letzten Jahre aufgeklärt!»

Angela wollte nun unbedingt mit dem mysteriösen Mister X ein Gespräch unter vier Augen führen. Vielleicht konnte sie ihren Ermittler, den sie sich für ihr Romanprojekt ausgedacht hatte, Privatdetektiv Jonathan Shakespeare, mit einigen seiner Eigenschaften ausstatten.

«Aber bitte begrüßen Sie zuerst die Frau, die ihn bei den Ermittlungen unterstützt hat! Und das, obwohl der Rest der Welt fälschlicherweise dachte, es handele sich bei einigen der Gräueltaten um Selbstmorde!»

Eine Frau und ein Mann, die gemeinsam gegen alle Widerstände Mordfälle aufklären? Angela hatte gedacht, so eine Kombination gäbe es nur in amerikanischen Krimi-Serien.

«Herzlich willkommen …»

Die Seitentür ging wieder auf.

«… Doktor …»

Eine dicke große Frau in Laborkittel betrat den Saal. Ihr Gesicht sah rau und zerfurcht aus wie eine irische Klippe.

«… Elenora Radszinski!»

Beim Anblick der Pathologin von Templin, die Angela im Rahmen ihrer eigenen Mordermittlungen kennengelernt hatte, murmelte Mike etwas, was sie am liebsten selbst laut ausgesprochen hätte: «Ach du Scheiße.»

10

Radszinski sah bei ihrem Gang zum Kapitänstisch Mike im Publikum sitzen, und da der Applaus so tosend war, begrüßte sie ihn, indem sie ihre rauen Lippen zu lautlosen Worten formte.

«Hat sie gerade», staunte Marie, «zu dir ‹Hallo, Knackelchen› gesagt?»

«Ich befürchte ja», antwortete Mike, der noch bleicher im Gesicht wurde als ohnehin schon. «Sie nennt mich gerne so.»

«Na ja», lächelte Marie und streichelte ihm über die Wange, «du bist ja auch ein Knackelchen.»

«Warum», fragte Achim seine Ehefrau besorgt, «legst du deinen Kopf auf die Tischplatte, Puffeline? Das machst du doch sonst nur, wenn ich schlechte Wortspiele mache.»

«Weil jetzt klar ist, wer X ist», stieß Angela mit einem gequälten Stöhnen hervor.

«Die berühmte Mordserie in der Uckermark», sprach Lisa Adler weiter. «Die im Schloss und jene auf dem Friedhof. Bei diesen sensationellen Fällen hat Dr. Elenora Radszinski unserem Stargast X bei der Aufklärung geholfen. Und jetzt können Sie sich bestimmt denken, um wen es sich bei X handelt. Um den berühmten Kommissar …»

«Hannemann! Hannemann! Hannemann!», rief die Menge, und der grobschlächtige Kommissar mit den fettigen Haaren und dem Schmerbauch betrat in dem Trenchcoat, den er anscheinend selbst bei einem Gala-Dinner trug, den Saal. Er ließ sich vom Publikum feiern, hielt sogar triumphierend die Fäuste hoch. Dabei hatte er rein gar nichts zur Aufklärung der Mordfälle in Klein-Freudenstadt beigetragen. Im Gegenteil: Er hatte gedacht, bei sämtlichen Toten im Schloss handele es sich um Selbstmörder und bei dem zweiten der Morde auf dem Friedhof um einen Unfall. Zudem hatte er Angela bei ihren Ermittlungen behindert, wo immer es nur ging. Aber da sie selbst nicht als Detektivin in der Presse auftauchen wollte, hatte sie mit ihm vereinbart, dass er die Lorbeeren für ihre Arbeit einstreichen konnte. Und wie Hannemann das daraufhin getan hatte! Er war nicht nur ein Liebling der Boulevardblätter geworden, sondern ließ sich auch als Experte in TV-Shows einladen. Erst kürzlich wieder zu *Stern-TV* zum Thema ‹Ist die Provinz mörderischer als die Großstadt?›. Und Radszinski, die in die Scharade hatte eingeweiht werden müssen, vermochte von ihr ganz offensichtlich nun ebenfalls zu profitieren.

Hannemann ging zum Kapitänstisch und wollte gerade Platz nehmen, da sah er Angela, und ihm entglitten die Gesichtszüge. Dass sie an dieser Krimi-Kreuzfahrt teilnehmen würde, hatte er nicht gedacht. Wie weggeblasen war sein triumphales Gehabe. Ihn packte offensichtlich die blanke Angst, dass sie ihn als Betrüger entlarven könnte. Das würde sie selbstverständlich niemals tun. Es sei denn, er würde sie zu sehr reizen.

«Und nun hat der Florian …», hob Adler an.

«Flori! Flori! Flori!», riefen seine Fans.

«… eine ganz besondere Aufführung für Sie!»

Watzek sprang in Jeans und mit nacktem Oberkörper hinter dem scharlachroten Vorhang hervor. Die Menge jubelte und johlte, bis er sie mit seinen Händen beschwichtigte und sagte: «Für meine Überraschung heute Abend benötige ich meine bezaubernde Assistentin. Einen großen Applaus bitte für eine Frau, die der ein oder andere von Ihnen sicherlich kennt: Angela Merkel!»

Dass der Applaus für sie leiser war als für die Autoren, Hannemann und Radszinski, registrierte Angela genau. Mit abnehmender Bedeutung ging nun mal auch abnehmende Zuneigung einher. Sie gab sich Mühe, sich nicht anmerken zu lassen, dass ihr das einen kleinen Stich versetzte, und schritt unter den erstaunten Blicken von Achim, Mike und Marie auf die Bühne zu Watzek.

«Bitte, Frau Merkel, kommen Sie mit mir!», sagte der Starautor und verschwand hinter dem Samtvorhang. Angela folgte ihm und sah das erste Mal die mysteriöse Vorrichtung. Und der sonst so kontrollierten Frau entfuhr vor lauter Schreck: «Sind Sie völlig wahnsinnig?»

11

Eine Guillotine.

Eine verdammte Guillotine!

Sie schien alt zu sein. Ihr scharfes Henkersblatt war sogar ein wenig angerostet.

«Die ist», strahlte Watzek Angela an, während im Saal laute dramatische Musik ertönte, die auf die Show einstimmen sollte, «original aus der Französischen Revolution. Ich habe sie bei *Sotheby's* ersteigert. Sie müssen wissen, ich sammele alte Maschinen. Manchmal lass ich mir sogar welche von Verlegern oder Filmproduzenten schenken. Ich habe zu Hause einen Schachautomaten von 1727, ein walzenbetriebenes Piano aus dem Wilden Westen, eine Enigma-Maschine, die im Zweiten Weltkrieg im Einsatz war, und, und, und …»

Der Apparat mit dem kleinen Greifarm, dachte sich Angela, der in Sophies Kabine stand, gehörte garantiert auch zu seiner Sammlung. Wozu er allerdings gut sein sollte und warum er mitgenommen wurde, fragte sie Watzek jedoch nicht, sondern stattdessen: «Was haben Sie mit der Guillotine vor?»

«Na, was wohl? Mich köpfen lassen!»

Angela war klar, dass er es nicht ernst meinte, und dennoch bereitete ihr der Gedanke Unbehagen.

«Keine Sorge, das wird schon alles gut gehen. Schauen Sie!» Er deutete auf zwei kleine Knöpfe, die direkt nebeneinander auf der Hinterseite jenes Brettes angebracht waren, in dessen Auslassung der Delinquent seinen Kopf legen musste. Einer war rot, der andere blau. Beide für das Publikum nicht sichtbar. «Die Guillotine ist von dem Magier, der sie mir verkauft hat, umgebaut worden. Ich habe die Knöpfe extra selbst noch bei meinem letzten Fallbeiltest vor der Seenotrettungsübung farbig angestrichen. Wenn man den roten Knopf drückt, schneidet sie den Kopf ab. Das werde ich dem Publikum gleich an diesem Objekt vorführen.» Er deutete auf eine lebensgroße Strohpuppe, die mit einem Anzug bekleidet war und einen Kürbis als Kopf hatte.

«Und der blaue», kombinierte Angela, «lässt dann eine Klinge runtersausen, bei der der Kopf ausgespart wird.»

«Sie sollten Detektivin werden», lächelte Watzek sie an.

Da musste Angela leicht auflachen.

«Oder Krimi-Autorin.»

Nun wurde sie rot.

Sollte sie vielleicht mal mit Watzek über ihren Detektiv Jonathan Shakespeare reden?

«Sie sehen, Frau Merkel, ich habe alles unter Kontrolle. Wir wollen den Leuten doch nicht den Appetit verderben», lachte Watzek.

Angela rang sich ein Lächeln ab, obwohl sie den Gedanken, etwas könnte schiefgehen, bei Weitem nicht so komisch fand wie der Autor. Der stülpte sich eine mittelalterlich wirkende Henkerskapuze – war die etwa auch ein Original? – über den Kopf und sagte: «Öffnen wir den Vorhang!»

Er zog an einem Seil, während die dramatische Musik draußen zu einem Crescendo anschwoll. Der scharlachrote Vorhang öffnete sich, die Musik endete, und beim Anblick der Guillotine und des ‹Henkers› mit der Kapuze hielt der ganze Saal, der nun in Dunkelheit und Trockennebel getaucht wurde, die Luft an. Selbst Lisa Adler und ihrem Kapitän Clinton verschlug es den Atem. Nur die männlichen Autoren am Kapitänstisch verhielten sich anders als der Rest: Sven Ding beobachtete nervös den Inselkrimi-Autor Jochen Fuchs, der seinerseits konzentriert Watzek betrachtete, während Detlev Reiter verstohlen Sophie Sellering ansah, die das jedoch nicht wahrzunehmen schien, denn auch sie schaute gebannt auf die Bühne.

«Der Henker!», wandte Watzek sich an das Publikum mit dem Tonfall eines anklagenden Priesters. «Er spricht die Urteile über alle von uns, die Sünden begangen haben!»

Offensichtlich fühlten sich sämtliche Personen im Saal angesprochen, selbst der Umweltaktivist Jochen Fuchs. Alle, außer Sven Ding, der weiterhin Fuchs nervös beobachtete, Reiter, der die Augen nicht von Sophie Sellering lassen konnte, und natürlich Achim, der tatsächlich frei von jeder Sünde war. Als Politikerin konnte bei Angela davon keine Rede sein, und auch sie begann beim Anblick der Guillotine zu frösteln.

«Und anschließend vollstreckt der Henker das Urteil!»

Der Grusel steigerte sich. Watzek verstand sein Handwerk.

«Frau Merkel. Führen Sie den ersten Verurteilten zur Hinrichtung.»

Angela nahm die Strohpuppe und legte sie so auf die Guillotine, dass der Kürbiskopf zum Abtrennen bereitlag. Dabei konnte sie sich eines Schauders nicht erwehren.

«Hiermit verurteile ich Apple-Chef Tim Cook wegen des Mordes an Tausenden Kindern, die in Afrika in Bergen von in der Sonne glühendem Handymüll nach wiederverwertbarem Handyschrott suchen und sich dabei die Lungen verätzen. Im Namen der Gerechtigkeit lass ich das Fallbeil sausen!»

Angela sah, wie Watzek unbemerkt vom Publikum mit der Fußspitze gegen den roten Knopf unten an der Guillotine trat. Das Fallbeil sauste hinab und trennte den Kürbiskopf von der Puppe. Er fiel in einen großen Bast-Korb. Das Publikum schrie auf, die Autoren unter den Anwesenden schauten aufmerksam zu, selbst der zuvor noch geistesabwesende Reiter und Sven Ding. Angela bekam eine Gänsehaut, wie sie sie bis dato nur hatte, als Donald Trump den Atomkoffer überreicht bekam.

«Und nun komme ich zum zweiten Urteil!», rief Watzek. «Ich verurteile Florian Watzek!»

Das Publikum staunte, während der Trockennebel im Saal immer dichter wurde.

Angela hörte, wie Lisa Adler vorne am Kapitänstisch zu ihrem Mann sagte: «Gute Idee.» Meinte sie damit den Showeffekt? Oder dass Watzek eine Hinrichtung verdient hatte?

Der Starautor redete weiter, während er sich auf den Boden hockte und seinen Kopf in die Auslassung im Brett legte: «Florian Watzek hat mit seinen Romanen unzähligen Menschen den wohlverdienten Nachtschlaf geraubt!»

Jetzt kicherten die Ersten im Publikum. Eine der Watzis rief sogar: «Flori, ich liebe dich dafür!»

Das schien die Spannung im Saal ein wenig aufzulockern. Jedoch nur für einen kurzen Augenblick. Bis Watzek rief: «Im Namen der Gerechtigkeit lasse ich das Fallbeil sausen!»

Angela war klar, dass er nun den blauen Knopf neben sich unten am Brett für die harmlose Klinge mit der Auslassung drücken würde. Und dennoch zitterte sie: Diese Show war aufregend! Sie erlebte am eigenen Leib den Effekt, den Watzek durch sein Schreiben auslösen möchte: Der Thrill wird gesteigert, bis er sich im größten Spannungsmoment explodierend auflöst und man sich vor lauter Erleichterung ekstatisch freut.

Watzek drückte einen der Knöpfe.

Das Beil fiel herunter.

Ein Kopf mit Henkerskapuze fiel in den Eimer.

Das von Trockeneis und teilweise auch schon von Sekt vollständig benebelte Publikum dachte, es wäre ein Fake.

Alles andere wäre auch unvorstellbar gewesen.

Der Thrill löste sich in Ekstase auf.

In Klatschen und in Jubel.
Eine Frau rief: «Flori, ich will ein Kind von dir!»
Es war die pure Freude.
Nur für Angela nicht.
Sie starrte in den Korb, in dem Watzeks Kopf auf dem Kürbis lag.

12

Angela handelte geistesgegenwärtig. Sie rief dem Publikum zu: «Florian Watzek wird sich umziehen und in etwa einer Stunde zu Ihnen kommen. Bis dahin wünscht er Ihnen einen guten Appetit!» Damit, so hoffte sie, ließe sich Zeit gewinnen, damit keine Panik ausbrach. Unter Applaus und «Flori! Flori!»-Rufen zog sie den Samtvorhang zu. Ekstatisch wie die Zuschauer waren, machte es ihnen nichts aus, dass ihr Idol sich nicht vor ihnen verbeugte. Während der Trockennebel sich langsam verzog und das Klatschen in einen Applaus überging, der den Stewards und Stewardessen galt, die die Platten mit den Vorspeisen hineintrugen, huschte Angela von der Bühne zu dem Kapitänstisch und bat Kapitän Clinton, dessen echten Namen sie schon wieder vergessen hatte, und Dr. Radszinski zu sich hinter den Vorhang. Auf Mike verzichtete sie, man konnte sich ausmalen, was geschah, wenn der Mann mit dem schwachen Magen die geköpfte Leiche sah.

«Heiliger Klabautermann!», stieß Clinton bei Watzeks Anblick aus. Angela stellte fest, dass man selbst in so einer Situation über die klischeehafte Wortwahl mancher Menschen verblüfft sein konnte.

«Der ist mausetot», stellte Radszinski mit ihrer Reibeisenstimme das Offensichtliche fest. Sie war völlig ungerührt. Wer als Pathologin so viele Leichen im Leben von innen gesehen hatte, war nun mal hartgesotten.

«Was machen wir nur», stammelte Kapitän Clinton, «was machen wir nur, was machen wir nur, was machen wir nur …?» Seine panische Reaktion erinnerte sie an die der Ministerpräsidenten zu Beginn der Pandemie.

«Zuerst einmal», schlug Radszinski vor, «fragen wir nicht die ganze Zeit ‹Was machen wir nur?›.»

«Was sollen wir nur tun, was sollen wir nur tun, was sollen wir nur tun …?»

«Auch das fragen wir nicht die ganze Zeit.»

«Wie gehen wir nur vor …?»

«Sagen Sie mal, wollen Sie mich verarschen?», baute sich Radszinski nun bedrohlich vor dem Kapitän auf und brachte ihn dadurch zum Schweigen.

«Was ist hier los?», steckte Kommissar Hannemann seinen Kopf durch den Vorhang. Er hatte drei Austern in der Hand und schlürfte eine von ihnen. Der Mann hatte Angela gerade noch gefehlt.

«Die Merkel hat mal wieder einen Toten», antwortete Radszinski ungerührt.

«Wenn mal jemand eine Biografie über Sie schreibt, sollte sie *Leichen pflastern ihren Weg heißen*», seufzte der Kommissar. Er betrat die Bühne, blickte in den Korb und stellte fest: «Was für ein Idiot.»

Empathie war nicht gerade Hannemanns Stärke.

«Er hatte einen Knopf, mit dem ein falsches Fallbeil herunterkommen sollte», Angela deutete auf die hintere Seite des unteren Brettes zum blauen Knopf. Hannemann betrachtete die beiden Knöpfe. Schließlich kam er zu dem Schluss: «Dann hat der Depp den falschen Knopf gedrückt.»

«Wollen Sie nicht sicherheitshalber die Guillotine untersuchen lassen?»

«Einen Abbruch der Reise», fand der Kapitän seine Sprache wieder und wirkte dabei sogar noch panischer als zuvor, «können wir uns nicht leisten!»

«Keine Sorge, alter Knabe», legte Hannemann jovial die Hand auf die Schulter des Kapitäns. «Wir müssen das Gerät nicht untersuchen. Der Fall ist klar!»

«Ohne Untersuchung?», staunte Angela.

«Liebe Frau Merkel, ich weiß, dass Sie überall Morde sehen, und zugegeben, Sie haben auch schon mal recht gehabt …»

«Jedes Mal!»

«Aber diesmal ist es ganz eindeutig ein Unfall. Ein besonders trotteliger Unfall. Aber ein Unfall.» Hannemann schlürfte seelenruhig seine zweite Auster und merkte gar nicht, wie er seinen Trenchcoat bekleckerte. Eins musste man ihm lassen: Er hatte zwar ein Hirn wie Styropor, dafür aber einen Magen aus Stahl.

«Es kann doch nicht schaden sicherzugehen», versuchte Angela an seinen Styropor-Verstand zu appellieren.

«Haben Sie irgendeinen nicht spinnerten Anlass zu denken, dass es hier nicht mit rechten Dingen zugeht?»

«Watzek hat die Knöpfe extra farbig gestrichen, damit er sie nicht verwechselt.»

«Er hat sie eben im Dunkeln und bei all dem Trockennebel nicht erkannt.» Hannemann schlürfte seine dritte Auster, es hätte nur noch gefehlt, dass er die Schalen in den Henkerskorb warf. «Haben Sie noch einen Anlass?»

Angela schwieg. Sie hatte weder eine Ahnung, was ein potenzieller Mörder für ein Motiv haben könnte, noch irgendeinen Beweis dafür, dass es sich nicht um einen Unfall handelte. Für sie gab es eigentlich nur einen einzigen Grund anzunehmen, dass hier ein Mord vorlag: dass Hannemann es nicht dachte. Dieser Mann war in solchen Angelegenheiten ein wunderbarer Kontraindikator. Und da weder er noch der Kapitän Anstalten machten, per Hubschrauber die Polizei einfliegen zu lassen, gab es nur einen Menschen, der herausfinden konnte, ob sich nicht doch ein Mörder an Bord befand: Miss Merkel!

13

«Mord oder nicht Mord, das ist hier die Frage», sagte Jonathan Shakespeare zu niemand anderem als sich selbst. Er betrachtete die Leiche, die vom Trägerbalken seines kleinen Freilufttheaters baumelte. Theater war die Passion des Mannes, dessen Ahne der berühmte William Shakespeare war. Doch leider verirrten sich beklagenswert wenig Touristen in sein Theaterrund, um sich seine traditionellen Inszenierungen der Stücke seines verehrten Vorfahren anzusehen. Die Konkurrenz unter den Theatern in Stratford-upon-Avon war einfach zu groß. Um über die Runden zu kommen, nahm er Aufträge als Privatdetektiv an. Er überführte Ehebrecher, Versicherungsbetrüger, Heiratsschwindler. Und jetzt war er das erste Mal womöglich mit einem Mord konfrontiert. In seinem eigenen Theater. An dem Schauspieler, der den Hamlet spielen sollte. Was hätte sein Ahne William wohl dazu gesagt? Vielleicht eine Zeile aus dem ‹Sommernachtstraum›: ‹Gut gehängt ist besser als schlecht verheiratet.›

Angela hatte ursprünglich William Shakespeare höchstpersönlich zum Helden ihrer Krimis machen wollen, stellte aber schnell fest, dass man für einen historischen Roman enorm viel recherchieren musste. Das erschien ihr als Aufgabe für ihr erstes Buch als zu anspruchsvoll und ehrlich gesagt auch als zu anstrengend. Es war schon so schwer genug, Seite für Seite zu füllen. In diesem Absatz zum Beispiel hatte sie bereits dreimal eine Variation des Begriffs Ahne benutzt, so wie schon 18-mal zuvor in dem bisherigen Text, und ihr fiel immer noch kein gutes weiteres Synonym ein. Geschweige denn für das Wort Theater, das sie noch viel häufiger verwendete. Aufführungsort klang zu sperrig.

«Puffeline, du schläfst ja gar nicht», rieb sich Achim die Augen und sah ihr vom Bett aus zu, wie sie mitten in der Nacht am wackeligen Schreibtisch saß und versuchte, sich durch kreative Arbeit von der Tatsache abzulenken, dass Florian Watzek nie wieder Romane verfassen würde.

«Kein Wunder, nach dem, was geschehen ist», antwortete sie.

«Was tust du da?»

Angela klappte rasch ihr Ringbuch zu, in das sie mit einem Werbekugelschreiber der Reederei schrieb. Ein schönes Ledernotizbuch oder gar einen Computer wollte sie für ihr Werk nicht benutzen. Sie fand, dass sie sich diese Sorte Schreibwerkzeug als Autorin erst verdienen musste. Allerdings würde sie sich im Bord-Shop einen neuen Kugelschreiber besorgen, dieser hier leckte, ihre Daumenkuppe war schon ganz blau.

«Äh … ich … mache mir Notizen zum Mordfall», flunkerte Angela ihren Ehemann an. Sie traute sich nicht, ihm ihren Roman zu zeigen. Er war nun mal eine ehrliche Haut. Und auch wenn er sie nie verletzen wollte, würde er bei Missfallen auf ihre Frage ‹Und, wie gefällt es dir?› etwas antworten wie: «Nun … ja … es ist noch kein Meister vom Himmel gefallen», und das würde dazu führen, dass sie nie wieder eine Zeile zu Papier bringen könnte. Als Autorin war man nun mal empfindlicher als als Politikerin. Wohl weil man niemanden hatte, dem man die Schuld für Fehler in die Schuhe schieben könnte.

Wie hielten die Schreibprofis, die sich mit ihr an Bord befanden, das nur aus?

Sie mussten Nerven aus Stahl besitzen.

«Du glaubst», fragte Achim, «wirklich, dass sich jemand an der Guillotine zu schaffen gemacht hat?»

«Wir werden es nie herausfinden. Hannemann hat die Guillotine von der Schiffscrew in Einzelteile zerlegen lassen, damit sich nicht noch mal jemand damit töten oder auch nur verletzen kann. Aber bestimmt auch, damit ich sie nicht untersuchen und ihm so weiter auf die Nerven gehen kann.»

«Als ob du jemals jemandem auf die Nerven gehen könntest», lächelte Achim.

«Ich mag es nicht immer, wenn du ironisch bist», sagte Angela. «Besonders nicht um drei Uhr nachts.»

«Es ist drei Uhr?», Achim schaute auf seine alte Ruhla-Digital-Armbanduhr. «Leg dich schlafen.»

«Ich muss doch irgendwie herausfinden können, ob die Guillotine manipuliert wurde.»

«Und das wirst du auch. Nach einer schönen Runde Schlaf», antwortete Achim.

«Ich muss etwas übersehen haben!»

«Dein Unterbewusstsein löst die Frage für dich über Nacht und gibt dir die Antwort morgen früh.»

«Vielleicht hast du recht», sagte Angela, legte Block und leckenden Stift in die Schublade, sah dabei auf ihren Daumen und lächelte: «Oder vielleicht hat mir mein Unterbewusstsein auch jetzt schon den Weg gezeigt! Zieh dir was Warmes an.»

«Was hast du vor?», fragte Achim.

«Wir schauen uns die Leiche von Watzek an.»

«Wir gehen in den Kühlraum?»

«Wir gehen in den Kühlraum!»

14

Wobei soll ich Ihnen helfen?», Mike stand gleichermaßen fassungslos wie müde vor der Kabine, in der Marie und Adrian Angel schliefen und er vor Kurzem ebenfalls. Seine Gesichtsfarbe wirkte ein wenig gesünder – das Schiff befand sich in ruhigeren Gewässern –, und er trug einen himmelblauen Pyjama mit *Käpt'n-Blaubär*-Design. Garantiert ein Geschenk von Marie, die seit dem Tod von Adrians biologischem Vater Philipp von Baugenwitz für den Kleinen einiges an Vermögen verwaltete und es als bescheidene Frau gut zusammenhielt. Nur wenn es darum ging, verspielte Präsente zu machen, achtete das ehemalige Waisenkind nicht aufs Geld. So hatte sie Angela zu Weihnachten eine *Longchamp*-Tasche anfertigen lassen, auf der ihr Mops Pupsi als Superheld *Doctor Pups* zu sehen war. Komplett mit Maske, Umhang und Allzweckgürtel, aus dem Würste hervorschauten.

«Sie sollen helfen», antwortete Angela, die wie Achim in dicker Jacke und Stiefeln vor dem Bodyguard stand, «die Tür zum Kühlraum aufzukriegen. Mein Mann wird währenddessen die Wache ablenken.»

«Davon wusste ich ja noch nichts», staunte Achim.

«Jetzt weißt du es.»

«Und wie soll ich das tun?»

«Da wird dir schon etwas einfallen», lächelte Angela. Achim begann zu grübeln, und Mike seufzte: «Sie wollen also wirklich wieder Detektivin spielen?»

Der Personenschützer war eine der wenigen Personen an Bord, die außer Achim in Watzeks Tod eingeweiht worden war. Mit ihm wussten davon nur noch jene Crewmitglieder, die Watzeks Überreste in ein leeres Kühlfach hatten einlagern müssen. Und natürlich Sophie Sellering, die durch den Tod ihres Chefs in eine Art Schockstarre verfallen und auf die Sanitätsstation zur Beobachtung gebracht worden war. Der Rest der Menschen auf der *Elegant Princess* wurde von Kapitän Clinton über die Katastrophe im Dunkeln gelassen, um die Urlaubsstimmung nicht zu zerstören. Er hatte ihnen erklärt, dass Watzek sich schwer an der Hand verletzt hatte. Die Watzis reagierten darauf entsetzt. Doch als der Kapitän hinzufügte, dass der Autor darum gebeten hatte, auf sein Wohl mit Frei-Champagner anzustoßen, taten sie es ausgiebig.

«Angela spielt keine Detektivin», korrigierte Achim den Personenschützer, «sie ist eine.»

«Ich weiß nicht, warum ich nicht schon längst gekündigt habe.»

«Weil Sie es lieben, mit mir zu ermitteln», lächelte Angela.

«Tu ich nicht.»

«Doch, das tun Sie.»

«Nein!», Mike wurde etwas lauter.

«Sie wissen es nur nicht.»

«Arrghh!», stöhnte er auf.

«Ziehen Sie sich einen Mantel über und kommen Sie mit, sonst wecken Sie noch Marie und den Kleinen.»

Mike schaute in die Kabine, schien froh zu sein, dass noch alle schliefen, schnappte sich von einem Haken seinen dicken schwarzen Mantel und zog ihn über den *Käpt'n-Blaubär*-Pyjama. Gemeinsam machten sie sich auf den Weg durch das karge, neonbelichtete Treppenhaus.

«Frau Merkel?», fragte er, während sie die Treppen zum Schiffsrumpf hinabgingen, wobei er mit den weißen Stofflatschen, die die *Elegant Princess* Passagieren ins Bad legte, bei jeder Stufe klackerte.

«Ja, Mike?»

«Könnte ich morgen mal etwas mit Ihnen unter vier Augen besprechen?»

«Immer», bot Angela an.

«Es geht um Marie.»

«Um was genau?», fragte Angela vorsichtig, die Antwort schon ahnend.

«Ich will ihr einen Antrag an Bord machen.»

Maries Befürchtung war also berechtigt.

«Und ich habe dafür eine kleine Rede geschrieben, in der ich aufzähle, was an Marie alles so liebenswert ist. Die Liste ist aber sehr lang geworden. Und ich wollte fragen, ob Sie sich mal anhören können, was ich rauskürzen kann. Würden Sie das für mich tun, Frau Merkel?»

Mike war so nervös, dass Angela gar nichts anders konnte, als ihm zu antworten: «Natürlich.»

Und Achim flüsterte ihr so leise ins Ohr, dass Mike es nicht hören konnte: «Ich hab dir doch gesagt, es wird schwer.»

15

Nachdem Angela, Achim und Mike aus dem Treppenhaus in den Schiffsrumpf traten, dessen Gänge nicht holzvertäfelt, sondern mit grauer Metallfarbe lackiert waren, linsten sie um eine Ecke: Vor dem Kühllager saß ein Matrose auf einem Klappstuhl und las ein *Jerry-Cotton*-Heft. Angela fand die Vorstellung, dass es in diesen digitalen Zeiten immer noch Menschen gab, die Groschenhefte verschlangen, irgendwie beruhigend.

Der um die 30 Jahre alte Mann gähnte immer wieder. Für seinen Dienst hatte er sich sicherlich etwas anderes vorgestellt, als einen Bastkorb mit dem Kopf eines Bestseller-Autors in den Kühlraum zu tragen und ihn sowie den Rumpf des Körpers anschließend zu bewachen.

«Hast du dir etwas überlegt?», fragte Angela ihren Achim.

«Aber selbstverständlich, Puffeline.»

«Auch was Gutes?»

«Einen Plan A und einen Plan B.»

«Ich habe dich gefragt, ob du dir etwas Gutes überlegt hast.»

«Plan A ist sogar sehr gut. Bei Plan B bin ich mir nicht ganz so sicher», grinste Achim, verschwand um die Ecke und ging auf den Matrosen zu.

Angela linste zusammen mit Mike um die Ecke und hoffte dabei inständig, dass es nicht auf Plan B, was immer er auch sein mochte, hinauslaufen würde.

«Ich habe mich hier unten verlaufen», sprach Achim den Matrosen an. «Können Sie mich zum Ausgang bringen?»

«Sorry, I only speak English and Norwegian», antwortete der junge Mann, und Angela fiel erst jetzt auf, dass das *Jerry-Cotton*-Heft den Untertitel *På jakt etter den svarte krokodillen* trug. Ein Kreuzfahrtschiff hatte nun mal eine internationale Crew.

«Gut, gut», versuchte sich Achim auf die neue Situation einzuschwingen. «Ich meine: Good, good. Can you schau me the way to the … the … the …»

«Er weiß nicht», raunte Mike Angela zu, «dass Ausgang ‹Exit› heißt?»

«Geben Sie ihm etwas Zeit, er kommt noch drauf», flüsterte Angela zurück.

«To the … to the … nein … nicht ‹next whiskey bar› … ah, ich hab's!», freute sich Achim.

«Sehen Sie», lächelte Angela Mike zu.

«To the Outgäng!»

«Outgäng?», seufzte Mike.

«Er hat es wohl doch nicht», räumte Angela ein.

«Outgäng?», fragte der Matrose ebenfalls, allerdings verwirrt.

Achim lächelte verunsichert.

«War er», flüsterte Mike Angela zu, «noch nie auf einem Flughafen und ist den Exit-Schildern gefolgt?»

«Meistens gehe ich voran …»

«Nachvollziehbar», verstand Mike.

«It is the Gäng», versuchte Achim dem armen Matrosen zu erklären und machte dabei demonstrativ ein paar Schritte, «where it goes out.»

Der junge Mann wurde dadurch noch verwirrter.

«Warum fragt er nicht», wollte Mike wissen, «einfach nach dem Fahrstuhl?»

«Dann wird er vermutlich ‹Drive-Schtool› sagen», seufzte Angela.

«Stimmt auch wieder.»

«What goes out?», fragte der Matrose.

«Me», antwortete Achim.

«Der Matrose schaut Ihren Mann an», seufzte Mike leise, «als ob er nicht mehr alle Cups in the Schränk hat.»

«Achim findet schon eine Lösung.»

«Your Wort in Gottes ear.»

«Äffen Sie ihn nicht nach.»

«Verzeihung.»

«Versuchen wir etwas anderes», sagte Achim. Er zeigte auf sich und anschließend den Daumen nach oben, um zu demonstrieren, dass er nach oben zu seiner Kabine möchte. Der Matrose verstand nicht, lächelte verlegen und streckte ebenfalls den Daumen hoch, nach dem Motto: Ja, klar bist du prima!

«Ich hätte wirklich», seufzte Mike, «schon längst meinen Dienst quittieren sollen.»

«Mein Mann ist halt kein Samy Molcho», verteidigte Angela ihren Ehemann.

«Was für ein Molch?»

«Samy Molcho ist ein Meisterpantomime», erklärte Angela. «Der erfolgreichste der Welt.»

«Mit diesem Namen?»

«Ja», antwortete Angela gereizt und sah dabei zu Achim, der fieberhaft überlegte, was er noch tun konnte, um den Matrosen von seinem Wachposten wegzulocken.

«Na ja», gab Mike zu bedenken, «so ein Pantomime spricht seinen Namen ja auch nicht aus.»

Angela wollte ihm erwidern: ‹Wenn wir noch weiter über Samy Molcho reden, kriege ich eine ganz und gar unpantomimische Schreiattacke.›

Doch da hörte sie einen echten Schrei. Von ihrem Mann. Er griff sich an die Brust: «AHHH!»

Mike wollte auf ihn zustürmen, doch Angela hielt ihn zurück: «Das ist sein Plan B.»

«AHH!», schrie Achim noch lauter. Der Matrose sprang von seinem Stuhl auf, eilte zu ihm und sagte: «I bring you to the doctor.»

Er stützte den wimmernden Achim und ging endlich mit ihm davon.

Mike, dem der Schreck noch in den Gliedern saß, stöhnte: «Morgen schreibe ich gleich als Erstes die Kündigung.»

«Kommen Sie», Angela ging auf seine Worte nicht ein und huschte zur Tür des Kühllagers. «Kriegen Sie die auf?»

«Natürlich.»

«Sind Sie sicher? Wer weiß, wann der Matrose wiederkommt oder Ersatz für ihn hier aufschlägt.»

«Ich bin mir ganz sicher. Die ist nämlich», er drückte den metallenen Hebel der Tür von der Senkrechten in die Waagrechte, «gar nicht abgeschlossen.»

Angela freute sich, dass auch mal etwas schnell und problemlos gelang, während ihr Personenschützer die schwere Tür öffnete. Kälte schlug den beiden entgegen, und Angela zog sich rasch ihre Kapuze über den Kopf.

«Mist», fluchte Mike schon nach wenigen Schritten in dem schwach beleuchteten Lager, das voller Hochregale mit Lebensmitteln war. Gleich vorne die Milchprodukte von Joghurt über Quark bis hin zu abgepacktem Käse.

«Was ist?», fragte Angela.

«Ich hätte mir andere Schuhe anziehen sollen», der Bodyguard deutete auf seine nackten Füße, die in den weißen Badelatschen mit dem Aufdruck *Elegant Princess* steckten. Angela musste schmunzeln. Sie war sich sicher, dass Marie ihn bereits mit den Worten ‹Du bist wirklich eine elegante Prinzessin› aufgezogen hatte.

«Was gibt es da zu grinsen?», fragte Mike.

«Entschuldigen Sie. Vielleicht sollten Sie lieber draußen warten.»

«Meine Füße halten das schon aus. Bei der Bundeswehr habe ich am Hindukusch viel krassere Kälte ausgehalten.»

«Es ist aber besser, wenn Sie draußen Schmiere stehen.»

«Wir sind nicht in einem von den Horrorfilmen, die Marie so gerne sieht», erklärte Mike, der diese Art von Filmen ganz und gar nicht mochte, «man wird uns schon nicht hier einschließen, damit wir erfrieren.»

Solche Szenarien gab es auch in Detektivromanen, wusste Angela, die auf den Gedanken, im Kühlraum gefangen zu sein, bisher nicht gekommen war. Er ließ sie mehr frösteln als die Kälte. Sie antwortete: «Das meine ich nicht. Es ist nur so, ich schaue mir gleich die Leiche an, und Sie sind ... sind ...»

«Ich bin was?»

«Zartbesaitet», sprach Angela die Wahrheit aus.

«Ich muss Sie begleiten!», wehrte Mike die Wahrheit ab. «Das ist meine Aufgabe!»

«Erinnern Sie sich noch, wie es in der Pathologie mit Frau Radszinski war?»

Mike wurde bleich.

«Bei dem ersten Besuch im Leichenschauhaus wurde Ihnen schlecht. Beim zweiten wären Sie beinahe umgekippt.»

«Diesmal wird es anders sein», erwiderte Mike tapfer.

«Wissen Sie, was die Definition von Wahnsinn ist?»

«In der Rente als Detektivin zu ermitteln?»

«Laut Albert Einstein», ließ Angela Mikes Bemerkung unkommentiert, «lautet die Definition: Immer wieder das Gleiche zu tun und ein anderes Ergebnis zu erwarten.»

«Aber ich ...», hob Mike an.

«Wollen Sie nicht nur mir, sondern auch Albert Einstein widersprechen?», lächelte Angela.

Mike schwieg verunsichert.

«Ihnen ist schon klar, dass es sich diesmal um eine geköpfte Leiche handelt?»

Mikes Gesichtsfarbe war nun weiß wie ein Bettlaken, instinktiv hielt er sich die Hand vor den Mund.

«Also, was sagen Sie zu Albert Einstein?»

«Dass er ein kluger Mann war», antwortete Mike und verlieh damit dem Begriff ‹etwas hinter vorgehaltener Hand sagen› eine neue Bedeutung.

«Da sind viele Menschen Ihrer Meinung», lächelte Angela.

«Ich passe draußen auf, dass niemand kommt und die Tür verschließt.»

«Das ist ja quasi Ihre Aufgabe als Personenschützer.»

«Genau!», Mike eilte in seinen Prinzessinnen-Schlappen aus dem Lager. Angela lächelte zufrieden, steckte die Hände in die Jackentaschen – sie hätte an Handschuhe denken sollen – und machte sich auf die Suche nach Watzeks Leiche. Sie kam an einem kleinen Regal mit Fleischersatzprodukten vorbei. Da stapelten sich Pattys für vegetarische Burger, Kanister mit Hafer- und Sojamilch, Packungen und Eimer mit vegetarischen Wurstsorten wie Fleischsalat. Von Letzteren hatte der BASF-Vorstandschef Angela beim letzten offiziellen Zusammentreffen vor drei Jahren stolz berichtet, dass sein Unternehmen die meisten Zutaten dafür lieferte. Man war noch weit weg von einer perfekten Welt.

Da das Regal im Vergleich zu jenen mit den Milchprodukten recht schmal war, konnte man davon ausgehen, dass die Zahl der Veganer an Bord recht klein war. Kreuzfahrttouristen waren in der Regel nun mal keine Menschen, die sich überproportional für die CO_2-Emissionen aus der Tierzucht interessierten.

Neben dem Regal hing ein Medikamentenschrank. Auch wenn Angela unter Zeitdruck stand, hatte sie Mitgefühl für Mike. Vielleicht gab es in dem Schrank etwas, das seine Übelkeit eindämmen würde. Sie öffnete die Schranktür und sah Packungen von Antibiotika, Insulin, Hepatitis-C-Medikamente und Augentropfen sowie jede Menge kleine Töpfe mit Salben. Durch einen kleinen Spalt zwischen den Töpfen erkannte sie in der hinteren Reihe ein einsames weißes Plastikfläschchen, das aussah wie ein Nasenspray. Neugierig kramte Angela es heraus, hatte es doch als Einziges keinen professionellen Maschinenaufdruck. Auf einem aufgeklebten Zettel stand das mit einer Schreibmaschine getippte Wort ‹Urbaläuse›.

Was bedeutete Urba?

Angela deklinierte in ihrem Kopf das lateinische Wort für Stadt, ‹urbs›, fand aber keinen grammatikalischen Fall, bei dem es zu ‹urba› wurde. Viel irritierender als der Name war die Frage, warum man eine Probe von Läusen hier kühl gelagert hatte. Gab es etwa einen Befall an Bord?

Angela schüttelte sich, stellte das Fläschchen schnell zurück, schloss den Schrank und machte sich auf zu den Tiefkühltruhen. Auf einer von ihnen war mit einem roten Klebeband ein Kreuz geklebt. Deutlicher konnte man Watzeks vorletzte Ruhestätte nicht markieren. Angela atmete tief durch und öffnete beherzt die Truhe. Der Anblick war nicht so schlimm wie befürchtet. Man hatte den Leichnam so in Eis drapiert, dass es aussah, als würden Kopf und Körper noch zusammengehören. Außerdem hatte man ein Tuch über den nackten Oberkörper gelegt. Und das Beste: Watzek trug noch immer die Henkerskapuze. Sein letzter Gesichtsausdruck, als das Fallbeil ihn traf, war also verhüllt. Das alles machte es für Angela angenehmer, die Leiche zu untersuchen. Sie betrachtete Watzeks rechte Hand und sah, dass sich an seinen Fingern noch Farbreste befanden. Er hatte die Knöpfe an der Guillotine extra nach seinem letzten Fallbeiltest angestrichen. Kurz vor der Seenotrettungsübung. Und die Farbe war, wie von ihr erhofft, bei der Vorstellung noch nicht ganz getrocknet gewesen. So hatte sie auf Watzeks Daumen abgefärbt wie die Schreibflüssigkeit des Billigkugelschreibers auf Angelas. Und die Farbe war Blau! Das bedeutete, Watzek hatte bei der Vorführung den richtigen Knopf gedrückt. Von wegen er hatte den falschen erwischt. Es war kein Unfall. Jemand hatte die Guillotine manipuliert! Und zwar so, dass sowohl beim Drücken des roten als auch des blauen Knopfes das scharfe Fallbeil heruntersauste.

Kurz überlegte Angela, ob sie Hannemann von dem Farbfund erzählen sollte, aber da musste sie wieder an Albert Einstein denken. Hannemann hatte bisher noch nie auf sie gehört, jetzt etwas anderes zu erwarten, wäre also Wahnsinn gewesen. Sie schloss die Kühltruhe und machte sich auf dem Weg zum Ausgang, währenddessen arbeitete es fieberhaft in ihrem Hirn: Zur Guillotine hatte außer Watzek nur Sophie Sellering Zutritt. Sie sollte sie bewachen. Hatte Watzek Angst gehabt, dass jemand das Fallbeil manipulieren wollte?

Nein, dann hätte er die Guillotine direkt vor der Vorstellung noch mal überprüft. Er wollte wohl lediglich, dass niemand die Apparatur vorzeitig entdeckte und so die Überraschung verdarb. Somit war die graue Maus Sellering die Hauptverdächtige. War sie etwa keine so unscheinbare Frau? Waren stille Wasser eben doch tief?

Aber Watzek hatte seine Assistentin doch unterstützen wollen. Warum sollte sie ausgerechnet jenen Mann töten, der an ihr Talent glaubte und sie mit ihrem Vampir-Detektiv-Roman zu einem großen Verlag bringen wollte? Außerdem befand die junge Frau sich derzeit im Schockzustand auf der Sanitätsstation des Schiffes. Falls sie ihren Zustand nur vortäuschte, wäre sie eine exzellente Schauspielerin und nicht nur kein stilles Wasser, das tief war, sondern eine reißende Strömung.

Aber halt: Sophie war nicht die ganze Zeit bei der Guillotine gewesen!

Sie hatte den ersten Teil der Seenotrettungsübung mitgemacht. Also hätte sich jemand in diesen vielleicht fünfzehn Minuten, in der die Guillotine – wo war sie eigentlich gelagert gewesen? – unbewacht war, an ihr zu schaffen machen können.

Wer war alles nicht bei der Seenotrettungsübung gewesen, obwohl sie für alle verpflichtend war?

Jochen ‹Jockel› Fuchs, der Latzhose tragende Inselkrimi-Autor.

Sven Ding, der sonnengebräunte Provence-Liebhaber.

Detlev Reiter, der gedankenverlorene Schreiber von historischen Krimis.

Sie alle hätten ebenfalls die Gelegenheit zur Manipulation des Fallbeils gehabt!

16

Am nächsten Morgen ging Angela mit dem Mops am Oberdeck Gassi und stellte fest, dass man nicht gerade zu den beliebtesten Passagieren gehörte, wenn der eigene Hund sein Geschäft auf den Planken verrichtete. Sie kramte ein Kackertütchen aus der Jackentasche und fragte sich, wann ihr Achim endlich aus der Krankenstation entlassen würde, wo er mit ‹Verdacht auf Herzinfarkt› zur Beobachtung lag. Und ob er bei Sophie Sellering, die ebenfalls noch dort war, womöglich ein verdächtiges Verhalten bemerkt hatte.

Nachdem das Tütchen entsorgt war, trat Angela an die Reling und blickte aufs Meer, das ruhig in der Morgensonne lag. Sie schloss die Augen und genoss den leichten Frühlingswind. Allerdings nur kurz, denn in die frische Brise mischte sich Zigarren-Geruch. Angela blickte zur Seite. Keine paar Meter entfernt stand Sven Ding und paffte eine – gewiss teure – Zigarre. Selbst so früh am Morgen an Deck trug der braun gebrannte Autor der Provencekrimis nur ein kurzärmeliges und zerknittertes Hemd. Er hielt wie Angela sein Gesicht in die Sonne, und sie nutzte die Gelegenheit, ihn unauffällig zu befragen: «Guten Morgen, Herr Ding. Wie geht es Ihnen?»

Der Autor sah zu ihr und lächelte freundlich: «Gut. Danke der Nachfrage. Und Ihnen?»

Normalerweise müsste jemand erschüttert sein, wenn ein Kollege auf diese Weise den Tod fand. Ding war es ganz offensichtlich nicht.

Wusste er tatsächlich noch nichts von Watzeks Ableben? Oder das genaue Gegenteil: War er ein abgebrühter Mörder?

«Mir geht es auch gut», antwortete Angela.

«Dann sind wir ja schon zu zweit», lächelte Ding.

«Wie fanden Sie denn gestern die Vorstellung?», versuchte Angela den Autor zu locken.

«Ach, der Florian», winkte er ab. «Der war schon immer ein Showtyp. Ich erinnere mich an das erste Mal, als er in meinem Büro aufgekreuzt war.»

«Als Sie noch Verleger waren?»

«Genau. Da hatte er Schwierigkeiten, einen Verlag zu finden. Kein Mensch kannte ihn zu der Zeit. Er stürmte im OP-Kittel mit blutverschmierter Maske hinein …»

«Blutverschmierte Maske?»

«Theaterblut, nehme ich an.»

«Aha …»

«Und er hielt ein Skalpell in der Hand.»

«Haben Sie da keine Angst bekommen?»

«Als Verleger bringt einen so leicht nichts aus der Ruhe», lächelte Ding und zog an seiner Zigarre. «Er klatschte mir das Manuskript von *Das Skalpell* auf den Tisch. Es war der beste Thriller, den ich bis dahin von einem deutschen Autor gelesen hatte. Ohne seinen Auftritt in meinem Büro wäre sein Text auf dem Stapel der unverlangt eingesandten Manuskripte gelandet.»

Angela gab seine Schilderung zu denken: Sie hatte sich vorgenommen, ihren *Jonathan Shakespeare* unter Pseudonym einzureichen, damit er nicht nur deshalb gedruckt würde, weil sie die Ex-Kanzlerin war. Aber wenn ihr Werk auf dem Stapel der unverlangt eingesandten Manuskripte landete und im Zweifelsfall nicht gelesen würde, welchen Sinn machte es dann, sich die monatelange, vielleicht gar jahrelange Mühe des Schreibens zu machen?

«Sie sehen betrübt aus», lächelte Ding, der entspannt sein Gesicht in die Sonne hielt. War es möglich, dass er nichts vom Tod seines Kollegen mitbekommen hatte?

Angela wollte gegenüber einem Schreibprofi nicht zugeben, dass sie befürchtete, als Autorin niemals veröffentlicht zu werden. Außerdem sprach sie nun mal mit ihm, um ihre Mordermittlung in Gang zu bringen.

«Es tut mir so leid, dass Herr Watzek wegen der Handverletzung seine Signierstunde absagen musste.»

«Wegen der Handverletzung?», lächelte Ding.

«Ja, er hat sich doch beim Austausch mit dem Kapuzenkürbiskopf schwer verletzt.»

«Natürlich, natürlich», lächelte Ding, sah wieder auf das Meer und schmauchte weiter seine Zigarre. Er glaubte nicht an die Ausrede, das war offensichtlich. Weil er der Mörder war? Oder weil er etwas über Watzeks übliches Verhalten wusste, was Angela unbekannt war? War der verstorbene Starautor etwa für seine kurzfristigen Absagen in der Buchbranche bekannt?

Bevor sie jedoch den Autor danach befragen konnte, rief eine Stimme: «Denk an meine Worte, Sven!»

Es war Jochen ‹Jockel› Fuchs, der aufgewühlt in ihre Richtung kam. Über seiner Latzhose trug er einen abgetragenen gelben Öl-Regenmantel, den man bei einem Umweltaktivisten nicht vermutet hätte. Jedenfalls bei keinem aus diesem Jahrtausend.

«Sonst wirst du es bereuen!», vollendete Fuchs und stieß Ding im Vorbeigehen den Ellenbogen in die Rippen.

«Au!», rief Ding. Aber der wütende Fuchs drehte sich nicht einmal um.

«Er hat anscheinend etwas gegen Sie?»

«Sie haben ja eine gute Beobachtungsgabe», ächzte Ding, während er sich die Seite hielt.

«Worum geht es?»

«Um etwas aus weit entfernter Vergangenheit.» Jetzt schien Ding zu frösteln, und Angela bezweifelte, dass es etwas mit der frischen Luft an Deck zu tun hatte.

«Sie kennen sich also schon lange?»

«Schon bevor er Autor wurde und ich in die Verlagsbranche ging.» Ding sah Fuchs nach, wie er in das Innere des Schiffsbauchs verschwand.

«Woher denn?»

«Hausbesetzerszene Westberlin», sagte Ding und schien mit einem Male ganz abwesend.

«Über die Sie ein Buch schreiben wollen», erinnerte sich Angela an Dings Biografie im Programmheft.

«Entschuldigen Sie mich bitte, meine Schreibzeit beginnt», beendete der Autor das Gespräch recht abrupt. Er entfernte sich, noch immer leicht gekrümmt, und Angela staunte: Professionelle Schriftsteller setzen sich selbst feste Arbeitszeiten?

«Angie!», rief Marie. «Hier will jemand zu dir!»

Angela sah, wie ihre Freundin dem kleinen Adrian, der seine Schnullerkette an einer lila *Baby-Yoda*-Jacke trug – Marie hatte wirklich ein Faible für niedliche Filmfiguren –, auf die Planken absetzte.

«Wer kommt in meine Arme?», rief Angela und ging in die Hocke. Der kleine Bursche lief so schnell er konnte auf sie zu. Als er sie erreichte, umschloss sie ihn mit ihren Armen und drückte ihn an sich. Angela selbst hatte keine Kinder, aber dafür war sie für diesen Jungen so etwas wie eine Tante oder Oma, daher nannte Marie sie seine ‹Tantenoma›.

Adrian gab Angela ein Küsschen auf die Wange. Diesem kleinen Kerl bedeutete sie etwas. Wie Marie. Und Achim. Auch Mike. Pupsi sowieso, wer gab ihm sonst seine heiß geliebte Leberwurst? All das wog den Bedeutungsverlust in der Rente fast auf. Leider wurde das Angela nur in Momenten wie diesen mit Adrian in den Armen so richtig bewusst.

«Wann redest du mit Mike?», fragte Marie, während Angela den Kleinen wieder absetzte.

«Ich warte die passende Gelegenheit ab.» Dass Mike auch mit ihr über Marie sprechen wollte, behielt Angela für sich. Es würde ihrer Freundin nur noch mehr Sorge bereiten.

«Warte bitte nicht zu lange. Sonst macht er den Antrag vorher.»

«Ich rede mit ihm so bald wie möglich», versprach Angela und fügte in Gedanken hinzu: Gleich nachdem ich das Verhalten des dritten Autors – Detlev Reiter – nach Watzeks Tod beobachtet habe. Würde der Mann, der Krimis schrieb, die in der NS-Zeit spielten, sich auch so merkwürdig verhalten wie seine beiden Kollegen eben?

17

Reiter war für Watzek bei der Signierstunde eingesprungen. Vor seinem Tisch, der direkt neben der Rezeption stand, hatten sich allerdings keine Fans seiner Bücher versammelt, sondern lediglich drei Watzis, die ihn belagerten. Angela beobachtete das Treiben aus der Distanz.

Die erste Watzi fragte: «Wann wird der Flori denn wieder zu uns kommen?» Die zweite wollte wissen: «Können Sie zum Flori gehen und ihn bitten, ein Buch für mich zu signieren?» Und die dritte, in deren Blutbahnen besonders viel Restalkohol zu zirkulieren schien, bat ihn: «Können Sie dem Flori ein Küsschen von mir geben?»

Der blasse Reiter haderte sichtbar mit seinem Schicksal, wie man es sonst nur von Klima-Ministern kennt. Mit zusammengepressten Lippen antwortete er: «Es tut mir leid, ich habe keinen Kontakt zu Florian.»

«Aber wenn Sie ihn sehen, geben Sie ihm dann das Küsschen von mir?»

«Möchten Sie, dass ich Ihnen ein Buch von mir signiere oder nicht?», antwortete der Autor schmallippig.

«Was schreiben Sie denn so?»

«Krimis, die im Nationalsozialismus spielen», antwortete Reiter gequält.

Die Begeisterung der drei Watzis hielt sich in engen Grenzen.

«Klingt nach schwerem Stoff», sagte die Erste.

«Bisschen depri», sagte die Zweite.

«Das ist nicht depri!», verteidigte sich Reiter.

«Sie sehen aber depri aus», fand die Watzi mit dem meisten Restalkohol.

Angela ertappte sich dabei, wie sie der Watzi recht gab. Reiter war so ziemlich das Gegenteil des charmanten Menschenfängers Watzek.

«Moment mal», fragte die erste Watzi, «läuft Ihr Nazi-Buch nicht als Serie mit Angelina Jolie auf Sky?»

Es schien, als ob die Frage bei Reiter noch mehr Depressionen auslöste.

«Ist die Jolie im richtigen Leben wirklich so eine Bitch?»

«Die Signierstunde ist beendet.» Reiter stand vom Tisch auf und hastete in Richtung Fahrstuhl. Angela erkannte die Gelegenheit und folgte ihm mit Pupsi an der Leine.

«Also der», sagte die dritte Watzi zu den anderen beiden, «ist definitiv eine Bitch.»

«Eine Bitch können nur Frauen sein», erklärte die erste Watzi.

«Dann Butch.»

«Butch nennt man auch einige Frauen.»

«Batch?»

«Einigen wir uns auf: unhöflicher Blödmann?»

«Gute Idee.»

Angela sah, wie Reiter entnervt die Augen rollte, während er den Fahrstuhl betrat. Sie huschte hinter ihm hinein. Die dritte Watzi wollte ebenfalls in den Fahrstuhl steigen und rief: «Können Sie mir denn ein Autogramm von der Jolie besorgen?»

Die Frau hatte Angela gerade noch gefehlt. Daher hielt sie ihren Mops der Watzi entgegen und erklärte: «Der heißt Pupsi. Und das aus gutem Grund.»

Die Watzi blieb verdattert vor der Tür stehen, die sich gemächlich rappelnd schloss.

«Danke», nickte Reiter Angela knapp zu. Der Fahrstuhl setzte sich ächzend in Bewegung, und Angela fragte: «Ihre eigenen Fans sind wohl nicht so aufdringlich?»

«Auf andere Weise. Das sind eher Männer, die sich für Historisches interessieren und einem gerne nach einer Lesung stundenlang referieren, was man aus ihrer Sicht alles falsch dargestellt hat. Dass man höchstpersönlich in einschlägigen Archiven die Fakten zusammengetragen hat, interessiert sie nicht. Sie glauben, sie wüssten alles besser.»

Noch ein Grund mehr für Angela, keinen historischen Krimi zu schreiben.

«Und solche Männer machen keine Krimi-Kreuzfahrt?», fragte sie.

«Nicht viele. Die meisten Gäste sind wegen Florian da. Einige auch wegen Lisa. Dann noch ein paar wegen Jochen und Sven.» Reiter erklärte das ganz nüchtern. Es schien ihm nichts auszumachen, dass er im Beliebtheitsranking der Autoren an Bord weit abgeschlagen war, hinter ihm nur noch Gwendolin Gold. Warum hatte er dann die Kreuzfahrt angetreten, wenn er hier kaum seinen Lesern begegnete? Wegen des Geldes? Wohl kaum. Wer eine amerikanische Serie hatte, benötigte kein Kreuzfahrthonorar.

Die amerikanische Serie.

Sollte sie ihn darauf ansprechen, warum sie nicht in seiner Biografie im Programmheft erwähnt wurde, aber stattdessen die Graphic Novels?

Nein, Augen aufs Ziel! Angela wollte ihn ebenfalls unauffällig ausfragen, wie ihm die Vorstellung gestern gefallen hatte. Doch da machte der Fahrstuhl ‹Bing›. Die Türen öffneten sich gemächlich, und Reiter sagte: «Ich muss hier raus.»

«Ist Ihre Kabine auf dem Deck?»

«Nein, aber ich möchte auf die Krankenstation.»

«Sie wollen Florian besuchen?»

«Frau Merkel», sah Reiter sie nun zu drei Vierteln erschöpft, zu einem Viertel wütend an, «hören Sie doch auf damit.»

«Womit?»

«Sie wissen es ganz genau», sagte Reiter ermattet und trat aus dem Fahrstuhl.

«Was?»

«Florian hat sich selbst geköpft.»

Er wusste, dass Watzek nicht mehr lebte?

War er etwa der Mörder?

«Ich bin zwar in erster Linie Historiker», sagte Reiter, während sich die Tür zwischen den beiden wieder schloss. «Aber auch Krimi-Autor. Es ist ganz klar: Florian ist tot.»

Er sah nun aus, als ob ihn die Last der Welt zu erdrücken schien.

Bevor Angela etwas erwidern konnte, schloss sich die Tür vollständig, und der Fahrstuhl setzte sich wieder in Bewegung. Sie ärgerte sich, dass sie nicht so geistesgegenwärtig gewesen war, Reiter zu folgen. Was wollte er auf der Krankenstation? Jemanden besuchen? Achim wohl kaum. Wer lag noch dort? Natürlich, Sophie Sellering! Die Reiter während der Vorstellung verstohlen angesehen hatte!

18

Auf dem nächsten Deck angekommen, hastete Angela mit Pupsi aus dem Fahrstuhl und rannte die Treppen wieder herunter, weil sie keine Zeit mit Warten verplempern wollte. Ihr Plan war es, Achim zu besuchen und dabei, wenn irgend möglich, Reiter und Sellering zu belauschen. Was hatten die beiden miteinander zu tun?

Doch kaum betrat Angela den Gang zur Krankenstation, kläffte Pupsi vor Freude und zog an der Leine.

«Wer kommt in meine Arme?», rief Achim vor der Stationstür und ging in die Hocke. Angela ließ die Leine los, und der Hund lief begeistert auf Achim zu. Als er ihn erreichte, schleckte er ihm übers Gesicht. Achim lachte fröhlich, bis Angela dazutrat: «Du bist ja bereits entlassen.» Ihre Ausrede, wegen Achim die Krankenstation zu betreten, war damit dahin.

«Ein bisschen mehr Freude darüber hätte ich schon erwartet», lächelte Achim und richtete sich wieder auf, während sich der Mops gemütlich auf seine Füße legte. Angela bemühte sich eher halbherzig: «Schön, dass du endlich die Station verlassen konntest.»

«Das war wirklich nur ‹ein bisschen mehr Freude›», stellte Achim fest.

«Entschuldige. Du warst lange genug dort. Hast du mit Sophie Sellering reden können?»

«Nein, die lag in einem anderen Zimmer. Wieso?»

«Wir haben es in der Tat mit einem Mord zu tun», brachte Angela ihn auf den neuesten Stand. Sie erzählte ihm von den blauen Farbflecken auf Watzeks Fingern, von der Begegnung zwischen Ding und Fuchs sowie von Reiters Äußerung, er wüsste vom Mord, und ihrer Vermutung, er könne mit Watzeks Assistentin unter einer Decke stecken. Vielleicht sogar buchstäblich?

«Du weißt schon», unterbrach Achim den Redefluss seiner Frau, «dass du die Polizei über deinen Fund informieren müsstest.»

«Die Polizei an Bord heißt Hannemann.»

«Dann den Kapitän.»

Angela wusste natürlich, dass dies die formal richtige Vorgehensweise wäre. Aber dann bestand die Gefahr, dass die Reise abgebrochen würde, sie die Ermittlung nicht weiterführen dürfte und sie darüber hinaus noch nicht einmal etwas über das Krimischreiben lernen würde. Eine Gefahr, die sie nicht eingehen wollte. Und dennoch sagte sie: «Ich werde mit ihm reden.»

«Versprochen?»

«Versprochen.»

Achim lächelte zweifelnd.

«Was ist?»

«Ich kenne dich.»

«Ich habe dir doch gerade versprochen, dass ich mit ihm spreche.»

«Aber nicht wann.»

Angela fühlte sich ertappt.

«Und auch nicht worüber.»

«Du kennst mich wirklich gut, Puffel», lächelte sie.

«Und das ist das größte Geschenk meines Lebens», erwiderte Achim das Lächeln.

Obwohl sie dieses Jahr ihren 35. Hochzeitstag mit einem Picknick am schönen Dumpfsee gefeiert hatten, überraschte er sie noch immer mit Komplimenten.

«Ich muss vorher nur noch eine Kleinigkeit erledigen», sagte Angela und wollte die Station nun unter einem anderen Vorwand betreten.

«Wo willst du hin?», fragte Achim.

«Dein Plan B ist mein Plan A.»

«Du willst krank spielen?»

«Gut kombiniert, Puffel.»

Achim beugte sich zu dem Mops herunter und sagte: «Manchmal frage ich mich, ob Frauchens Verhalten klug ist.»

«Ist es!», rief Angela ihm noch zu. Sie würde keinen Herzinfarkt vortäuschen und wie Achim stundenlang auf Station bleiben, sondern lediglich um ein Magenmedikament bitten. Während eine Schwester es holte, würde sie zu Sellering aufs Zimmer huschen, sie im Idealfall mit dem Historienkrimi-Autor ertappen und ihn mit seinem Fehlen bei der Rettungsübung konfrontieren. Vielleicht würden die beiden dadurch in Panik geraten, sich verplappern und sie könnte dem Kapitän die Mörder servieren.

Als Angela die Tür öffnete, wehte ihr der Duft von Sterilisationsmittel und süßem Parfüm entgegen. Letzteres hatte die junge Krankenschwester aufgetragen, die am 80er-Jahre-Tresen saß – selbst die Praxis des alten Dorfarztes von Klein-Freudenstadt war moderner eingerichtet. Sie holte ein Medikament aus einer Schublade und überreichte es Reiter, der auf der anderen Seite des Tresens stand.

«Hallo, Frau Merkel», sagte er zu Angela, um Höflichkeit bemüht. Sie blickte auf die Packung, die er in der Hand hielt, und fragte: «Sie haben Migräne?»

«Das ist doch kein Wunder, oder?», antwortete Reiter und beugte sich so zu ihr, dass die Krankenschwester seine Worte nicht hören konnte. «Ein guter Freund von mir hat sich gestern Abend selbst enthauptet.»

Er war also nicht wegen Sellering hier.

So viel zu ihrer Theorie, dass die beiden Komplizen waren.

«Und alle», zischte der Autor leise, «halten es geheim, damit die Reise ungestört weitergehen gehen kann. Es geht Lisa nur ums Geld.» Er atmete tief durch und verließ, ohne ein weiteres Wort zu verlieren, die Station. Bevor Angela sich entscheiden konnte, ob sie ihm folgen sollte, flötete die Krankenschwester: «Frau Merkel? Was kann ich für Sie tun?»

Angela dachte nach: Sollte sie vorgeben, krank zu sein, um wenigstens mit Watzeks Assistentin zu sprechen?

«Wie geht es denn Frau Sellering?», fragte sie die Schwester.

«Der haben wir so viel Beruhigungsmittel gegeben», lächelte die extrem geschminkte Frau, «dass sie noch bis nachmittags schlafen wird.»

Reiter hätte also gar nicht mit Sellering sprechen können, selbst wenn er es gewollt hätte.

«Wir haben immer einen großen Vorrat an Beruhigungsmitteln an Bord», plauderte die Schwester, «bei hohem Seegang gehen die weg wie Bonbons.»

«Das ist gut zu wissen. Ich wollte mich nur nach Frau Sellering erkundigen. Auf Wiedersehen», sagte Angela und wandte sich zum Gehen. Als sie gerade die Klinke drücken wollte, wurde sie von der anderen Seite geöffnet. Angela schaffte es gerade noch rechtzeitig auszuweichen. Es hatte sich ausgezahlt, dass Marie sie dazu gebracht hatte, gemeinsam mit ihr auf einer alten *Wii*-Konsole zweimal die Woche Sportprogramme wie *Ski-Slalom 3* zu spielen. Dadurch war sie in der Hüfte und den Beinen wieder etwas beweglicher geworden.

Lisa Adler und ihr Kapitän Clinton betraten die Station, sichtlich überrascht von Angelas Anwesenheit.

«Ist Ihnen nicht gut?», fragte Adler besorgt, während der Gesichtsausdruck des Kapitäns besagte: ‹Eine kranke Ex-Kanzlerin an Bord hat mir zu meinem Glück gerade noch gefehlt.›

«Bei mir ist alles in Ordnung», wiegelte Angela ab. «Und was führt Sie hierher?»

Die rothaarige Autorin und der Kapitän warfen sich einen Blick zu, dann sahen sie zu der jungen Krankenschwester.

«Kommen Sie bitte mit uns vor die Tür», bat Adler, die ganz offensichtlich unter sechs Augen reden wollte.

«In Ordnung», antwortete Angela. Gewiss ging es um Watzeks Tod. Die drei verließen die Station, und im Gang vergewisserten sich Autorin und Kapitän, dass außer ihnen niemand in Hörweite war. Dann erklärte Lisa Adler angespannt: «Wir wollen seine Assistentin bitten, auf Watzeks Kanälen zu posten, dass er in der Nacht von Bord gebracht und mit unserem schnellen Frachtschiff in ein Krankenhaus nach Kiel gebracht wurde.»

«Am besten», ergänzte Kapitän Clinton, «postet sie das dann mit einem Foto.»

«Einem Foto?», fragte Angela irritiert.

«Florian hatte», erzählte Adler, «im letzten Dezember einen Krankenhausaufenthalt nach einem Ski-Unfall. Sellering hat bestimmt noch Fotos, die damals nicht gepostet wurden. Mit ein bisschen Bildbearbeitung wirkt das dann alles glaubwürdig.»

Die beiden wollten mit aller Macht die Reise am Laufen, oder besser gesagt am Schwimmen, halten. Dennoch war es Angelas Pflicht, ihre Erkenntnisse dem Kapitän zu melden: «Es gibt da etwas, was Sie unbedingt wissen müssen.»

«Und was?», fragte Kapitän Clinton.

«Ich habe eine grausame Entdeckung gemacht.»

«Noch grausamer als Floris Unfall?», Adler konnte es kaum glauben.

«Ja, leider.»

Jetzt musste sie mit der Sprache rausrücken: Watzek war ermordet worden. Und sowohl Sophie Sellering als auch die Autoren, die nicht an der Seenotrettungsübung teilgenommen hatten, waren verdächtig: Ding, Fuchs, Reiter …

«Worum geht es?», fragte die Autorin.

… und auch, stellte Angela genau in dem Augenblick fest, als ihr die mütterlich wirkende Frau besorgt ins Gesicht blickte, Lisa Adler.

Und ihr Ehemann!

Als Veranstalterin und Kapitän hatten sie gar nicht bei der Übung mitmachen müssen und waren erst nach deren Ende an Deck gekommen. Und den Tod der Öffentlichkeit zu verheimlichen, würde, falls es sich bei ihnen um die Täter handeln sollte, einen düsteren Sinn ergeben.

In diesem Falle wäre es nicht nur töricht, die Entdeckung im Kühlraum zu erwähnen, sondern gefährlich. Von ihren ersten beiden Fällen wusste Angela, dass Mörder vor rein gar nichts zurückschreckten, wenn man sie in die Enge trieb. Nicht mal davor, Ex-Kanzlerinnen unter die Erde zu bringen, was unter den gegebenen Umständen wohl eher ‹über Bord zu werfen› bedeuten würde.

Nur hatte Angela dummerweise bereits eine grausame Entdeckung angekündigt. Sie benötigte schnell eine gute Ausrede. Leider hatte sie nicht mal eine passable Entdeckung parat, sondern nur diese: «Es gibt Läuse an Bord!»

«Läuse?», der Kapitän war irritiert.

Lisa Adler kratzte sich, vermutlich unbewusst, am Kopf.

«Wie kommen Sie denn darauf?»

Nun konnte Angela schlecht antworten: ‹Weil ich unerlaubterweise am Medikamentenschrank im Tiefkühllager war›. Also versuchte sie Zeit zu gewinnen: «Nun, diese Frage lässt sich nicht so leicht mit Ja oder Nein beantworten.»

«Natürlich nicht», sagte der Kapitän, «das war eine Wie-Frage.»

«Das heißt Fragesatz mit Interrogativpronomen», korrigierte die Autorin ihren Kapitän, und Angela machte sich eine Gedankennotiz, dass man als erfolgreiche Autorin firm im grammatikalischen Vokabular sein sollte.

«Hör auf, mich immer zu verbessern!», meckerte Kapitän Clinton seine Ehefrau an.

«Machst du doch auch immer.»

«Wann mach ich denn so etwas?»

«Gestern erst, als ich gesagt habe, rechts wäre Backbord.»

«So was muss man ja auch korrigieren.»

Das Ehepaar kabbelte sich wie die Gäste bei *Maybrit Illner*.

«Du hättest es aber freundlicher sagen können», fand Adler.

«Du warst jetzt gerade auch nicht freundlich», erwiderte Kapitän Clinton.

«Ich bin halt aufgewühlt wegen der Läuse.»

«Es gibt keine Läuse an Bord meines Schiffes!»

«Hat Frau Merkel doch eben gesagt.»

«Das stimmt allerdings», der Kapitän wandte sich mit finsterem Blick wieder Angela zu, «also, wie kommen Sie auf diesen abwegigen Gedanken?»

Angela ärgerte sich, dass sie fasziniert dem Streit zugehört hatte, anstatt die gewonnene Zeit dafür zu nützen, sich endlich eine plausible Erklärung auszudenken. Daher musste sie weiter improvisieren: «Es sind nicht irgendwelche Läuse. Es sind Urbaläuse.»

«Und was sollen das bitte schön für Läuse sein?»

Das hätte Angela auch gerne gewusst. Sie war noch nicht dazu gekommen, den Begriff ‹Urba› zu googeln.

«Ganz üble.»

«Jetzt sagen Sie endlich, wie Sie darauf kommen!», meckerte der Kapitän nun die Ex-Kanzlerin an.

Und Angela antwortete: «Ich …»

«Sie?», drängte der Kapitän mit aller Macht.

«Ich …», sie suchte wieder hastig nach einer guten Ausrede.

«Ja?»

Und fand auch diesmal keine: «… habe die Läuse.»

«Oh mein Gott!», rief Adler aus. «Sie Arme! Sie müssen sofort behandelt werden!» Sie hakte sich bei Angela unter und brachte sie zurück auf die Station. Angela hörte noch, wie der Kapitän seiner Frau hinterherrief: «Pass auf, dass die Läuse nicht überspringen!», da hatte die Autorin sie schon zur Krankenschwester geführt und die Anweisung erteilt: «Bitte behandeln Sie das Haar von Frau Merkel mit Goldgeist.»

19

Mit glänzenden, fettigen Haaren stand Angela im Fahrstuhl und überlegte, wie sie in ihrer Ermittlung weiter vorgehen sollte. Mit Sellering konnte sie nicht reden, sie war noch nicht bei Bewusstsein und würde daher auch nicht dem Wunsch von Adler und Clinton nach dem Fake-Posting nachkommen. Dabei wäre sie gewiss die ergiebigste Ansprechpartnerin. Wenn die junge Frau ihren Chef nicht selbst getötet hatte, würde sie als seine Assistentin bestimmt Hinweise geben können, welche Personen ihm feindlich gesinnt waren.

Wer aber schien nach der Assistentin am meisten verdächtig zu sein?

Lisa Adler und ihr Kapitän hatten bei genauerem Überlegen vermutlich keinen Anreiz, Watzek ausgerechnet auf einer Reise zu töten, die finanziell offensichtlich wichtig für sie war. Kapitän Clinton musste irgendetwas mit dem Geld angestellt haben, das seine Ehefrau mit ihren Romanen verdient hatte: Verspielt? Verspekuliert? Verprasst? Außerdem war der Kapitän völlig durcheinander gewesen, als er Watzeks Kopf im Henkerskorb sah. Er hatte in der Situation authentisch überfordert gewirkt. Das heißt, bis zum Erwachen von Frau Sellering sollte sie sich wieder den drei Autoren zuwenden, die bei der Rettungsübung nicht anwesend waren, und herausfinden, ob sie Alibis für die besagte Zeit hatten. Von den dreien hatten nur zwei mit Watzek eine Verbindung: Der Historienkrimi-Schreiber Detlev Reiter war, laut eigener Aussage, ein guter Freund von ihm gewesen, und Sven Ding einst sein Verleger und Entdecker. Zudem schien auch Ding nicht an die Geschichte mit der Handverletzung zu glauben. Hatte er wie Reiter ebenfalls kombiniert, dass Watzek einen Unfall hatte? Oder war er sogar für die Tat verantwortlich?

Mitten in Angelas Überlegungen kam der Fahrstuhl mit einem ‹Bing› zum Halten. Bisher war sie glücklicherweise niemandem mit ihren von Goldgeist triefenden Haaren begegnet. Hoffentlich traten jetzt nicht Watzis ein und fragten sie, ob sie eine Sektdusche bekommen hatte. Als die Tür sich rappelnd öffnete, stand Gwendolin Gold davor, die heute ein purpurnes Strickkleid trug.

«Frau Merkel», staunte die blonde Tierkrimi-Autorin, «was haben Sie denn mit Ihren Haaren gemacht?»

«Eine Dummheit», antwortete Angela wahrheitsgemäß.

«Dann frage ich lieber nicht weiter», lächelte Gold. Sie war offensichtlich eine höflich-diskrete Frau ganz nach Angelas Geschmack. «Aber wenn es Ihnen ein Trost ist, es sieht immer noch besser aus als die Frisur von Boris Johnson.»

Angela musste grinsen: «Bei dem habe ich mich bei jedem Gipfeltreffen gefragt, was sein Frisör wohl hauptberuflich macht.»

Gold lachte auf und drückte einen der alten Fahrstuhlknöpfe, deren Zahlen kaum mehr erkennbar waren.

«Wo geht es für Sie hin?», fragte Angela, während der Lift sich ächzend in Bewegung setzte.

«Ich halte mein erstes von zwei Krimi-Schreibseminaren.»

«Worüber denn?», freute sich Angela, dass die sympathischste Autorin an Bord das Unterrichten übernommen hatte.

«Teil 1», erklärte Gwendolin Gold, «handelt von den Schreibregeln des Detection Clubs.»

«Detection Club?», Angela hatte von der Vereinigung noch nie etwas gehört.

«Er wurde 1928 gegründet von den berühmtesten Krimi-Autoren der damaligen Zeit: Agatha Christie, Dorothy L. Sayers, Baroness Emma Orczy und, und, und …», strahlte Gold.

Die ersten beiden Damen gehörten zu Angelas Vorbildern beim Schreiben. Letztere jedoch klang eher wie eine Figur aus dem *Cluedo*-Spiel, das sie so mochte: ‹Es war die Baroness Orczy mit dem Leuchter in der Bibliothek.›

«Sie kennen die Baroness nicht, oder?», fragte Gold. Die Autorin offenbarte eine gute Beobachtungsgabe.

«Leider nein.»

«Sie hat 1905 *The Scarlet Pimpernel* veröffentlicht. Ein sensationeller Krimi und zudem ein Vorläufer aller Superheldengeschichten wie *Batman*, da der Ermittler zwei Identitäten besitzt. In seinem echten Leben ist er ein reicher Adeliger, der so tut, als ob er ein Lebemann ist, und wenn er seine Maske aufsetzt, ist er der Held namens Scarlet Pimpernel.»

Angela dachte sich, dass sie sich als Ermittlerin mit geheimer Identität einen schmissigeren Namen als ‹Pimpernel› gegeben hätte. Allerdings mit Sicherheit auch nicht *00 Merkel* wie dieser Safier in seinen Romanen, dem ohnedies nichts Besseres eingefallen war als Sätze wie ‹Mein Name ist Merkel, Angela Merkel› oder ‹Eine heiße Schokolade bitte, gerührt, nicht geschüttelt›.

«Als Autorin», fragte Angela, «muss man sich also in der Literaturgeschichte des Genres auskennen?»

«Muss man nicht. Sieht man ja an so einigen erfolgreichen Kollegen», antwortete Gold durchaus abfällig.

«Aber Sie tun es?»

«Weil ich das Genre von ganzem Herzen liebe. Deswegen sind meine Tierkrimis auch eine Hommage an den Detection Club.»

«Und dieser Club hat Schreibregeln aufgestellt?», hakte Angela aufgeregt nach. Diese Regeln würden ihr bestimmt für ihren eigenen Roman weiterhelfen.

«Zehn Stück! Kommen Sie doch mit und hören Sie sich den Vortrag an.»

Angela zögerte, sie wollte mit ihren Goldgeist-Haaren eigentlich nicht gesehen werden. Gold schien zu erraten, was sie dachte, und sagte: «Zu mir kommt ohnehin keiner. Wenn Watzek so ein Seminar hielte, wäre es pickepackevoll. Aber für so etwas ist er sich zu schade.»

Gold sagte es, als würde der Starautor noch leben. Sie besaß also vielleicht doch keine so gute Beobachtungsgabe. Reiter hatte ja erkannt, dass sein guter Freund geköpft worden war.

‹Bing›, die Fahrstuhltüren rappelten wieder auf, und die Autorin fragte: «Und, kommen Sie?»

Angela dachte nach: Wenn die berühmtesten und klügsten Krimi-Autoren, Experten auf dem Gebiet des ausgeklügelten Mordes, zehn Regeln aufgestellt hatten, könnten diese einem nicht nur bei der Autorentätigkeit, sondern womöglich auch bei der Mordermittlung helfen. Daher antwortete sie: «Ich bin dabei.»

20

Angela und Gold waren nicht völlig allein in dem Schiffstheater, in dem Umbauarbeiten stattfanden und dessen Bühne mit Plastikplanen verhüllt war. An einer Wand hingen noch ein paar alte Plakate von Stars, die in den goldenen Zeiten des Schiffes hier aufgetreten waren: Helga Feddersen, die Band *Dschinghis Khan*. Nur Tina Turner, die in den dunkleren Jahren ihrer Karriere mitgereist war, versprühte wirklich Glamour. Überall lag Werkzeug auf dem Boden herum, daneben Holzspäne, Farbtöpfe und die ein oder andere Tapetenrolle. Es roch nach Farbe, Kleister und Holz. Anscheinend hätte der Saal bereits über den Winter fertig renoviert werden sollen, aber der Handwerkermangel schien, wie überall, dazwischengekommen zu sein. Selbst für den fühlte sich Angela mittlerweile verantwortlich, obwohl es nun wahrlich nicht an ihr lag, dass die Deutschen zu wenig Kinder in die Welt setzten. Sie hatte sogar in der Flüchtlingskrise 1,5 Millionen Ausländer in das Land gelassen, was man angesichts der demografischen Entwicklung eigentlich mindestens alle fünf Jahre tun müsste. Als sie diesen Gedanken in einer wütenden Minute im CDU-Parteipräsidium ausgesprochen hatte, bekamen dessen Mitglieder Schnappatmung. Außer Armin Laschet, der wie so oft *Candy Crush* spielte.

Außer Angela waren noch drei weitere Zuhörer im Raum. Sie saßen weit voneinander entfernt auf Klappstühlen. Niemand nahm von Angelas Goldgeist-Haaren überhaupt Notiz. Sie waren viel zu wissbegierig, etwas über die Kunst des Schreibens zu erfahren. Gold warf per Tageslichtprojektor Folien an die Wand – auch in Hinsicht auf technische Vortragsunterstützung war das Schiff auf dem neuesten Stand von 1982. Ein älterer Herr, Typ ehemaliger Notar, machte sich in einem ledergebundenen Buch eifrig Notizen. Eine nervös wirkende Frau mittleren Alters schrieb in ein Büchlein mit dem Aufdruck *Einatmen, Ausatmen.* Und zu Angelas großer Überraschung saß da auch noch eine der Watzis und tippte in ein MacBook mit pinker Hülle. Es handelte sich dabei um jene, die Angela an der Rezeption mit orangenem Begrüßungscocktail in der Hand klargemacht hatte, dass sie kein Autogramm von ihr, sondern von ihrem Idol haben wollte.

Angela hatte von Gold einen kleinen Notizblock der *Elegant Princess* und einen Stift in die Hand gedrückt bekommen, aber sie schrieb nicht mit. Sie wollte Golds faszinierendem Vortrag lauschen und wusste, dass sie es sich auch so merken konnte. Der erste Teil der Regeln des Detection Clubs waren für die Ermittlung nicht allzu hilfreich, dafür aber für angehende Autoren hochinteressant. So zum Beispiel:

«Der Detektiv darf das Verbrechen nicht selbst begehen» – Angela wusste ja, dass sie Watzek nicht geköpft hatte.

«Zwillinge und Doppelgänger dürfen in dem Roman nicht auftreten. Es sei denn, der Leser wurde auf sie vorbereitet» – bisher waren dankenswerterweise weder ein Zwilling noch ein Doppelgänger aufgetaucht.

«Unbekannte Gifte sind nicht gestattet» – hier war die Mordwaffe eine bekannte Guillotine.

«Übernatürliche Mächte sind verboten» – als Physikerin glaubte Angela an diese ohnehin nicht und als Tochter eines Pastors nur an Gott. Aber der machte sich in der Regel nicht an Guillotinen zu schaffen.

«Der beschränkte Helfer des Detektivs muss alles sagen, was ihm in den Sinn kommt. Seine Intelligenz muss unter der des Lesers liegen» – von dieser Regel durfte sie Achim auf gar keinen Fall erzählen.

Es gab jedoch auch Richtlinien, die Angela in Hinblick auf die Ermittlung zum Grübeln brachten. Als da wären:

«Es darf nur einen Geheimgang oder eine Geheimkammer geben» – hatte sich der Mörder durch einen Geheimgang direkt vor der Vorstellung unbemerkt Zugang zur Bühne verschaffen können? Normalerweise hätte sich Angela für so einen abwegigen Gedanken gescholten. Aber sie war beim Mordfall an dem Freiherrn von Baugenwitz schon mal auf einen Geheimgang gestoßen. Ausgeschlossen war es also nicht. Vielleicht müsste sie sich mal von Kapitän Clinton die Konstruktionspläne des Schiffes zeigen lassen.

«Der Detektiv darf nicht einfach nur seiner Intuition folgen» – als Ermittlerin sollte sie sich also, wie Hercule Poirot und Sherlock Holmes, nicht von Gefühlen leiten lassen. Oder gar von Sympathien. Nur von der Logik. Jeder Verdächtige musste gleichbehandelt werden, sei es die pausbäckige, mütterlich wirkende Lisa Adler, die der Krankenschwester sogar beim Auftragen des Goldgeistes auf Angelas Haare geholfen hatte, oder der sperrig wirkende Detlev Reiter.

«Und dann noch», verkündete Gold ihren eifrigen Zuhörern: «Der Mörder muss bereits zu Beginn der Geschichte in Erscheinung getreten sein.»

Das waren sowohl Sellering als auch die Autoren. Sogar Kapitän Clinton. Gab es noch jemanden? Angelas Augen wanderten beim Nachdenken umher. Sie sah den alten Mann. Das Hausmütterchen und … die Watzi am Laptop!

Diese Frau war ihr auch zu Beginn aufgefallen.

Hatte sie etwa ebenfalls nicht an der Seenotrettungsübung teilgenommen?

Angela hatte auf keine der Watzis geachtet. Sollte eine von ihnen aus irgendwelchen psychopathischen Gründen ihr Idol gemeuchelt haben? Die Theorie klang fast wie der Plot eines Romans, den sich Watzek hätte ausgedacht haben können: *Der Fan.*

Kaum war Angela dieser Buchtitel durch den Kopf geschossen, fragte sie sich, ob er mit dem männlichen Artikel politisch unkorrekt geschrieben war. Schließlich handelte es sich bei den Watzis ausschließlich um Frauen. Aber wie sollte er dann lauten? *Die Fan? Die Fanin?* Oder gar *Die Fan*in*? Genderte man auch englische Begriffe? Müsste sie sich als moderne Autorin etwa mit dieser Problematik auseinandersetzen, die sie als Politikerin nach Leibeskräften ignoriert hatte?

Angela stellte die Frage hintenan und nahm sich vor, neben Ding, Reiter und Fuchs auch jene energische Stewardess aufzusuchen, die bei der Übung die Namen der Anwesenden in die Listen eingetragen hatte. Die Frau könnte ihr berichten, ob außer den bisher Verdächtigen jemand anderes fehlte.

«Du hast», ertönte eine Stimme von hinten, «die allerwichtigste Regel noch nicht erwähnt.»

Angela drehte sich um. Latzhosenträger Jochen ‹Jockel› Fuchs stand da und deutete auf die Auflistung, die der Tageslichtprojektor an die Wand warf.

«Ich weiß schon», lächelte Gold, «welche du meinst, Jockel.»

«Keine …», begann er.

«… Chinesen!», vollendete sie.

Beide lachten.

Angela war irritiert, während die anderen Seminarteilnehmer die Regel eifrig mitschrieben.

Fuchs schlenderte zu Gold und redete dabei zum Publikum: «Der englische Autor Sax Rohmer hatte mit Fu Manchu einen chinesischen Verbrecher erfunden, dessen Darstellung vor rassistischen Vorurteilen nur so strotzte. Und da Rassismus nun mal in jeder Zeit erfolgreich ist, gab es Hunderte Nachahmer. Das widerte die Mitglieder des Detection Clubs so an, dass sie die Regel ‹Keine Chinesen› aufstellten. Was mal wieder beweist: Die besten Krimi-Autoren sind fortschrittlich.»

Es war Fuchs genau anzumerken, dass er sich zu den besten zählte.

«Was führt dich hierher?», fragte Gold lächelnd.

«Ich dachte, du wärst schon fertig.»

«Ich bin in zehn Minuten so weit, dann können wir über unser schönes Projekt sprechen.»

«Einverstanden», erwiderte Fuchs und ging hinaus. Und Angela war verblüfft, dass Autoren auch gemeinsam an Büchern schreiben konnten.

Gold trug noch die letzte Regel vor: «Alle Spuren, die der Detektiv zur Aufklärung benötigt, müssen auch dem Leser vorgelegt werden, er soll die faire Chance bekommen, den Fall zu lösen.» Anschließend kündigte sie für morgen ihr nächstes Seminar an: ‹Von der Psychologie des Mörders›. Während die anderen Teilnehmer aus dem Saal huschten, trat Angela zu Gold und fragte: «Sie arbeiten zusammen mit Fuchs?»

«Jockel ist der Einzige, der den klassischen Krimi so zu schätzen weiß wie ich. Und ich habe ihm eine Idee vorgeschlagen für einen Mord, der so raffiniert ist, dass er mit den ganz großen Klassikern mithalten kann. Sie vielleicht sogar übertrumpft.»

«Übertrumpft?», staunte Angela.

«Der Mord ist wirklich ausgeklügelt», Golds Augen leuchteten.

«Und warum brauchen Sie Fuchs dafür?»

«Allein schaffe ich das Projekt nicht.»

«Schreibt er besser?»

«Nein, ich … sehen Sie, der Grund, warum ich mit ihm zusammenarbeite, ist mir etwas unangenehm …»

«Was ist denn der Grund?»

«Kein Verlag will mehr etwas von mir veröffentlichen.»

«Warum das denn nicht?»

«Da gab es eine Geschichte auf Twitter …»

«Dem asozialen Medium.»

«Ich möchte nicht darüber sprechen.»

«In Ordnung», sagte Angela verständnisvoll.

«Jetzt, wo Jochen aber mit mir das Projekt macht, wird es sein Publikum finden. Wir sind schon fast fertig.»

«Das freut mich für Sie», lächelte Angela und fügte hinzu: «Ich werde auch an Ihrem zweiten Seminar teilnehmen.»

«Großartig!», freute sich Gold.

Angela verließ den Saal und sehnte sich danach, endlich den Goldgeist aus den Haaren zu waschen. Als sie den Fahrstuhl erreichte, drückte sie den Knopf nach unten, und während sie wartete, tippte sie neugierig in ihren Handybrowser die Suchbegriffe ‹Gwendolin Gold› und ‹Twitter› ein. Gleich das erste Suchergebnis unter ‹News› schockte sie: *Autorin Gold bedroht Florian Watzek mit dem Tod.*

21

Autorin Gold bedroht Florian Watzek mit dem Tod

Welt Online, 23.4.2023

«Du gehörst genauso brutal umgebracht wie die Opfer in deinen Romanen.»

«Willst du mir drohen?»

«Das ist nicht nur eine Drohung!»

«Dein Verlag hört von meinem!»

So endete der Twitter-Streit zwischen Deutschlands Bestseller-Autor Nummer eins Florian Watzek und der Autorin Gwendolin Gold, die 2015 einen Kriminalroman namens ‹Fuchs, du hast die Gans ermordet› veröffentlichte, in dem das Eichhörnchen Écureuil Poirot den Mord an einer Gans untersucht und herausfindet, dass es nicht der Fuchs gewesen war, sondern die Lerche. Der Streit begann für Twitter-Verhältnisse vergleichsweise harmlos. Florian Watzek promotete seinen neuen Roman ‹Impfung› mit einem Bild, in dem aus einer Spritze Blut fließt. Gold kommentierte, ein solches Posting spiele Impfgegnern in die Hände. Watzek fragte, ob sie schon mitbekommen hätte, dass Corona out und Krieg jetzt in sei. Gold warf ihm darauf Zynismus vor, auch in seinen Büchern. Er ihr, sie würde Kinderkram für Erwachsene schreiben. Sie erwiderte, dass es sich bei ihren Romanen um Hommagen an Agatha Christie handele. Worauf Watzek wiederum twitterte, Agatha Christie sei so was von letztes Jahrtausend und moderne Leser wollten andere Bücher. Es ging eine Weile hin und her, was einen gu-

ten Roman ausmache. Viele Prominente, darunter auch Autoren wie Bestseller-Schreiber Detlev Reiter, schlugen sich auf die Seite von Watzek. Aus den folgenden Äußerungen von Frau Gold gegenüber Watzek war schnell zu erkennen, dass sie sich in die Enge getrieben fühlte von dem im Umgang mit sozialen Medien erfahreneren Starautor (er hat über 20 000-mal so viele Follower wie Gold). Der Streit hätte dennoch versanden können, hätte Watzek nicht getwittert: «Wenn du recht hättest, würde ja irgendein Mensch deinen lächerlichen Gans-Roman lesen», worauf es zu der oben beschriebenen Eskalation kam.

Wegen der Morddrohung hat Gwendolin Golds Verlag in einer Presseerklärung verlautbaren lassen, dass er die Zusammenarbeit mit ihr aufgekündigt hat. Florian Watzek nahm den Vorfall mit Humor und äußerte sich uns gegenüber schriftlich: «Ich sehe das Gans gelassen.»

Auf Twitter, hing Angela ihren Gedanken nach, als sie den Fahrstuhl verlassend den Gang zu ihrer Kabine betrat, ist der erste Post immer eine These. Der zweite die Gegenthese. Der dritte die Beleidigung. Der vierte die Klageandrohung. Selbst so sympathisch wirkende Menschen wie Gold drehten auf Twitter durch.

Von dem Streit war bei Watzek, entgegen seiner Bekundungen gegenüber der Presse, wohl noch einiges hängen geblieben. Angela hatte ja mitbekommen, dass der sonst so charmante Starautor während der Seenotrettungsübung Gold damit verletzen wollte, wie erfolglos sie war. Gold hingegen hatte souverän reagiert. Offenbar war sie über den Verlust ihres Verlages zumindest insoweit hinweggekommen, dass sie Watzek keine Vorwürfe deswegen machte. Sicherlich lag das an dem Buch, das sie mit Fuchs schreiben wollte. Selbst wenn Gold es in ihrem Tweet mit dem Ermorden ernst gemeint hatte, was Angela nicht glaubte, hätte sie Watzek nicht töten können. Sie war nun mal in der kurzen Zeit, in der sich jemand an der Guillotine zu schaffen gemacht hatte, mit Angela an Deck gewesen.

«Schön, dass Sie auch mal aufkreuzen», hörte Angela mit einem Mal Mike sagen. Er stand mit beleidigter Miene vor ihrer Kabinentür.

«Sie haben nach mir gesucht?»

«Nein», versuchte sich Mike an einer sarkastischen Antwort, «nach Meister Eder und seinem Pumuckl.»

Es war irgendwie herzerwärmend, dass der Personenschützer, selbst wenn er sich an Sarkasmus versuchte, auf nichts Härteres kam als diese Kinderfiguren.

«Wie Sie sehen, ist mir nichts passiert.»

«Ach nein?», deutete Mike auf die Goldgeist-Haare. «Und was ist mit Ihrer Frisur geschehen?»

«Das wollen Sie nicht wissen», sagte Angela und öffnete die Tür zur Kabine.

«Es ist aber meine Aufgabe, es zu wissen.»

«Ich habe Ihnen schon gesagt, mir droht auf diesem Schiff keine Gefahr.»

«Das haben Sie gesagt, bevor es einen Mord hier gab.»

«Und es stimmt immer noch.»

«Tut es nicht, denn Sie ermitteln wieder!», erregte sich Mike.

«Aber das», lächelte Angela, «weiß ja der Mörder nicht.»

Sie betrat die Kabine und hörte Mike verzweifelt vor sich hin murmeln: «Ein einfacher ruhiger Job wird das bei der Merkel sein, hat mein Chef gesagt, die Merkel ist vernünftig, hat er gesagt ...»

Angela grinste und wollte die Tür hinter sich schließen, aber der Bodyguard hielt sie auf und erklärte: «Ich werde Sie auf Schritt und Tritt bewachen.»

«Mike», Angela tätschelte seinen Oberarm, «wann ist Ihnen das jemals gelungen?»

Der arme Tropf blickte geschlagen drein.

«Sehen Sie», wollte Angela die Tür erneut zumachen, doch auch diesmal hielt Mike sie auf: «Frau Merkel ...»

«Was denn noch?», seine Sorge begann Angela ein wenig auf die Nerven zu fallen, da ihre Haare doch mittlerweile sehr von dem Antiläusemittel juckten.

«Gehen wir gleich die Liste für meinen Heiratsantrag durch?»

«Selbstverständlich. Aber vorher gehen Sie noch eine andere Liste durch.»

«Welche denn?», fragte Mike irritiert.

«Die von der Rettungsübung. Ich muss herausfinden, ob irgendjemand außer Detlev Reiter, Sven Ding und Jochen Fuchs abwesend war.» Es musste ausgeschlossen werden, dass eine der Watzis für den Mord verantwortlich war. Wenn sie unter denen ermitteln müsste, bräuchte sie gewiss auch bald ein Migränemedikament wie Reiter.

«Sie machen es einem echt nicht einfach», seufzte Mike.

«Sie glauben gar nicht, wie oft ich den Satz in diesem Leben schon gehört habe», schloss Angela endlich die Kabinentür vor seiner Nase.

«Hallo, Puffeline», nahm Achim, der auf dem Bett hockte, seinen Kopfhörer vom Ohr. «Ich lerne gerade den Satz: The table is one meter and twenty centimeters high, 282 centimeters long and 63 centimeters wide.»

«Sehr schön», antwortete Angela irritiert, dass er ihre Haare gar nicht zu bemerken schien.

«Jetzt muss ich nur einen Tisch mit genau den Maßen finden, um den Satz in einer Konversation anwenden zu können», schmunzelte Achim.

«Wunderst du dich gar nicht über meine Haare?»

«Seitdem du von einem Tag auf den anderen plötzlich zur Atomkraftgegnerin wurdest, wundere ich mich über überhaupt nichts mehr bei dir», lächelte Achim.

Angela dachte zurück, wie sich damals der Sachverhalt für sie durch das Fukushima-Reaktorunglück verändert hatte. Und wie er sich durch die Klimakatastrophe mittlerweile insoweit wieder verändert hatte, dass selbst Greta Thunberg für Atomkraftwerke war und Angela daher zweifelte, ob sie mit ihrer damaligen Energie-Entscheidung noch richtiglag.

Hach, es gab nichts Enervierenderes als Sachverhalte.

«Puffel, tust du mir einen Gefallen?»

«Dein Wunsch ist mir kein Befehl, er ist mein Wunsch», versuchte sich Achim an ehelichem Charme, wie nur er sich an ehelichem Charme versuchte.

«Schaust du mal nach, welche Bedeutung das Wort ‹Urba› hat?»

«Gibt es irgendeinen Grund dafür?»

Nur, dass Angela wusste, dass Läuse, egal welcher Sorte sie auch waren, nicht in einen Medikamentenschrank gehörten. Also musste irgendetwas zusätzlich zu dem Mord faul an Bord sein. Da sie aber die Haare von dem Goldgeist so sehr juckten, dass sie es kaum noch aushielt, antwortete sie: «Das erzähle ich dir nachher.»

«Morgen, morgen, nur nicht heute …»

«… sagen alle schlauen Leute», lächelte Angela. Besonders sagten es die schlauen Leute, wenn sie von einem Untersuchungsausschuss gegen sie um ein Statement gebeten wurden.

Angela ging in das Bad und machte sich daran, das Läusemittel aus den Haaren zu entfernen. Angeregt von dem warmen Wasser kam ihr in den Sinn, dass sie nicht nur die Alibis der Autoren abfragen musste, sondern es auch herauszufinden galt, ob sie ein Motiv gehabt hätten. Für Gwendolin Gold wäre es Rache gewesen. Doch die kam als Täterin nun mal nicht infrage. Was war es für Sellering? Die Weise, wie ihr Chef sie behandelt hatte? Und was für Reiter? Für Ding? Für Fuchs?

Wie hatte Watzek noch im Spaß vermutet? Sie wollten ihn umbringen, um selbst endlich mal die Nummer eins unter den Autoren zu werden.

War das wirklich ein Grund, ihn zu töten?

In der Politik wollten Angelas Parteikollegen alles tun, um an die Macht zu gelangen. Sie selbst hatte in den 90er-Jahren bei der Spendenaffäre Wolfgang Schäuble vor den Bus geschubst. Aber jemanden ermorden, um ganz nach oben zu gelangen? Dafür waren Politiker nicht gemacht. Jedenfalls nicht die deutschen. Waren Autoren etwa noch ehrgeiziger als Politiker?

Was für eine furchterregende Vorstellung.

«Ich hab's», rief Achim, «ich weiß, was ‹Urba› bedeutet!»

Angela wickelte sich hastig ein Handtuch um die nassen Haare und ging so beturbant aus dem Bad.

«Es ist ein Wort in Esperanto, der internationalen Sprache. Und es bedeutet: städtisch.»

Es ging also übersetzt um Stadt-Läuse. Angela war genauso schlau wie vorher. Sie wollte das Thema abhaken, um sich auf den Mordfall zu konzentrieren, aber es gelang ihr nicht. Im Gegenteil, ihre Intuition sagte ihr, dass das Ungeziefer etwas mit Watzeks Tod zu tun haben konnte. Nur was?

«Glaubst du», fragte sie Achim, «dass man sich mit Läusen irgendwie an der Guillotine hatte zu schaffen machen können?»

Achim, den bei Angela, wie er eben schon angemerkt hatte, so leicht nichts überraschte und daher auch nicht diese Frage, überlegte. Erst massierte er sich die Stirn. Dann die Schläfen. Schließlich steckte er sich den linken Finger ins rechte Ohr. Nichts half: «Ich habe keine Ahnung, wie das gehen sollte.»

Angela hatte sie auch nicht. Sie dachte an die zehn Regeln zurück: ‹Der Detektiv darf nicht einfach nur seiner Intuition folgen.›

Sie musste streng der Logik folgen und die Läuse vergessen!

22

This is so beautiful», freute sich Achim, als Angela mit ihm bei Windstille auf dem Oberdeck flanierte, vorbei an mit Steppjacken bekleideten, Drinks in der Hand haltenden, sich auf Liegestühlen sonnenden und dabei miteinander schnatternden Watzis.

«Willst du jetzt etwa die ganze Zeit Englisch mit mir reden?», fragte Angela und befürchtete die Antwort bereits zu kennen.

«Ich muss nun mal mit jemandem Konversation machen, sonst lerne ich die Sprache nie.»

«Schon mal überlegt, einen Englischlehrer zu nehmen?»

«Ja.»

«Und?»

«Es ist viel schöner mit dir.»

Am liebsten hätte Angela ‹Für wen?› geantwortet, aber es war ja irgendwie auch wirklich schön, dass es ihrem Mann mehr Freude bereitete, mit ihr zu reden als mit einem Lehrer.

«Look, there is the Ding», rief er plötzlich aus.

«The thing», korrigierte ihn Angela.

«No, I mein Sven Ding», Achim deutete zu dem Fenster der Skybar. In ihr saß der Krimi-Autor und ehemalige Verleger in einem roten Plüschsessel und las bei einem Espresso die französische Zeitung *Le Monde*.

«Now you can quetsch him out like a Citroen.»

«Ich soll ihn ausquetschen wie ein französisches Auto?»

«Ich habe gelesen, auch wenn man in der neuen Sprache nicht sicher ist, soll man dennoch einfach in ihr sprechen, selbst wenn man Fehler macht.»

«Du weißt schon, dass es im Handy jetzt gute Übersetzungsprogramme gibt?»

«Yes. But where is the fun in it, Päffelleini?»

«Päffelleini ist deine Übersetzung für Puffeline?»

«Ich habe mir den Namen ausgedacht, ich darf ihn also auch in alle Sprachen übersetzen», lächelte Achim schelmisch. «Püffelööhn wäre es in Französisch.»

Manchmal wusste Angela bei ihrem Mann nicht, ob sie grinsen oder Kopfschmerztabletten einwerfen sollte.

«Pöffölöne auf Norwegisch.»

Da musste Angela lachen.

«And now, let's knöpf us the Ding vor», öffnete Achim mit Schwung die Tür zu der Skybar, durch deren Glasdach die Sonne fiel, außer an jenen Stellen, wo die Crew noch nicht die Hinterlassenschaften der Kieler Tauben weggemacht hatte.

Sven Ding nahm keinerlei Notiz von der Ankunft des Ehepaars, war stattdessen völlig vertieft in seine Zeitung. So wie er dasaß, mit kurzem Hemd bekleidet und mit einer Tasse Espresso sowie einer *Gauloises*-Schachtel auf dem Tisch, wirkte der Autor, als ob die Provence ihn überallhin begleitete.

«Guten Tag, Herr Ding», begrüßte ihn Angela, als sie zu seinem Tisch traten. Er schaute hinter seiner Zeitung hervor und lächelte: «Frau Merkel. Wie schön, Sie zu sehen. Und das ist sicherlich Ihr Gemahl.»

«Der bin ich», lächelte Achim, durchaus mit Stolz in der Stimme.

«Setzen Sie sich zu mir», deutete Ding auf zwei freie Plüschsessel an seinem Tisch. Er schien ein geselliger Mensch zu sein.

«Vielen Dank», sagte Angela. Die beiden setzten sich und versanken dabei tief in die muffig riechenden Sessel. Es dauerte ein wenig, bis sie sich eine halbwegs aufrechte Sitzposition erkämpften. Anschließend fragte Angela mit Blick auf Dings Zeitung: «Gibt es etwas Neues in Frankreich?»

«Es wird gestreikt.»

«Also nichts Neues», lächelte sie.

«Genau!», grinste der ehemalige Verleger und legte die Zeitung beiseite.

«Erstaunlich, dass Sie eine frische Tageszeitung an Bord bekommen haben», fand Angela, während Achim die Stewardess für sich und Angela um zwei Latte macchiato bat. Als Menschen von Welt wusste das Ehepaar zwar, dass dieses Getränk nur Deutsche bevorzugten, während Italiener und Franzosen sich an Espresso hielten und höchstens am frühen Morgen einen Cappuccino zuließen. Doch wie heißt es so schön? Man kann die Menschen aus der Uckermark holen, aber nicht die Uckermark aus den Menschen.

«Meine Zeitung», tippte Sven Ding auf das Blatt, «wird mit einem kleinen Verpflegungsschiff gebracht. Dem gleichen Schiff, mit dem Florian heute ins Krankenhaus nach Kiel transportiert wurde.»

«Wurde das schon im Netz gepostet?», staunte Angela. Sie war davon ausgegangen, dass Sophie Sellering noch nicht in der Lage dazu war.

«Nein, das hat mir Lisachen erzählt.»

«Lisachen?», fragte Achim.

«Na, die Lisa halt.» Ding sagte all dies, ohne mit der Wimper zu zucken. Falls er von dem Mord an dem Autor, dessen erster Verleger er gewesen war, wusste, war ihm das immer noch nicht anzumerken.

«Sie sind mit Frau Adler anscheinend sehr vertraut?»

«Wir kennen uns schon seit Langem. Ich habe auch ihre ersten Romane verlegt.»

«Es scheint, dass hier jeder jeden kennt», stellte Angela fest.

«Die Branche ist nun mal klein.» Die Kellnerin stellte die Latte macchiato auf dem Tisch ab, und der Autor bestellte sich bei ihr einen weiteren Espresso sowie ein Croissant. Daraufhin stellte Angela fest: «Sie wirken so, als ob Sie lieber in Frankreich wären.»

«Der Schein ist in diesem Falle auch das Sein.»

«Und warum sind Sie dann hier an Bord?», stellte Achim als ein Ermittlungsgehilfe, der ganz im Sinne des Detection Clubs agierte, die naheliegende Frage.

«Um Lisachen einen Gefallen zu tun. Für sie ist diese Reise enorm wichtig.»

Angela fragte sich, während sie den Milchschaum des Macchiatos löffelte, ob sie die Geldsorgen der Reiseveranstalterin ansprechen sollte. Doch da sagte Ding schon von sich aus: «Mit den Einnahmen kann sie finanziell wieder auf die Beine kommen.»

Anscheinend wurde in der Verlagsbranche genauso gerne getratscht wie in der Politik.

«Ich dachte, mit Bestsellern verdient man Unmengen an Geld?», Achim fragte dies ohne jeglichen Unterton des Neides. Da konnten Menschen sogar Milliardäre sein, es war ihm egal. So wie damals, als Bill Gates ihm von seiner sprachgesteuerten Luxusvilla erzählt hatte und er darauf nur antwortete: «Ich unterhalte mich lieber mit unserem Mops als mit einem Haus.»

«Man kann auf jedem Niveau verarmen», sagte Ding amüsiert.

Das sollte man mal, dachte sich Angela, dem Elon Musk verraten.

«Wie hat Lisa Adler das hinbekommen?», stellte Achim die nächste naheliegende Frage.

«Indem man das Geld in ein Projekt versenkt, von dem man sich erhofft, noch reicher zu werden.»

«Was für ein Projekt war das?»

«Ein Filmprojekt», lächelte der Provence-Autor. «Wissen Sie, wie die erste Regel im Filmbusiness lautet?»

«Sex sells?», schlug Achim vor, dessen herzensgute Art man nicht mit Naivität verwechseln durfte.

«Nein.»

«Sondern?»

«Man investiert nie sein eigenes Geld.»

Das war auch das Motto in der Politik, dachte sich Angela und wandte sich wieder dem Milchschaum zu, während die Stewardess dem Schriftsteller das Croissant servierte.

«Kenne ich den Film?», fragte Achim. Angela hielt dies eher für unwahrscheinlich, las ihr Puffel doch lieber Sachbücher am Kamin, von dem der Schornsteinfeger mahnte, dass er bald stillgelegt werden musste. Manchmal wurden Angela die in ihrer eigenen Regierungszeit festgelegten Klimaschutzauflagen selbst lästig.

«Es ist, genauer gesagt, eine Prestige-TV-Serie», erklärte Sven Ding und biss in das Croissant. Dabei schaffte er etwas, das sonst nur Franzosen hinbekamen: nicht alles vollzukrümeln. «In so eine kann man viel Geld versenken, gerade wenn man überbezahlte Stars castet.»

Von Fernsehserien hatte Achim keinerlei Ahnung, das Wort Streamingdienst kannte er nur aus dem Feuilleton der *Frankfurter Allgemeinen Zeitung*. Angela hingegen kombinierte, um welche Serie es sich handelte: «Ist es die Verfilmung von Detlev Reiters Romanen mit Angelina Jolie in der Hauptrolle?»

«*The Nazi Doctor*», nickte Ding.

«Das ist aber nicht der Original-Titel der Romane», stellte Angela fest.

«Nein, da heißt die Reihe: *Groths Leichname*, aber so was ist den Amis nicht schmissig genug.»

«Warum investiert Lisa Adler denn nicht», fragte Achim, «in die Verfilmungen ihrer eigenen Bücher?»

«Die laufen im öffentlich-rechtlichen Fernsehen und werden von dem bezahlt. Aber in US-Produktionen kann man auch als Privatmensch als Co-Produzent einsteigen. Und Sie ahnen gar nicht, wie verlockend es für einige von uns Provinzdeutschen sein kann, mal in Hollywood mitzuspielen. Stars kennenzulernen. Privat mit Angelina Jolie zu dinieren oder mit Daniel Craig zu golfen.»

«Daniel Craig spielt in der Serie den Pathologen?», fragte Angela.

«Nein, Adolf Hitler.»

Angela versuchte sich das bildlich vorzustellen, aber sie hatte nicht so viel Fantasie, wie sie amerikanische Filmproduzenten offenbar besaßen.

«Craig hoffte auf einen Emmy als bester Darsteller. Hat ihn jedoch nicht bekommen, weil die Serie …»

«… nicht gut war?»

«‹Nicht gut› wäre schön gewesen. Die *New York Times* hat geschrieben: ‹Es gibt schlechte Serien, es gibt katastrophal schlechte Serien, und dann gibt es noch *The Nazi Doctor*.› Deswegen hat sie auch Millionenverluste gemacht.»

«Hat Reiter auch Geld hineingesteckt?», wollte Angela wissen. Dies wäre ein guter Grund gewesen, warum er sie nicht in seiner Autoren-Kurzbiografie erwähnte.

«Ich kenne den Detlev nicht gut genug, aber gefragt wurde er bestimmt», antwortete Ding und biss wieder von dem Croissant ab, erneut ohne zu krümeln – erstaunlich, ihr Puffel schaffte so was nicht mal mit Lebkuchen. Nachdem Ding mit Espresso nachgespült hatte, ergänzte er: «Florian hat selbst mich angehauen.»

«Florian Watzek?», staunte Angela.

«Er hat die Serie mit seinen Kontakten in die Filmbranche eingefädelt und Lisa und ihren Kapitän für sie begeistert.»

Dann war also Watzek schuld an den Geldsorgen von Lisa Adler. Hatten sie und ihr Ehemann Clinton die ganze Reise nur ausgerichtet, um sich an ihm zu rächen? Angela hatte ein Motiv für Sven Ding ermitteln wollen und war dabei auf eines der Reiseveranstalter gestoßen. Und zugleich auch auf eines für Detlev Reiter?

Dagegen sprach, dass der Autor der Serienvorlage den Ermordeten vorhin auf der Krankenstation als Freund bezeichnet hatte. Andererseits, Parteimitglieder nannten sich selbst dann noch in der Öffentlichkeit Freunde, wenn sie einander am liebsten in eine Sauna einsperren und die von außen auf 120 Grad hochstellen wollten.

«Was ist mit Jochen Fuchs? Hat er Geld in *The Nazi Doctor* gesteckt?», fragte Angela nach dem dritten verdächtigen männlichen Autor.

«Haha», verschluckte sich Ding beinahe vor Lachen an dem Croissant, und selbst dabei krümelte er nicht.

«Was ist daran so lustig?»

«Also, der Jockel, der legt sein Vermögen ausschließlich in Immobilien an. In nichts anderem. Erst war er Hausbesetzer in Westberlin, jetzt ist er Hausbesitzer in ganz Berlin.»

«Und», vermutete Achim, «bei seiner politischen Einstellung ein sehr mieterfreundlicher.»

«Hahahaha», jetzt lachte sich Ding halb scheckig.

«Anscheinend doch nicht», stellte Angela wenig überrascht fest. Wenn sich jemand selbst als moralisch überlegen erhob, bedeutete es noch lange nicht, dass er es auch war. Eher war es ein Indiz für das Gegenteil.

«Dann hatte Jochen Fuchs also keinen Streit mit Florian Watzek?», fragte Angela in der vagen Hoffnung, dass ihr Gegenüber von etwas anderem wusste, das zwischen den beiden Erfolgsautoren stand.

«Nein», beruhigte sich der amüsierte Schriftsteller wieder und steckte sich eine Gauloises an. Angela merkte Achim an, dass er darauf hinweisen wollte, dass Rauchen in den Innenräumen des Schiffs nicht erlaubt war, und hielt ihn mit einer freundlichen Handgeste zurück. So hatte sie es auch damals getan, als Obama in Achims Gegenwart im Kanzleramt eine Zigarette rausgeholt hatte. Der gute alte Barack besaß nur die Gelegenheit zum Rauchen, wenn er sich auf einem anderen Kontinent befand als seine Michelle.

«Leidet Jochen Fuchs», fragte Angela, «nicht darunter, dass er nicht die Nummer eins unter Deutschlands Krimi-Autoren ist?» Deswegen jemanden zu ermorden, erschien ihr immer noch mehr als übertrieben zu sein, aber da Watzek es selbst als Motiv, wenn auch nur ironisch, bei der Seenotrettungsübung erwähnt hatte, wollte sie es zumindest ansprechen.

«Jockel? Den juckt das nicht.»

«Würde es andere Autoren jucken?»

«Höchstens mich», grinste Ding.

«Sie?», staunte Angela, dass er dies so freimütig gestand. Jedoch wusste er auch nicht, dass Watzek darüber scherzhaft als Mordmotiv gesprochen hatte.

«Na ja, Florian und ich … sagen wir es mal so: Ich kann ihn nicht ausstehen. Da wäre es schon schön, ihn vom Thron zu stoßen.»

«Nicht ausstehen? Sie haben ihn doch entdeckt?»

«Und anfangs sogar gemocht.»

«Und dann nicht mehr?»

«Wir hatten eine harte geschäftliche Auseinandersetzung», bei der Erinnerung verließ jedwede Freundlichkeit das Gesicht des ehemaligen Verlegers.

«Was für eine?»

«Das ist eine lange Geschichte.»

«Wir haben Zeit.»

Sven Ding überlegte, ob er sie erzählen sollte, entschloss sich aber schließlich dagegen: «Ich würde lieber gerne meine Zeitung weiterlesen.»

«Aber …»

Er nahm sich die Zeitung.

«Herr Ding …»

Der Autor begann demonstrativ zu lesen und wimmelte sie damit ähnlich ab wie gestern, als es um seine gemeinsame Vergangenheit mit Jochen Fuchs gegangen war. Was immer auch zwischen ihm und Watzek vorgefallen war, es musste verheerend gewesen sein. Wohl auch das, was zwischen ihm und Fuchs stand. Hing womöglich sogar beides miteinander zusammen?

«Wir …», hob Angela an. Aber diesmal war es Achim, der ihr bedeutete, es auf sich beruhen zu lassen, indem er sagte: «Du hast ein bisschen Milchschaum an den Lippen.»

Angela nahm ihre Serviette, tupfte sich den Mund ab, sagte zu Sven Ding: «Ich wollte nicht indiskret sein», und stand auf. Natürlich waren die Worte geschwindelt. Für eine Ermittlerin war es eine notwendige Eigenschaft, indiskret zu sein.

Als Antwort erhielt Angela von dem Autor nur ein undefinierbares Gemurmel. Sie verließ mit Achim die Skybar, betrat das Deck, und just als sie sich zu ärgern begann, Ding nicht gefragt zu haben, wo er während der Rettungsübung gewesen war, lief ihr Mike in die Arme. Aufgeregt plapperte er: «Ich muss unbedingt mit Ihnen über die Liste reden!»

«Geht es um Ihre für Marie oder die vom Schiff?»

«Um beide!»

23

Während der Zeit, in der Angela sich den Goldgeist aus den Haaren gewaschen und mit Sven Ding gesprochen hatte, war Mike losgegangen, um im Auftrag seiner Dienstherrin nachzuforschen, welche Personen alles bei der Seenotrettungsübung abwesend waren. Auf dem Weg zur Rezeption wechselten sich dabei zwei wesentliche Gedanken in seinem Gehirn ab. Der erste lautete: ‹Selbst bei der Außenministerin hätte ich es einfacher›, und der zweite: ‹Was mach ich nur, wenn Marie auf meinen Antrag hin Nein sagt?› Die Aussicht, einen Korb zu bekommen, bereitete Mike eine Unruhe im Magen wie am gestrigen Tag der Seegang. Vielleicht sollte er das Ganze sein lassen? Ja genau, er würde den Antrag abblasen und alles in der Beziehung zu Marie einfach so weiterlaufen lassen wie bisher, ohne irgendwelche Risiken einzugehen. Das war der Weg der Vernunft.

An der Rezeption angekommen, bat Mike die freundliche mittelalte Rezeptionistin, ihm die Listen zu überreichen. Dabei wies er sich als Personenschützer der Ex-Kanzlerin aus. Die Frau war von ihm und seiner Position schwer beeindruckt, machte ein kurzes Telefonat, und nur wenige Minuten später kam die kleine resolute Stewardess, die bei der Übung die Namen eingetragen hatte. Sie war weit weniger von Mike beeindruckt und forderte ihn zackig auf, sie zu einem Nebentisch außer Hörweite der Rezeptionistin zu begleiten. Dort klatschte sie ihm zehn Blätter mit jeweils 40 Namen und eins mit 12 weiteren hin. Alle 412 Passagiere waren hier eingetragen. Mike wollte sich gerade über sie beugen, da zog die Stewardess sie wieder von ihm weg.

«Hey, was soll das?», rief er aus.

«Haben Sie die Befugnis, die anzusehen?»

«Na sicher, ich bin der Personenschützer von Angela Merkel, da muss ich wissen, wer sich alles an Bord befindet.»

«Aber auch, wer an der Übung teilgenommen hat?», fragte die junge resolute Frau misstrauisch.

«Ähem … ja, natürlich», sagte Mike nicht allzu natürlich.

«Wieso müssen Sie das denn wissen?»

«Weil das so ist», gab er die Antwort, die er viel zu oft von seinen Vorgesetzten erhielt.

«Das reicht mir nicht.»

«Das reicht Ihnen nicht?»

«Sie haben ein sehr gutes Gehör.»

«Jetzt hören Sie mal», versuchte sich Mike aufzubauen. Etwas, was ihm sehr gut vor Reichsbürgern gelang, aber nicht so sehr vor kleinen Frauen mit zarten Körpern. Schon gar nicht, wenn diese ein so selbstbewusstes Auftreten hatten.

«Nein, jetzt hören Sie mal! Ich gebe keine Listen raus, nur weil Sie das sagen. Haben Sie einen Durchsuchungsbefehl?»

«Ich bin doch kein Polizist.»

«Also nein. Sonst irgendein offizielles Schreiben?»

«Nein», musste Mike eingestehen.

«Es gibt da nur eine Möglichkeit für Sie.»

«Und welche?», fragte Mike hoffnungsvoll.

«Sie bitten den Kapitän, dass ich die Listen freigeben darf.»

Die Hoffnung zerschlug sich damit. Frau Merkel würde es gewiss nicht wollen, dass der Kapitän von ihren Ermittlungen erfuhr. Unsicher, was zu tun sei, wippte Mike auf seiner Seite des Tisches von einem Fuß auf den anderen.

«Es gibt allerdings noch eine zweite Möglichkeit», lächelte die Stewardess mit einem Mal.

«Welche?», fragte Mike, diesmal weniger hoffnungsvoll.

Die Stewardess hielt ihm die offene Hand entgegen.

«Ich soll Sie schmieren?», er konnte es kaum fassen.

«Das hab ich nicht gesagt», antwortete sie und hielt ihm ihre Hand weiter hin.

«Ich habe es auch so gehört», seufzte Mike und nahm einen Zwanzig-Euro-Schein aus seinem schwarzen Lederportemonnaie, das ihm Marie zum Jahrestag ihrer Beziehung geschenkt hatte. Er selbst hatte sich für diesen Tag das erste Mal in seinem Leben an einer Torte versucht, die gewiss gut geschmeckt hätte, wenn er nicht den braunen Zucker mit Muskat verwechselt hätte.

Mike legte der Stewardess das Geld auf die Hand.

Sie streckte sie weiter aus.

Mike legte noch zehn Euro drauf.

Die Hand blieb ausgestreckt.

«Wie viel denn noch?»

«50.»

«Ich biete», erwiderte Mike erzürnt, «genau zehn. Keinen Cent mehr.»

«70.»

«70?»

«70», sagte sie seelenruhig.

«Eben waren es noch 50!»

«Da wurde ich ja nicht von Ihnen mit zehn beleidigt.»

«30. Keinen Euro mehr!»

«100.»

«100?»

«120.»

«Wenn ich noch weiter zögere, werden es 150?», fragte Mike, fast schon geschlagen.

«200», lächelte die Stewardess, weil sie wusste, dass sie nun gewonnen hatte.

Mike nahm das Geld, von dem er hoffte, dass seine Dienstherrin es ihm ersetzen würde, aus der Brieftasche und gab es der resoluten Frau. Die steckte es ein, machte jedoch keine Anstalten, ihm die Listen zu überreichen.

«Jetzt geben Sie schon her», drängelte Mike. «Sie haben ja das Geld bekommen.»

«Da gibt es noch etwas, was ich möchte.»

«Und was?»

«Du sollst tanzen.»

«Tanzen?», Mike konnte es gar nicht fassen. «Wie tanzen?»

«Du sollst mit mir am Abschlussabend tanzen.»

Er sah in ihre Augen und stellte fest: «Sie meinen das ernst?»

«Ich hab eine Schwäche für starke Männer, die in meiner Anwesenheit schwach werden.»

«Das kann ich nicht tun», erwiderte Mike mit einer festen Stimme, die die junge Frau das erste Mal in seiner Anwesenheit verunsichert erscheinen ließ.

«Jeder kann tanzen, wenn ich führe», sagte sie fast schon freundlich.

«Ich habe eine Freundin.»

«Und der willst du sogar beim Tanzen treu sein?»

«Ja, das will ich.»

«Dann hat sie mehr Glück im Leben als ich», seufzte die Stewardess und sah mit einem Male so traurig aus, dass Mike ihr beinahe doch einen Tanz versprochen hätte. Sie schob ihm die Listen zu, sagte: «Bist ein feiner Kerl», und ging mit seinem Geld davon.

Mike blickte der kleinen Frau mitfühlend nach. Sie schien eine einsame Seele zu sein. Eine nicht allzu sympathische Seele, aber eine einsame. So wie er auch eine gewesen war, bevor Marie in sein Leben getreten war: nach außen hart zu anderen, in der Hoffnung, dass niemand bemerkte, wie verletzlich er eigentlich war.

Er wollte nie wieder so eine einsame Seele sein, sondern den Rest seines Lebens mit Marie verbringen. Und dafür musste er den Weg der Vernunft links liegen lassen und in den des Tapferen abbiegen!

Auf diese Wege-Metapher war Mike so stolz, dass er sich in Gedanken auf einem Weg durch die amerikanische Wildnis wandern sah, gekleidet wie David Crockett, der König der Trapper, inklusive Mütze. Er kam an eine Weggabelung mit drei Schildern. Das erste Schild zeigte den ‹Weg des Feiglings› an, das zweite den ‹Weg des Tapferen› und das dritte den ‹Weg des Wischiwaschis›. Er bog in den des Tapferen und ging ihn fröhlich pfeifend entlang, bis er sich fragte, ob er mit einer Trapper-Kleidung nicht vielleicht zu albern aussah. Daraufhin verließ Mike die Fantasie und ging die Listen durch. Dabei machte er zwei Entdeckungen. Eine davon hilfreich. Die andere verwirrend. Hilfreich war, dass neben den drei Autoren keine weitere Person bei der Übung gefehlt hatte. Frau Merkel musste also nicht auch noch die Fans von Florian Watzek auf dem Ermittlungskieker haben. Verwirrend war hingegen, dass von den Autoren, die bei der Übung nicht mitgemacht hatte, einer als anwesend gelistet wurde.

24

Reiter?», staunte Angela Merkel, während sie mit Achim und Mike an der Reling im angenehm warmen Sonnenlicht stand und sich die Kopie jener Liste ansah, auf der hinter dem Historienkrimi-Autor ein Häkchen in der Spalte ‹Anwesend› zu sehen war.

«Reiter», bestätigte Mike.

«Aber wir wissen doch, dass er nicht da war», mischte sich Achim ein und setzte sich seine Sonnenbrille mit den braunen Gläsern und der Goldfassung auf, von der er fälschlicherweise glaubte, sie würde ihn genauso cool aussehen lassen wie Paul Newman in dem 70er-Jahre-Schinken *Flammendes Inferno*.

«Vielleicht ist die Stewardess versehentlich mit dem Stift in der falschen Spalte gelandet», wollte Angela keine voreiligen Schlüsse ziehen.

«Mit Verlaub, Frau Merkel», sagte Mike, «sie erschien mir nicht wie eine Frau, die Fehler macht.»

«Als was für eine dann?»

«Als eine, die Schmiergeld nimmt.»

«Schmiergeld?», staunte Angela und sah dabei auf das von der Sonne funkelnde Wasser. «Wie kommen Sie denn darauf?»

«Ich musste sie für die Listen auch bestechen», gestand Mike und setzte sich seine schwarze Personenschützer-Sonnenbrille auf, von der er fälschlicherweise glaubte, sie würde ihn so furchterregend aussehen lassen wie den Terminator.

«Wie viel?», wollte Angela wissen.

«200 Euro.»

«200?», staunte sie.

«Sie ist hart im Verhandeln.»

«So eine hätte ich auf EU-Gipfeln dabeihaben müssen», seufzte Angela und setzte sich ihre mit weißem Kunststoff umrandete Sonnenbrille auf, die Marie ihr geschenkt hatte und von der die Freundin fälschlicherweise glaubte, sie würde damit glamouröser wirken. Angela wusste hingegen genau: Die Begriffe ‹Angela Merkel› und ‹glamourös› würden bis ans Ende ihrer Tage nicht zusammenpassen.

«Wo wir schon dabei sind, könnte ich die Summe ersetzt bekommen?»

«Selbstverständlich», antwortete Angela und nahm sich die Liste wieder vor. Wenn der Autor der Nazi-Krimis tatsächlich der Stewardess Geld gezahlt hatte, um seinen Namen auf die Liste zu setzen, konnte das nur eins bedeuten: Er benötigte ein Alibi für den Fall der Fälle, dass doch jemand in Sachen Mord ermitteln würde.

Reiter also!

Er war offenbar kein Freund von Watzek, wie er behauptet hatte.

«Du hältst ihn für den Mörder?», fragte Achim.

«Das Motiv könnte etwas mit der Serie zu tun gehabt haben, die man aus seinen Romanen gemacht hat. Vermutlich hat er wie Lisa Adler viel Geld verloren.»

«Das reicht für einen Mord?», war Achim skeptisch.

Angela überlegte: Auch für sie fühlte es sich als Mordmotiv noch nicht ganz stimmig an.

‹Fühlte sich› …

Wie sagte doch der Detection Club? Intuition hatte in der Ermittlungsarbeit nichts zu suchen! Nur die Logik zählte. Und die besagte: Die Änderung der Liste sprach für Reiter als Täter.

«Oh nein!», hörte Angela eine Watzi mit einem Mal rufen. Ebenso wie Mike und Achim drehte sie sich zu den Sonnenliegen. Die Frauen schienen in Aufruhr zu sein. Alle starrten auf ihre Handys, eine verschüttete sogar ihren Drink.

«Flori ist nicht mehr an Bord!», rief eine Watzi mit roter Steppjacke.

«Flori liegt in Kiel in einem Krankenhaus!», rief eine weitere, die eine blaue Steppjacke trug.

Es war nicht schwer zu kombinieren: Sophie Sellering war wieder zu Bewusstsein gekommen und hatte auf Druck von Lisa Adler und Kapitän Clinton das Fake-Posting ins Netz gestellt.

«Dann lohnt sich die ganze Reise nicht mehr!», schimpfte die Watzi in der roten Steppjacke.

«Ich will meine Kohle zurück!», polterte die in der blauen.

«Ich habe meine Steppjacke mit dem blöden Erdbeerdrink vollgekleckert!» eine weitere, die angewidert betrachtete, wie sich die rote Flüssigkeit auf ihrer grünen Jacke zu einem riesigen braunen Fleck verfärbte.

«Ich», stellte Achim fest, «möchte jetzt nicht in Lisa Adlers Haut stecken.»

Auch Angela fragte sich, wie die Veranstalterin der Reise mit der Horde enttäuschter Passagiere umgehen wollte, nur um sogleich die Antwort zu erhalten:

«Hier spricht Lisa Adler», ertönte es aus den Lautsprechern, «wie viele von Ihnen vermutlich schon mitbekommen haben, musste unser geliebter Florian Watzek uns verlassen.»

«Für immer», raunte Mike.

«Und Sie alle sind gewiss darüber sehr enttäuscht.»

«Bis auf den Mörder», stellte Achim fest.

«Und wie wir das sind!», rief die Watzi mit der blauen Steppjacke mit einer Stimme, die Möwen vertrieben hätte, wenn die *Elegant Princess* sich denn in Landnähe befunden hätte.

«Aber wir haben einen wunderbaren Ersatz für Sie.»

«Für Flori gibt es keinen Ersatz!», die Frau wurde immer schriller und suchte sich als Adressat für ihr Geschimpfe eine Schiffssirene aus.

«Die merkt gar nicht», stellte Mike fest, «dass das kein Lautsprecher ist.»

«Kommissar Hannemann», redete Lisa Adler unbeirrt weiter, und Angela konnte nicht anders, als bei der Erwähnung des Namens mit den Augen zu rollen, «hat sich soeben bereit erklärt, Ihnen heute Abend exklusiv Details zu den Mordermittlungen zu enthüllen, die er noch nie zuvor öffentlich gemacht hat.»

«Hannemann?», fragte die eben noch schimpfende Watzi etwas ruhiger.

«Hannemann», bestätigte die Watzi mit der vollgekleckerten Jacke und lächelte dabei.

«Es war nicht einfach», redete Lisa Adler weiter, «ihn davon zu überzeugen.»

«Übersetzt», kommentierte Angela, «heißt das: Es war nicht billig.»

«Aber da Kommissar Hannemann weiß, wie traurig Sie alle sind, hat er sich dazu bereit erklärt.»

«Oh», sagte die Watzi mit der grünen Steppjacke verzückt.

«Ist halt ein Guter, der Hanni», schwärmte die mit der blauen.

«Hanni!», rief jene mit der braun gefleckten Jacke.

«Hanni!», antworteten darauf mehrere Watzis wie mit einer Stimme, und dann skandierten alle: «Hanni! Hanni! Hanni!»

Angela fühlte sich an die Wähler erinnert: Wie schnell sie doch bereit waren umzuschwenken, wenn jemand von der Bühne abgetreten war. Auch davon fühlte sie sich mehr getroffen, als ihr lieb war.

«Der Kommissar wird Ihnen», setzte Lisa ihre Durchsage fort, «die allerintimsten Geheimnisse über die Mordfälle in der Uckermark enthüllen.»

Achim warf Angela einen Blick zu, doch sie winkte ab: «Er wird meine Beteiligung schon nicht erwähnen, er wird ja seinen Ruhm nicht schmälern wollen.»

«Berühmte letzte …», hob Mike an.

«Nicht weiterreden», bat Angela, die gar nicht erst den Gedanken aufkommen lassen wollte, was Hannemann über sie zurechtfabulieren würde.

«Okay», nickte Mike.

«Und selbstverständlich», kam Lisa Adler zum krönenden Ende ihrer Ansprache, «bekommen Sie dazu alle einen Cocktail auf Kosten des Hauses!»

Die Watzis brachen in Jubel aus, und die Klecker-Jacke begann zu singen: *«Oh sugar, Hanni, Hanni …»*

«Konzentrieren wir uns aufs Wesentliche», sagte Angela und versuchte damit auch zu verdrängen, dass sie diesen Frauen am liebsten verraten würde, wer wirklich die Mordfälle in der Uckermark gelöst hatte.

«Könnten Sie erst …», hob Mike an.

«Ich werde Ihnen das Geld schon geben», schnitt Angela ihm das Wort ab, genervt von dem anschwellenden Hintergrundgesang *‹Hanni makes the world go round›*.

«Das meine ich nicht», ließ der Personenschützer nicht locker.

«Und was dann?», wollte Angela wissen.

«Sie wollten mit mir die Liste durchgehen, die ich für den Antrag angefertigt habe.»

«Wir haben einen Mord aufzuklären!»

«Ja, selbstverständlich, verzeihen Sie», antwortete Mike kleinlaut.

«Puffeline?», sagte Achim und hakte sich bei seiner Frau ein.

«Ja?», fragte Angela. Sie ließ sich von ihm ein paar Schritte wegführen, in der Hoffnung, dass er eine zündende Idee hatte, wie sie mit Reiter weiter vorgehen sollte.

«Nimm dir Zeit für ihn», er deutete auf Mike, der gerade seine Sonnenbrille abnahm und melancholisch über das Meer blickte.

«Ein Mörder läuft hier frei herum», erwiderte Angela.

«Und das ist auch wichtig», bestätigte Achim.

«Eben!»

«Manchmal gibt es einfach mehrere wichtige Dinge auf einmal.»

Angela sah ihn verwirrt an.

«Und dann sind die wichtigen Dinge der Lebenden vermutlich wichtiger als die der Toten.»

Angela blickte zu Mike und kam sich mit einem Mal schäbig vor. Es ging um die Zukunft des Personenschützers und um ihre beste Freundin Marie, durch die sie erst erkannt hatte, dass ihr Herz so groß war, dass in ihm noch mehr Menschen als nur Achim wohnen konnten.

«Es ist ja nicht so», ergänzte Achim, «dass der Mörder einfach von Bord kann.»

«Das kleine Frachtschiff kommt erst morgen früh wieder, vorher gibt es keine Möglichkeit zu verschwinden», bestätigte Angela. Sie gab ihrem Ehemann einen Kuss auf die Wange und sagte: «Was würde ich nur ohne dich machen?»

«Das frage ich mich manchmal auch», lächelte er. Angela ging zur Reling, nahm dort ihre Sonnenbrille ab und sagte zu Mike: «Na dann zeigen Sie mir mal Ihre Liste.»

25

Die Liste jener Eigenschaften, die Mike an Marie liebte, war fast so lang wie die Bestellliste des Verteidigungsministeriums. Sie war auch erstaunlich präzise, so liebte Mike nicht nur das Lachen seiner Freundin, sondern insbesondere die Gluckser zwischen den Lachern. Er liebte an Marie auch, wie zerzaust ihr Haar nach dem Schlaf war, wie sie wild über eine Tanzfläche hopsen konnte, wie sie die Tomaten für ihre weltberühmte Bolognese schnitt und, und, und. Selbst Maries vermeintlich schlechte Eigenschaften fand er liebenswert: wie sie beim Autofahren fluchte, wenn jemand vor ihr die Frechheit besaß, unter dem Tempolimit zu bleiben. Wie sie es einfach nicht schaffte, Sushi mit Stäbchen zu essen, ohne die Sojasoße weiträumig auf dem Tisch zu verteilen. Wie ihr linkes Auge leicht wegkippte, wenn sie nicht nur müde, sondern zugleich auch betrunken war, was sie schon von einem Glas Sekt sein konnte, was wiederum für sich genommen schon liebenswert und daher ebenfalls einen eigenen Spiegelstrich wert war. Angela fragte sich, ob es schlau war, so viele vermeintlich schlechte Angewohnheiten bei einem Heiratsantrag aufzuzählen.

«Und, was meinen Sie?», fragte Mike. «Ist die Liste zu lang?»

«Sie wäre es auch noch, wenn sie nur halb so lang wäre.»

«Es ist aber alles wahr, was darauf steht.»

«Dennoch wird es selbst der größten Narzisstin schwerfallen, sich 134 Dinge anzuhören, die an ihr liebenswert sind.»

«Marie ist keine Narzisstin.»

«Eben.»

«Das muss ich noch auf die Liste schreiben», er wollte sie Angela aus den Händen reißen, aber sie gab sie nicht her und erwiderte: «Nein, das müssen Sie nicht. Wenn es so viele Punkte gibt, ist man als Zuhörerin anfangs zwar dabei, fängt dann aber an, über einen der einzelnen Punkte nachzudenken, hört bei den nächsten neun bis elf nicht mehr zu, versucht wieder Anschluss beim Zuhören zu finden, schafft es nicht wirklich, und am Ende lächelt man freundlich, wenn der Vortrag vorbei ist.»

«Meinen Sie?»

«Ich kenne das aus eigener Erfahrung», sagte Angela.

«Hat Ihr Mann etwa auch so eine Liste beim Antrag dabeigehabt?»

«Nein, er hat mir ein Liebeslied vorgesungen.»

«Ein Liebeslied?»

«Je weniger Sie davon wissen, desto besser.»

«Woher wissen Sie dann, dass so eine Liste diese Wirkung hat?»

«Ich habe genug Klimaforschern zugehört», gestand Angela beschämt, dass sie bei diesem Thema nie die letzten Prozente an Konzentration und Einsatz hatte aufbringen können, die angemessen gewesen wären.

«Was für ein Liebeslied?», fragte Mike.

«Wie bitte?», Angela hatte vor Scham den Faden verloren.

«Was für ein Liebeslied hat Ihr Mann gesungen?»

«Ich sagte doch, je weniger Sie wissen …»

«Vielleicht kann ich das Marie auch vorsingen.»

«Ich glaube, das ist nicht geeignet.»

«Warum nicht?»

Angela rang mit sich, und schließlich gestand sie: «Es war *Angie.*»

«Geht es in dem Lied nicht ums Schlussmachen?», staunte Mike.

«Das macht es noch weniger geeignet.»

«Warum hat Ihr Mann es dann gesungen?»

«Achim kann doch nicht so gut Englisch», lächelte sie milde.

«Gut, ich streiche ein paar Punkte», Mike nahm einen schwarzen Kugelschreiber aus seiner Jackett-Innentasche und führte ihn zu dem obersten Blatt der Liste, das im aufkommenden Wind ein wenig flatterte, «zum Beispiel, dass Marie immer so liebenswert ist, wenn sie mit ihren leichten X-Beinen hinter dem kleinen Adrian herläuft …»

«Das könnte man in der Tat streichen …»

«Allerdings sieht sie wirklich sehr liebenswert dabei aus», nahm Mike den Kugelschreiber wieder vom Blatt, «und es zeigt auch, wie sehr sie ihr Kind liebt …»

«Allein dazu haben Sie schon 17 andere Spiegelstriche», stellte Angela fest.

«Vielleicht kann ich auch welche davon kürzen. Das mit dem Vorlesen von Gute-Nacht-Geschichten vielleicht, obwohl sie es so liebevoll macht, besonders wenn sie Monster nachahmt …»

«Mike?»

«Ja?»

«So wird das nichts mit dem Kürzen.»

Mike nickte geschlagen und steckte den Stift wieder ein.

Die beiden schwiegen eine Weile und blickten dabei über die leichten Wellen. Angela wusste, dass die Liste, egal ob gekürzt oder gar noch expandiert, nicht das Problem war. Marie hatte so viel Angst vor einem Antrag oder besser gesagt davor, wie schon so oft in ihrem Leben verlassen zu werden, dass sie ihn ablehnen würde, um den Schmerz gar nicht erst zu ermöglichen. Angela musste das ansprechen, auch wenn es ihr schwerfiel: «Mike, Sie müssen jetzt tapfer sein.»

«Ich bin stets tapfer!», erwiderte er mit Personenschützer-Ethos.

«Ich meine emotional tapfer.»

«Oh», jetzt wirkte er unsicher, «das bin ich nicht stets.»

«Ich glaube, das ist alles keine gute Idee.»

«Soll ich die ganze Liste bleiben lassen?», staunte er.

«Nein, den ganzen Antrag.»

Mike sah sie verwirrt an.

«Sie wissen, wie oft Marie hat erleben müssen, dass Menschen, die sie liebte, sie allein zurückließen?»

«Ja. Und wie lebensbejahend sie dennoch ist. Das ist das Allerwundervollste an ihr!»

«Sie hat aber Angst, dass Sie sie auch irgendwann wieder verlassen könnten.»

«Ich?», Mike schien dieser Gedanke völlig fremd zu sein.

«Vielleicht sollten Sie sich mit dem Antrag noch ein bisschen Zeit lassen.»

«Ich gehe nicht den dritten Weg!»

«Den dritten Weg?», Angela dachte an das Schröder-Blair-Papier aus dem Jahre 2003, in dem die Herren die Sozialdemokratie so umgestalteten, dass sie im Anschluss für Jahrzehnte in Europa die Macht verlor. Aber das meinte der verzweifelte Mann vor ihr wohl kaum.

«Den Weg des Wischiwaschis.»

Angela verstand kein Wort.

«Ich geh den Weg des tapferen Trappers!»

Angela verstand auch das nicht.

«Und ich würde Marie nie verlassen!»

Angela blickte in Mikes Augen, er meinte es ernst.

«Ich weiß.»

«Dann sagen Sie ihr das!», bat er fast schon verzweifelt.

«Sie hat zu viel Angst.»

«Dann nehmen Sie ihr die!»

Angela wusste nicht, was sie darauf antworten sollte. Marie hatte sie doch gebeten, bei Mike zu intervenieren, und jetzt bat er sie, Marie zu überzeugen. Das war eine viel schwierigere Vermittlung als in Handelskonflikten. Die Liebe war nun mal komplizierter als Geld.

«Bitte!», flehte Mike nun. «Ich kann ihr die Angst nicht nehmen. Aber Sie schon!»

Das letzte Mal hatte Angela einen Mann so verzweifelt gesehen, als ihr im Herbst 2008 der damalige Finanzminister Peer Steinbrück ausgemalt hatte, wie wenige Millimeter entfernt sich das weltweite Finanzsystem von dem Totalkollaps befand. Und wie damals antwortete sie jetzt: «Ich kann nur tun, was ich tun kann. Und das tue ich auch.»

«Danke.»

«Aber bitte machen Sie ihr keinen Antrag, bevor ich die Gelegenheit hatte, mit Marie zu reden.»

«In Ordnung», Mike steckte Stift und Liste in seine Jackett-Innentasche und ging. Angela sah ihm nach. Es war wie in der Politik: Bei scheinbar unlösbaren Problemen war man schon froh, wenn man etwas Zeit gewonnen hatte.

26

Gedankenverloren ging Angela über Deck und dachte über Detlev Reiters mögliches Motiv nach: Wenn er aus Rache, dass er an der Serie Geld verloren hatte, Watzek umgebracht hätte, müsste er schon komplett ruiniert gewesen sein, ohne jegliche Hoffnung, wieder auf einen grünen Zweig zu kommen. Aber er war doch noch vergleichsweise jung, aus einem finanziellen Loch könnte er also nach einer Privatinsolvenz wieder rauskrabbeln. Gab es noch ein anderes, zwingenderes Motiv für ihn?

Angela spazierte am Swimmingpool vorbei. Zahlreiche Reisende lagen auf den Liegestühlen und genossen die Sonne. Im Wasser zog Jochen Fuchs als Einziger seine Bahnen, neben dem Pool stand auf einer Tafel mit Kreide geschrieben: ‹Aus Energiespargründen wird der Pool nicht geheizt.› Rügen-Bewohner Fuchs kraulte ungerührt in einer orangenen 80er-Jahre-Badehose. Wie sagte Marie doch so gerne? ‹Es gibt gute Gründe, warum gewisse Moden nie ein Revival bekommen.›

Angela musste über den Humor ihrer Freundin schmunzeln, da winkte ihr Fuchs zu: «Kommen Sie rein, das Wasser ist herrlich. Vielleicht mit 12 Grad etwas zu warm, aber sonst ganz wunderbar.»

«Nein danke», antwortete Angela, die kein Fan von Lungenentzündungen war. Und noch weniger davon, sich in der Öffentlichkeit im Badeanzug zu zeigen, um sich danach in allen asozialen Medien inklusive der *Bild*-Zeitung wiederzufinden.

Jochen Fuchs schwamm zum Beckenrand, für einen Mittsechziger hatte er einen durchtrainierten Körper und erinnerte Angela ein wenig an jenen attraktiven älteren Bestatter aus Klein-Freudenstadt, den sie in ihren Gedanken stets Aramis genannt hatte. Mit diesem Bestatter hatte sie auf einem Steg kurz Händchen gehalten, nur um zu realisieren, dass Achim doch der Mann ihres Lebens war.

Da sie ohnehin schon mit Fuchs sprach, konnte sie ihn gleich auch befragen: «Sie genießen anscheinend die Reise?»

«Sie nicht?» Der Inselkrimi-Autor hielt sich am Beckenrand fest und machte mit seinen Beinen die Züge fürs Brustschwimmen.

«Die Verletzung von Herrn Watzek hat mich durchgerüttelt.»

«Und das von einer Frau, die über 16 Jahre mit den großen Katastrophen des Planeten zu tun hatte?» Fuchs lächelte freundlich. Dennoch kam es ihr so vor, als ob der Alt-68er ihr indirekt Vorwürfe machen wollte. Oder war sie mittlerweile so verunsichert, dass sie hinter allem eine Anschuldigung witterte?

«Ihnen macht die kaputte Hand Ihres Kollegen nichts aus?»

«Also ehrlich gesagt, nicht wirklich. Ich kenne Watzek überhaupt nicht. Ich habe ihn gestern das erste Mal auf der Bühne gesehen.»

«Ich dachte, die Branche ist klein.»

«Ich gehöre aber nicht zu den Autoren, die sich auf jedem Krimi-Treffen herumtreiben. Dafür habe ich keine Zeit. Ich schreibe, und sonst kümmere ich mich um meine politischen Aktivitäten.»

Von seinen Immobilien mit den hohen Mieten sprach er nicht. Kein Wunder, die passten auch nicht in sein fortschrittliches Image.

«Und warum sind Sie dann hier? Lisa Adler zuliebe?» Das war die Motivation für Sven Ding gewesen, hatte er zumindest gesagt.

«Ich habe auch Lisa gestern das erste Mal in meinem Leben gesehen. Ich habe keinen einzigen Freund unter Autoren.»

«Und was ist mit Sven Ding?», fragte Angela nach dem Mann, den er heute Morgen an Bord angerempelt hatte.

Fuchs' Miene verfinsterte sich. Er löste eine Hand vom Beckenrand und wirkte für einen kurzen Moment so, als ob er sich abstoßen und wegschwimmen wollte, doch dann legte er die Hand wieder an und sagte: «Meine Kollegin Gwendolin hat mich gebeten mitzufahren.»

«Wegen Ihres gemeinsamen Projekts?» Angela hatte genau realisiert, dass er auf ihre Frage nach seinem alten Freund aus Westberliner Zeiten nicht eingegangen war.

«Ganz genau», Fuchs rang sich ein Lächeln ab.

Die Hobbyautorin in Angela hätte ihn jetzt gerne ausgefragt, worum es in dem Roman gehen würde und ob sie etwas für ihr Schreiben lernen könnte. Aber sie war sich nicht sicher, wie ein Mann, der politisch ganz anders gestrickt war als sie, darauf reagieren würde, wenn sie sich als Amateurin in einem Bereich betätigen wollte, in dem er ein Profi war. Angela selbst hatte es ja auch nicht ausstehen können, wenn Anne Will ihr mit kritischen Fragen simple Lösungen für komplexe Probleme nahelegte.

«Die Gwendolin ist ein Genie», sagte Fuchs anerkennend, «wenn es um den klassischen Krimi geht.»

Es war für Angela ohnehin schon schwer vorstellbar, dass dieser Mann Watzek getötet hatte, um die Nummer eins auf der Bestseller-Liste zu werden. Es war noch schwerer geworden, nachdem Sven Ding erzählt hatte, dass Fuchs sich nichts aus solchen Zahlenspielereien machte, und das Lob für Gold war der endgültige Beweis dafür, dass ihm Konkurrenzdenken fremd zu sein schien. Oder sah er die Autorin der Tierkrimis gar nicht als Konkurrenz an? Um das herauszufinden, sagte Angela: «Sie ist aber bei Weitem nicht so erfolgreich wie Sie, Herr Fuchs.»

«Wenn wir fertig sind, werden wir gleich erfolgreich sein», lächelte Fuchs und fügte hinzu: «Und man wird Gwennis Genie erkennen.»

Er war definitiv von ihr verzückt. Empfand er sogar etwas für sie? Das ging Angela nichts an, war es doch irrelevant für den Fall. Relevanter war jene Frage, die sie Sven Ding nicht gestellt hatte: «Wo waren Sie eigentlich bei der Seenotrettungsübung?»

«Warum wollen Sie das wissen?» Fuchs unterbrach seine Beinschwimmzüge.

«Mir ist nur aufgefallen, dass Sie nicht anwesend waren. Und das ist bei so einer Übung eigentlich nicht erlaubt.»

«Und jetzt», kam es spitz zurück, «haben Sie keinen Verfassungsschutz mehr, der Ihnen Auskunft über meinen Aufenthalt geben kann.»

Angela war erstaunt ob seiner Reaktion. Hatte er etwas zu verbergen, oder platzte einfach nur seine politische Antipathie ihr gegenüber durch?

«Es war nur eine simple Beobachtung», sagte sie ruhig, «die Stewardess hat Ihren Namen mehrfach aufgerufen, da konnte man gar nicht anders, als es mitzubekommen.»

Sie konnte Fuchs förmlich ansehen, wie es in seinem Hirn arbeitete, schließlich antwortete er: «Wenn Sie es wirklich wissen wollen ...»

Angela bestätigte es nicht, verneinte es aber auch nicht. Das reichte, um Fuchs zum Weiterreden zu bringen: «Ich war mit Sven einen Wein trinken.»

«Sven Ding?»

«Wir hatten etwas zu bereden.»

So wie er dreinblickte, war es nichts Angenehmes gewesen.

«Und wenn Sie mich jetzt entschuldigen würden.» Fuchs stieß sich vom Beckenrand ab und zog weiter seine Bahnen. Er verhielt sich verdächtig. Aber nach eigenem Bekunden hatte er Watzek gar nicht gekannt. Es gab also kein offensichtliches Motiv. Und wenn Sven Ding das Treffen bestätigte, hätte er zu allem Überfluss noch ein Alibi. Und Ding gleich mit. Es blieb dabei: Der Historienkrimi-Autor Reiter war, trotz aller Zweifel, was ein mögliches Motiv betraf, immer noch der Hauptverdächtige, da sein Name fälschlicherweise auf der Liste aufgetaucht war.

Plötzlich klatschte Fuchs mit seinen Händen wieder am Beckenrand vor Angela an. Er hielt sich fest, ohne weitere Beinschwimmzüge zu machen, und sagte: «Ich kam jetzt, was Watzek betraf, herzlos rüber, oder?»

«Sie kannten ihn ja nicht.»

«Dennoch, ich hatte selbst mal eine Handverletzung und konnte ein halbes Jahr nicht schreiben. Für einen Autor ist das die reine Hölle.» Er wedelte ein wenig mit der linken Hand, es war wohl seine Schreibhand. «Am meisten leid tut es mir aber für seine Assistentin.»

«Für Sophie Sellering?»

«Na ja, erst hat Watzek mit ihr vor ein paar Wochen Schluss gemacht, jetzt lässt er sie allein an Bord zurück.»

«Sellering und Watzek sind ein Paar gewesen?», Angela konnte ihr Staunen kaum verhehlen.

«Zwei Jahre.»

«Woher wissen Sie das? Sie haben doch gesagt, Sie kennen Watzek nicht.»

«Sie stellen ja Fragen wie eine Detektivin», lachte Fuchs.

«Verzeihen Sie», antwortete Angela, die um jeden Preis vermeiden wollte, dass man dachte, sie würde ermitteln. Schlafende Mörder sollte man nicht wecken.

«Wenn man», erklärte Fuchs, «auch nur einen Tag unter Autoren ist, wie ich jetzt, hört man jede Menge Tratsch.» Er stieß sich erneut ab und begann zu kraulen. Angela sah ihm kurz nach und anschließend in den Himmel, wo sich eine weiße Wolke vor die Sonne schob.

Sellering und Watzek?

Enttäuschte Liebe?

Die war immer ein überzeugendes Motiv!

27

Sellering und Reiter waren für Angela nun die Hauptverdächtigen. Watzeks Assistentin aber hatte das bessere Motiv und auch ständigen Zugang zur Guillotine gehabt. Da Angela wusste, wo sich die junge Frau befand, machte sie sich auf den Weg zur Krankenstation. Dort war Sophie Sellering ganz offensichtlich zu Bewusstsein gekommen, sonst hätte sie den Fake-Post nicht ins Netz stellen können. In Angelas Augen stellte der Post ein moralisches Dilemma dar, nicht so sehr, weil die Reisenden angeschwindelt wurden, sondern weil es vermutlich Angehörige von Watzek auf dem Festland gab, denen man die Nachricht über seinen Tod vorenthielt. Allein für diese Menschen galt es, den Mord schnell aufzuklären, jede weitere Stunde, die sie in Unwissenheit waren, machte Angela zur Mitschuldigen.

Angela öffnete die Tür zur Krankenstation, und die Krankenschwester sprang wie von der Tarantel gestochen von ihrem Sitz auf: «Oh nein! Sagen Sie nicht, der Goldgeist hat nicht gewirkt! Ich reibe Ihnen die Haare gleich noch mal ein!»

«Das müssen Sie nicht.»

«Doch, das muss ich. Ich bekomme einen gehörigen Ärger, wenn es hier eine Läuseplage gibt und ich die nicht verhindert habe.» Die Schwester zog die Schublade auf und holte das Fläschchen raus.

«Ich habe keine Läuse mehr», erwiderte Angela mit der Sicherheit einer Frau, die schon von Anfang an keine hatte.

«Doppelt genäht hält besser!», ließ sich die Schwester nicht beirren und öffnete das Fläschchen.

«Es ist wirklich nicht nötig», versuchte Angela die Behandlung abzuwenden.

«Also wissen Sie», sagte die junge Frau empört, «von Ihnen hätte ich schon etwas mehr Verantwortungsgefühl erwartet. Erst bringen Sie Läuse an Bord …»

«Ich habe keine Läuse an Bord gebracht», unterbrach Angela.

«Kein anderer Passagier ist hier mit Läusen aufgetaucht, also kombiniere ich, dass Sie das waren.»

«‹Kombiniere›?», staunte Angela über diese Wortwahl.

«Verzeihen Sie. Ich schreibe Krimis, da rutschen mir solche Begriffe raus. Manchmal sage ich auch ‹ergo›, obwohl die meisten Leute nicht wissen, was das Wort bedeutet.»

Angela war verblüfft: Es gab anscheinend viel mehr Menschen, die sich als Autoren versuchten, als sie geahnt hatte.

«Vielleicht kennen Sie meine Romane ja sogar. Die Reihe heißt *Nurse Norma*. Das ist die tougheste Krankenhausermittlerin weit und breit. Es gibt schon sieben Bände.»

«*Nurse Norma?* Müsste es nicht *Krankenschwester Norma* heißen?»

«Ich will, dass meine Bücher auch international Erfolg haben.»

«Und, haben sie das?», fragte Angela, die sich ein wenig ertappt fühlte, hoffte sie doch insgeheim auch, eines Tages mit ihrem *Jonathan Shakespeare* auf dem englischsprachigen Markt zu reüssieren. Andernfalls hätte sie auch über einen Nachkommen von Goethe schreiben können, der mit einem Helfer namens Werther den Mördern, deren Motive Sturm und Drang waren, das Handwerk legte.

«*Nurse Norma und der unfreiwillige Organspender*», sprach die Schwester weiter, «wurde von mir durch *DeepL* gejagt …»

«Sie benutzen keine professionellen Übersetzer?», unterbrach Angela.

«Die künstliche Intelligenz ist genauso gut.»

Das bezweifelte Angela, obwohl sie gelesen hatte, dass die KI-Programme in absehbarer Zukunft sogar dazu in der Lage sein sollten, ganze Romane zu schreiben. Obwohl es jede Menge Schundromane gab, denen jegliche Form von Intelligenz gut zu Gesicht stehen würde, war dies eine schaurige Vorstellung.

«Ich habe schon», platzte die junge Frau fast vor Stolz, «53 englische Exemplare auf *Kindle Unlimited* verkauft und dazu 478 deutsche.»

Die geringen Zahlen verunsicherten Angela: Würde *Jonathan Shakespeare* genau das gleiche Schicksal erleiden wie *Nurse Norma*? Mit welchem Recht konnte sie davon ausgehen, erfolgreicher zu sein als die junge Krankenschwester, die vor ihr mit dem geöffneten Fläschchen Goldgeist stand? Immerhin hatte sie schon sieben Romane veröffentlicht, während sie selbst nur ein paar Kapitel zu Papier gebracht und sich dafür monatelang gequält hatte.

«Wie haben Sie es geschafft», fragte Angela, «sieben Bücher zu schreiben? Dafür benötigt man doch enorm viel Zeit.»

«Nicht, wenn die Figuren in Gedanken anfangen zu leben.»

«Zu leben?»

«Die machen dann einfach, was sie wollen», strahlte die Krankenschwester, «ich muss eigentlich nur mitschreiben. Manchmal komme ich gar nicht hinterher, so lebendig ist meine Nurse Norma.»

Angela dachte an ihren Jonathan Shakespeare, der sich von allein gar nicht bewegte. Sie musste ihm immer wieder Anweisungen geben: ‹Jetzt denk doch mal über diese Spur nach.› Oder: ‹Sprich mal mit jenem Verdächtigen.› Oder: ‹Such den Tatort auf.› Von allein machte Jonathan in ihren Gedanken rein gar nichts. Besser als in einem Krimi wäre er in der Verwaltung aufgehoben.

Lag es an seinem Charakter, dass er nicht zum Leben erwachte? Womöglich weil es sich bei ihm um eine Kopfgeburt handelte? Lediglich von ihr erfunden, weil sie ihre Leidenschaften für Krimis und für die

Shakespeare-Zeit unbedingt zusammenführen wollte. Etwas vereinen, was im Herzen gar nicht vereint werden wollte? Wie die Länder der EU? Oder war sie als Autorin nicht begabt genug, um überhaupt Figuren zum Leben zu erwecken?

Vielleicht war es an der Zeit, Jonathan Shakespeare zu beerdigen und sich einen anderen Detektiv oder noch besser eine Detektivin auszudenken. Vielleicht konnte Gwendolin Gold ihr dabei helfen. Deren Vortrag über den Detection Club war so inspirierend gewesen …

The Detection Club!

Agatha Christie, Dorothy L. Sayers – das wären Detektive für Kriminalromane! Und der Titel für die Reihe stand mit *Detection Club* auch schon!

Die beiden großen alten Damen erwachten vor Angelas geistigem Auge zum Leben. Agatha Christie sah aus wie die englische Darstellerin Emma Thompson und Dorothy L. Sayers wie die alte Maggie Smith aus *Downton Abbey*. Beide trugen 50er-Jahre-Kleidung und hielten aufgespannte Sonnenschirme über sich, da sie in der Mittagshitze vor den Pyramiden von Gizeh standen. Sie waren mitten in der Ermittlung eines Falls, bei dem der Mörder eines berühmten britischen Ägyptologen die tausend Jahre alte Mumie des Hohepriesters Imhotep zu sein schien. Die Idee für diesen Fall lag so schön nahe, da Agatha Christie im wahren Leben in zweiter Ehe mit einem Archäologen verheiratet war. Vielleicht könnte der Ehemann ebenfalls in der Wüste in Gefahr geraten.

Angela hörte die beiden Schriftstellerinnen gleich miteinander reden. Dorothy beklagte den Sand in den Schuhen, und Agatha sagte: «Konzentriere dich bitte auf den Fall.»

«Sie strahlen ja mit einem Mal», stellte die Krankenschwester fest. Aber Angela nahm sie kaum wahr, wandte sich doch die so lebendig gewordene Agatha in ihrer Fantasie auf einmal direkt an sie: «Und du, Angela, konzentrier dich auf deinen Fall!»

Angela hörte selten auf die Anweisungen anderer Menschen, doch Agatha Christie hatte recht. Daher bat sie die Krankenschwester: «Ich möchte zu Sophie Sellering.»

«Die ist nicht mehr auf Station.»

«Und wo ist sie jetzt?»

«Ich denke mal, in ihrer Kabine.»

Zwischen all den Büchern des verstorbenen Watzek, ihres Ex-Liebhabers.

«Dann werde ich mal zu ihr gehen», Angela wandte sich zur Tür, aber die Krankenschwester sprang hinter dem Tresen hervor und versperrte ihr den Weg: «Erst wenn ich den Goldgeist eingerieben habe.»

«Gute Frau …»

«Wenn Sie das jetzt verweigern, sage ich es dem Kapitän, und der wird Sie in Quarantäne stecken!»

Angela gab sich geschlagen, setzte sich auf einen Stuhl und ließ sich die Tinktur auf die erst vor wenigen Stunden gewaschenen Haare tröpfeln. Und dabei dachte sie: Wer das Lied *Eine Seefahrt, die ist lustig, eine Seefahrt, die ist schön* geschrieben hatte, wusste ganz offensichtlich nicht, wovon er sang.

28

Zum zweiten Mal ging Angela mit geölten Haaren durch das Schiff. An Sellerings Kabine angekommen, klopfte sie. Es dauerte, bis Watzeks Assistentin mit leerem Blick, in einen schwarzen Schlafanzug gekleidet, öffnete.

«Ist alles in Ordnung?», fragte Angela, nur um sich sogleich innerlich für diese dumme Frage zu schelten: Das arme Wesen vor ihr machte einen völlig zerstörten Eindruck, war noch nicht mal in der Lage, eine Antwort zu geben. Gar nichts war also in Ordnung. Angela fragte daher etwas der Situation Angemesseneres: «Soll ich Sie zu Ihrem Bett geleiten?»

Sellering antwortete auch darauf nicht. Angela nahm ihre Hand und führte sie zu ihrem Bett, auf das sich die junge Frau apathisch setzte. Anschließend ging Angela zurück zur Tür, schloss sie und ließ, da sie Sellering noch etwas Zeit geben wollte, ihren Blick schweifen. Irgendetwas war anders als bei ihrem letzten Besuch. Etwas fehlte. Aber Angela konnte beim besten Willen nicht sagen, was. Die Stapel unsignierter *Der-Henker*-Bücher waren noch da, ebenso die Poster für die Netflix-Serie *Impfung*, die T-Shirts mit Watzeks Konterfei, die gruselige Clownsmaske, das Blumenbouquet – stammte es von Watzek als Entschuldigung für sein Verhalten? – und das Manuskript für Sellerings Roman *Nova, Vampir-Detektivin*. Was fehlte nur?

Angela wurde unruhig, da sie nicht darauf kam. Es war wie eine juckende Stelle am Rücken, die man nicht erreichte, egal welche Verrenkungen man auch anstellte. Sie wäre jetzt gerne eine Ermittlerin mit fotografischem Gedächtnis gewesen. Gewiss gab es bereits eine Krimi-Reihe mit einem Detektiv, der ein solches besaß, und falls nicht, war es nur eine Frage der Zeit, bis sie existierte.

«Ich habe Flori», sagte Sellering auf einmal leise, «immer gewarnt, er soll es mit seinen Stunts nicht übertreiben.»

«Aber er hat nicht auf Sie gehört?»

«Ich hätte mehr tun sollen», sagte sie todtraurig.

Angela sah zu dem Vampir-Roman: «Er hat mir erzählt, dass er von der neuen Version Ihres Manuskripts ganz begeistert war.»

«Er war mein großer Unterstützer, hat mich weiter- und immer weitergetrieben.»

«Er hielt Sie für eine bessere Autorin als sich selbst.»

Tränen sammelten sich daraufhin in Sellerings Augen.

«Sie waren ein Paar», stellte Angela fest.

Sellering war viel zu traurig, um zu fragen, woher sie das wusste, nickte nur kaum merklich und begann zu weinen. Angela setzte sich neben sie und nahm sie in den Arm. Der Gedanke, die Trauernde könne eine Mörderin sein, erschien auf einmal sehr fern. So konnte doch kein Mensch um jemanden weinen, den er selbst getötet hatte. Es sei denn natürlich, es waren Tränen der Reue.

Als Sellering sich wieder ein wenig gefasst hatte, reichte Angela ihr ein Taschentuch, das sie einst von Queen Elizabeth bekommen hatte. Sellering schnäuzte so heftig hinein, dass die Queen vermutlich not amused gewesen wäre, und sagte kaum hörbar: «Bis vor zwei Monaten.»

«Und nach der Trennung sind Sie dennoch seine Assistentin geblieben?»

«Ohne mich kommt er doch nicht klar.»

«Sie hätten dennoch etwas anderes machen können, bis Ihr Roman veröffentlicht wird. Und er hätte sich eine neue Assistentin suchen können.»

«Das hat Detlev auch immerzu gesagt. Er hat mir sogar selbst einen gut bezahlten Assistentinnen-Job angeboten.»

«Ich dachte, Herr Reiter war Watzeks Freund?»

«Das schon. Aber Detlev wusste auch, dass Flori Fehler hatte. Unter einem hat er selbst leiden müssen.»

«Unter welchem?»

«Ich …», erkannte Sellering, dass sie zu viel gesagt hatte, «sollte nicht darüber reden.»

«Als ehemalige Bundeskanzlerin kann ich Geheimnisse sehr gut für mich behalten», versprach Angela. In der Tat hatte sie zum Beispiel niemandem verraten, dass sie Robert Habeck während der missglückten Koalitionsverhandlungen 2017 einmal dabei erwischt hatte, wie er einen McDonald's-Cheeseburger verdrückt hatte. Und dazu einen Erdbeermilchshake aus einem Wegwerfbecher trank.

«Ich möchte mich jetzt hinlegen», sagte Sellering. «Ich bin völlig erledigt.» Sie krabbelte unter ihre Decke und schloss die Augen. Sie schien sie tatsächlich nicht mehr offen halten zu können.

Angela erkannte, dass sie vorerst nichts mehr von der Ex des Verstorbenen erfahren würde, sie sagte: «Ruhen Sie sich aus», stand auf und ging zur Tür. Bevor sie die Kabine verließ, blickte sie sich noch einmal um: Was in drei Teufels Namen fehlte hier?

29

Ich hätte gerne noch Sahne für meinen Kuchen», erklärte Achim dem Kellner in der Skybar.

«Noch mehr?», staunte Marie. «Du hast doch schon ungefähr eine halbe Tonne auf dem Apfelkuchen gehabt.»

«Für Achim ist der Kuchen nur eine Ausrede, um Sahne zu essen», lächelte Angela, die mit frisch gewaschenen Haaren im Plüschsessel saß. Pupsi lag eingekuschelt auf ihren Füßen, nachdem er zuvor minutenlang vergeblich versucht hatte, von diesen blöden Menschen etwas Kuchen abzustauben.

«Meiner ist staubtrocken», Mike deutete auf das Stück Karottenmarmorkuchen vor sich, das aussah, als hätte man es gerade aus der Fassade eines Backsteinhauses geklopft. «Das letzte Mal hatte ich so einen staubigen Mund in der Wüste von Afghanistan.»

«Selbst schuld», neckte Marie, «wenn du keine Torte nimmst, nur weil du einen kleinen süßen Speckring um die Taille hast.» Sie führte sich genüsslich eine weitere Gabel Sachertorte zum Mund. Der kleine Adrian saß neben ihr in einem Kinderstuhl und spielte auf einem iPad. Es ging darum, Schlümpfen zu helfen, einen großen Haufen aus Gegenständen zu stapeln und diesen auf den bösen Zauberer Gargamel fallen zu lassen. Jeder Gegenstand, den Adrian stapelte, wurde von elektronischen Jubelgeräuschen begleitet, die immer lauter und piepsiger wurden. Von diesen Geräuschen und von Maries Äußerung über seinen Bauchansatz generervt, äußerte Mike sein grundsätzliches Unbehagen, ein Kind schon in diesem Alter vor ein iPad zu setzen. Doch Marie konterte, dass die Kinder von heute nicht früh genug mit den Möglichkeiten des Digitalen in Berührung kommen sollten, schließlich war das iPad schon Standard in vielen Schulen. Wer weiß, Adrian würde vielleicht gerade durch diese frühe Prägung später mal ein gefragter Computeringenieur werden, der den Klimawandel durch Algorithmen besiegte, oder zumindest zu einem Erwachsenen, der, falls er mal von einem bösen Zauberer attackiert würde, ihn unter einem Stapel von Gegenständen begraben könnte. Angela spürte, dass zwischen den beiden eine Spannung lag, die sogar noch größer wurde, als Angela in die Runde fragte: «Also, was meint ihr? War es Reiter oder Sellering?»

«Eindeutig Reiter», antwortete Mike.

«Sellering», widersprach Marie.

«Reiter», wiederholte Mike.

«Sellering», wiederholte Marie.

«Das Gespräch», fand Achim, «dreht sich ein wenig im Kreis.»

«Reiter!», wurde Mike energischer.

«Wie ein Karussell», sagte Achim.

«Reiter!»

«Sellering!»

«Das langsam außer Kontrolle gerät.»

Angela erkannte, dass sie alsbald zwischen Mike und Marie vermitteln musste, sonst könnte es zu einem ernsthaften Streit zwischen ihnen kommen. Doch erst mal versuchte sie, das hitzige Gespräch herunterzukochen und gleichzeitig mit ihrer Ermittlung voranzukommen: «Könnt ihr mir einer nach dem anderen eure Argumente ausbreiten?»

Angela sah zuerst Marie an und nahm dabei einen Schluck von ihrem Cappuccino, der im Gegensatz zu den Kuchen wirklich vorzüglich war. Lisa Adler, in deren Romanen es viel um die italienische Küche ging, hatte in der Bar extra für diese Reise eine moderne Siebträgermaschine aufstellen lassen.

«Es ist ganz klar», fand Marie, «Sellering hatte Zugang zur Guillotine und wurde von Watzek verlassen.»

Für einen Moment fragte sich Angela, ob Marie ihre eigenen Verlassenheitsängste nur projizierte. Sie wandte sich an Mike und fragte: «Und was sagen Sie, Mike?»

«Reiter hat nun mal ein gefälschtes Alibi.»

«Aber was wäre sein Motiv?», fragte Angela.

«Liebe.»

«Liebe?», staunte Marie.

«Er hat Sellering gesagt», erläuterte Mike, «sie solle kündigen, und ihr sogar einen Job angeboten.»

«Das heißt noch lange nicht, dass Reiter sie liebt», widersprach Marie sehr zum Missfallen ihres Freundes.

«Ich bleib dabei», sagte Marie, «die Assistentin und Ex-Freundin war's.»

«Und ich bleib bei Reiter», hielt Mike dagegen, und die beiden sahen sich wütend an. So hatte Angela sie noch nie erlebt.

«Gargamel put!», strahlte Adrian und zeigte auf das iPad, auf dem der Zauberer unter einem Haufen Gegenstände lag und die Schlümpfe vor Freude auf und ab sprangen. Marie lobte ihren Sohn. Mike verzog das Gesicht. Achim nahm derweilen mit Freude die Extraladung Sahne von dem Kellner entgegen und begrub seinen Apfelkuchen darunter. Und Angela stellte fest, dass alle bisher bekannten Fakten besprochen waren und sie dennoch keinen Schritt weitergekommen war.

«Pfante Angla», lächelte der kleine Adrian, der ‹Tante Angela› nicht aussprechen konnte, und hielt ihr das iPad entgegen. Sie sah den Schlümpfen zu, wie sie den Zauberer fesselten und dabei ein Lied sangen, in dem es darum ging, dass Klein und Schlau das Böse immer besiegt. Als sie es hörte, fand Angela es aus tiefstem Herzen bedauerlich, dass unsere Welt ganz und gar nicht so war wie Schlumpfhausen – ein Ort, in dem die kleinen Schlauen den großen Bösen einfach besiegen konnten, indem sie ihm eine Falle stellten …

Eine Falle!

Sie musste dem Täter oder der Täterin eine Falle stellen. Und wer hineintappte, Reiter oder Sellering, würde der Mörder bzw. die Mörderin sein!

Das war eine wunderbare Idee.

Nur wie sollte so eine Falle aussehen?

Als Detektivin hatte Angela noch keine aufgestellt. Als Kanzlerin hingegen durchschnittlich fünf am Tag. Aber einen Mörder würde man wohl kaum mit einem versteckten Halbsatz in einer Kabinettsvorlage überrumpeln können.

Wenn sie jetzt aber die Runde um Ideen bäte, würde Mike sagen, dass er das Risiko aus Sicherheitsgründen nicht eingehen könne. Natürlich würde sie ihn wie immer verbal einwickeln können, aber er war wegen Marie ohnehin schon so gereizt, dass sie ihm gerade nicht noch mehr zumuten wollte. Auch Achim sollte sich nicht sorgen. Und Marie musste sich um den Kleinen kümmern, der dem gen Glasdach aufsteigenden Duft nach zu urteilen gerade in seine Windel geknattert hatte, was ihn sehr zu amüsieren schien. Und Achim den Anlass zu einer kulturellen Anspielung lieferte, die kein Mensch unter 55 Jahren verstehen konnte: «Statt Adrian hätte man ihn Nick Knatterton nennen sollen.»

Wer sonst war in der Lage, ihr einen Rat zu geben, wie so eine Falle aussehen konnte? Einer der anderen Autoren vielleicht? Gold? Ding? Fuchs? Adler? Die sollten sich doch mit so etwas auskennen. Allerdings müsste sie dabei offenbaren, dass Watzek ermordet worden war, und wer wusste schon, wie sie darauf reagieren würden. Vielleicht würden sie Angela für verrückt halten. Oder schlimmer, sich versehentlich gegenüber dem Mörder oder der Mörderin verplappern. Oder noch schlimmer, selbst der Mörder sein. Oder am allerschlimmsten, Kommissar Hannemann einschalten.

Die Autoren kamen also nicht infrage. Genauso wenig wie der Kapitän. Radszinski vielleicht? Angela hatte die Pathologin bisher geschätzt, aber dass sie ihr Wissen um die Wahrheit der Uckermärker Mordfälle einsetzte, um Hannemann dazu zu bringen, sie auf die Reise mitzunehmen, zeugte nicht gerade von gutem Charakter.

Wen gab es noch?

Wem war sie auf dem Schiff noch begegnet, der ihr vielleicht helfen konnte?

Natürlich! Agatha und Dorothy!

30

Dorothy und Agatha saßen auf den untersten Steinen der Pyramide. Eben erst hatten sie die Leiche des Schauspielers und Shakespeare-Nachfahren Jonathan Shakespeare, der sich der Archäologie-Expedition angeschlossen hatte, in einem Tunnel entdeckt. Stranguliert. An den Wundmalen am Hals befand sich eine Art weißer Kalk. Agatha, die vor ihrer Autoren-Weltkarriere in einer Apotheke gearbeitet hatte, identifizierte ihn als Rückstände von Mumienbalsam.

«Vielleicht war es doch eine echte Mumie», seufzte Dorothy und tupfte sich den Schweiß von der Stirn.

«Du weißt doch, für den Detection Club gibt es keine übernatürlichen Erklärungen.»

«Das gilt für unsere Romane, aber hier ist doch alles anders.»

«Inwiefern?»

«Keiner unserer Verdächtigen hat ein Alibi, das falsch sein kann, denn es hat überhaupt keiner eines. Dafür sterben sie wie die Fliegen.»

«Du hast recht», seufzte Agatha, die sich dennoch strikt weigerte zu glauben, dass der Hohepriester Imhotep wiederauferstanden war. Aber es wäre wirklich einfacher, wenn der Täter irgendwelche Hinweise hinterließ. Geheime Botschaften. Anagramme. Oder gute alte anonyme Briefe wie in ihrem Roman ‹Die Morde des Herrn ABC› …

«Danke, Agatha!», rief Angela aus und legte den Stift zur Seite. Was war das für ein wunderbarer Augenblick! Nicht nur waren die beiden Damen in ihrer Fantasie so quicklebendig, dass sie kaum noch hinterherkam, ihr Tun niederzuschreiben, nein, sie hatten ihr auch die Lösung verraten, wie man den Mörder in eine Falle locken konnte.

«Wer ist Agatha?», fragte Achim, der sich auf dem Bett wieder englischen Songtexten widmete und dabei festgestellt hatte, dass *Twist and Shout* auf Deutsch mit *Dreh und Schrei* nicht ganz so gut klang.

Angela überlegte, ob sie ihrem Ehemann von den Figuren, die in ihrem Kopf lebten, erzählen sollte. Sie wollte ihr Schreibglück so gerne mit ihm teilen, doch plötzlich ergriff sie Angst, dass Agatha und Dorothy, wenn sie über sie spräche, aus ihrem Kopf verschwinden und genauso zäh zu Papier zu bringen sein würden wie Jonathan – Gott habe ihn selig – Shakespeare.

Angela staunte über sich selbst: Nie zuvor war sie abergläubisch gewesen. Im Gegensatz zu so gut wie allen Politikern, die sie kannte. Karl-Theodor zu Guttenberg besaß sogar ein Glücks-Haargel. Nicht, dass ihm das viel gebracht hatte. Und nun, da sie sich als Autorin versuchte, war sie es auf einmal selbst. Sie erkannte: Als Kreative war sie auf eine Weise verletzlich, wie sie es als Politikerin nie gewesen war. Vielleicht sollte sie keinem Menschen jemals ihre Texte zeigen, sie immer nur für sich behalten, dann könnte ihr auch niemand mit einer schlechten Kritik die Freude am Schreiben nehmen.

«Puffeline?»

«Ja, Puffel?»

«Wer ist Agatha?»

«Ich habe nicht Agatha gesagt.»

«Nein, was denn dann?»

«Angela», sagte sie hastig den ersten ähnlichen Namen, der ihr einfiel.

«Und warum bedankst du dich bei dir selbst?»

«Weil …»

«Weil?»

«Ich so klug war, den tollsten Puffel der Welt zu heiraten.» Sie stand auf und drückte Achim einen Kuss auf die Stirn. Er lächelte und erwiderte mit einer weiteren Liedübersetzung, diesmal vom Deutschen ins Englische: «‹You belong to me like the name on my door.›»

Angela musste lachen: «Ich liebe es, dass du deine Komplimente nun zweisprachig machen kannst.» Sie legte das Ringbuch in die Schublade, wohl wissend, dass Achim niemals ihre Privatsphäre verletzen würde. Sie stand auf, nahm ihre *Longchamp*-Tasche und ging zur Tür.

«Wo willst du denn hin? In einer halben Stunde gibt es Essen.»

«Ich gehe in den Bord-Shop.»

«Warum denn?»

«Ich muss Briefpapier kaufen.»

31

Bruschetta. Vitello tonnato. Rinder-Carpaccio. Melone mit Ricotta. Zucchini, gefüllt mit Hackfleisch. Artischocke in Olivenöl. Mangold-Frittata. Prosciutto an marinierten Birnen.

Die italienischen Vorspeisen, die Lisa Adler zusammengestellt hatte, waren vorzüglich. Und sie sollten nur den Anfang des italienischen Abendessens bilden, das die Autorin ausschließlich mit Gerichten bestritt, die ihre italienische Ermittlerin Raffaela Bologna den Bewohnern des schwäbischen Dorfes, in dem sie lebte, zubereitete. Besonders tat Raffaela dies gerne, wenn es darum ging, den Mörder zu überführen.

Alle am Tisch griffen begeistert zu. Außer Mike, der wegen des stärker gewordenen Seegangs unter Übelkeit litt. Er schob die marinierten Miesmuscheln beiseite und hielt sich sogar kurz die Serviette vor den Mund, als Lisa Adler das Gericht mit seinem italienischen Namen ‹Cozze alla Marinara› vorstellte. Marie hingegen schlemmte und ließ nur, wie alle anderen am Tisch auch, die Polpos liegen, da sie gelesen hatte, dass Oktopusse intelligenter waren als Menschen. Was auch, dachte sich Angela, nicht allzu schwer war. Schließlich hatte sie von keinen Oktopussen gehört, die mit 240 Stundenkilometern über die Autobahn bretterten oder für die AfD kandidierten oder versuchten, die Ukraine zu erobern.

Sophie Sellering war nicht zum Essen erschienen, dafür saß Gwendolin Gold erneut an ihrem Tisch, diesmal in einem verwaschenen gelben Strickkleid. Freundlich erklärte sie: «Das ist eins der Geheimnisse von Lisas Romanen: das leckere Essen.»

«Inwiefern?», fragte Angela.

«Der Leser bekommt in der Geschichte zum Krimi unglaublich viele Speisen serviert und muss für die nur 18 Euro Buchpreis zahlen. Im Restaurant wäre er mehrere Hundert Euro dafür los.»

«Aber er kann sie nicht essen.»

«Dafür in Gedanken kosten.»

«Das ist wie bei Kochshows», stellte Marie fest und gab ihrem Sohnemann, der im Kinderstuhl neben ihr saß, ein Löffelchen Erbsen-Möhren-Stampf, den sie extra für ihn bestellt hatte.

«Und wie bei den Kochshows», lächelte Gwendolin Gold, «nimmt man auch beim Lesen des Buches nicht zu. Es sei denn natürlich, man trinkt dazu einen guten Wein.» Die Autorin hob ihr Glas Rotwein. Alle Erwachsenen am Tisch – außer Mike – taten es ihr gleich und stießen miteinander an. Nachdem die Gläser wieder abgesetzt wurden, redete Gold weiter: «Sven Ding hat übrigens ein ähnliches Prinzip bei seinen Romanen.» Sie deutete zu dem Autor der Provencekrimis, der, wie immer leger gekleidet, am Kapitänstisch saß, gemeinsam mit Lisa Adler und Detlev Reiter. Fuchs hingegen war abwesend, weil er schreiben wollte, wie Lisa Adler zuvor den Passagieren verraten hatte. «Wenn man Dings Bücher kauft, ist das Preis-Leistungs-Verhältnis noch besser.»

Angela betrachtete sich Sven Ding, der seinen Wein genoss, während Reiter, wie Mike, die Vorspeisen nicht anrührte. Jedoch nicht etwa, da war Angela sich sicher, weil ihm schlecht war, sondern weil er einen Brief von ihr bekommen hatte.

«Sie meinen», fragte Achim, «weil der Leser neben dem Krimi für sein Geld auch noch in Gedanken nach Südfrankreich reisen kann?»

«Und dazu jede Menge großartiger französischer Weine probiert», lächelte Gold.

«Aber was», wollte Angela wissen, «ist der Mehrwert für die Leser von

Reiters Dritten-Reich-Romanen?» Dabei nahm sie nicht die Augen von dem Mann, der, sollte es sich bei ihm tatsächlich um den Mörder handeln, in einer halben Stunde in ihre Falle tappen würde.

«Hitler geht immer», antwortete Gold lakonisch.

Oktopusse waren tatsächlich intelligenter als Menschen.

Neben Reiter erhob sich Lisa Adler vom Tisch. Die rothaarige Frau mit den Pausbacken trug ein wallendes mit roten und gelben Tulpen bedrucktes Kleid und nahm das Mikrofon in die Hand: «Meine Damen und Herren! Liebe Krimi-Fans! Nun wird Ihnen, wie versprochen, Kommissar Hannemann die letzten, unglaublichen Geheimnisse über die berühmten Uckermark-Morde verraten!»

Das Licht im Saal wurde runtergedimmt. Die Watzis begannen zu singen: *«Hanni, Hanni, Hanni, always sunny …»*, und der Vorhang öffnete sich. Dort stand Hannemann in seinem Trenchcoat und genoss es sichtlich, im Mittelpunkt zu stehen. Bei seinem Anblick verging auch Angela der Appetit. Abgesehen davon war es an der Zeit, sich der Falle zu widmen, in die Reiter oder Sellering tappen sollten.

«Mike», flüsterte sie ihrem Bodyguard zu und legte dabei ihre Serviette auf den Teller, «begleiten Sie mich bitte nach draußen.»

«Wieso?»

«Weil ich Ihre Vorgesetzte bin und ich es Ihnen sage.»

«Gutes Argument.»

«Und weil gleich Langustinen serviert werden, und bei denen kann man die Augen noch sehen.»

«Ein noch besseres Argument», schluckte Mike und stand gemeinsam mit ihr auf. Achim hielt Angela kurz am Ärmel des Blazers zurück und fragte in den Lärm, den die Watzis, die nun offensichtlich zu Hannis geworden waren, veranstalteten: «Wo wollt ihr hin?»

«Mach dir keine Gedanken, Puffel.»

«Du bringst dich wieder in Gefahr?»

«Ich habe gesagt, mach dir keine Gedanken.»

«Dann komme ich mit.» Achim wollte auch aufstehen, aber Angela drückte ihn sanft wieder in den Stuhl und erklärte: «Nein, ich brauche dich hier. Als Back-up, falls etwas schiefgeht. In dem Falle gebe ich dir per Handy ein Signal, und du kommst zu uns.»

«Du setzt mich auf die Ersatzbank?»

«Jogi Löw hat mal zu mir vor dem WM-Finale 2014 gesagt: ‹Manchmal ist der Einwechselspieler der wichtigste›», lächelte Angela. Sie gab ihrem Mann einen Kuss auf die Wange und machte sich mit Mike auf den Weg aus dem Saal. Dabei hörte sie Hannemann zum Publikum sagen: «Danke, danke, danke!»

Der Applaus ebbte ab, und der Kommissar redete mit Schweißtropfen auf der Stirn – unter den Scheinwerfern wurde es ihm im Trenchcoat besonders warm – weiter: «Ich habe in meinen ganzen Erzählungen eine Person niemals erwähnt, obwohl sie bei allen Mordfällen dabei war.»

«Oh-oh», sagte Mike das, was Angela auch dachte.

«Diese Person hatte mich darum gebeten, nicht von ihr zu sprechen. Und ich habe mich daran gehalten, da ich ein ehrenwerter Mann bin.»

Beinahe hätte Angela laut aufgelacht. Mike öffnete indessen die Tür des Saales.

«Und ich werde auch weiterhin ihren Namen nicht erwähnen.»

«Sehr gut», sagte Angela und trat in den Gang. Mike folgte ihr. Die Tür hinter ihnen ging langsam zu.

«Nur so viel …», hörte man Hannemann noch sagen.

Angela hielt alarmiert inne.

«… ihr Name reimt sich …»

«Reimt sich?», fragte Mike.

«Auf Schmangela Terkel!»

Ein Raunen ging durch den Saal. Die Tür fiel ins Schloss, und Angela lehnte ihren Kopf dagegen und schlug ihn leicht gegen das Eichenholz. Einmal. Zweimal. Dreimal. Sollte sie nun reingehen und den Kommissar daran hindern, der Welt zu verraten, dass sie eine Detektivin war, und damit Reiter zu alarmieren, falls er der Killer von Watzek sein sollte?

Nein. Zum einen würde sie Hannemann höchstens zum Schweigen bringen, wenn sie ihm Langustinen in die Nasenlöcher stopfte, was vor über 400 Passagieren vermutlich keinen guten Eindruck hinterlassen würde, und zum anderen hatte sie dem Mörder bzw. der Mörderin im Brief mit 22 Uhr eine feste Zeit vorgegeben. Es half alles nichts: Sie musste los!

32

Ins Kühllager?», fragte Mike entsetzt, als er mit Angela zum Fahrstuhl eilte. Er trug seinen schwarzen Personenschützer-Mantel. Sie eine dicke blaue Winterjacke, aus deren Tasche sie eine regenbogenfarbene Mütze mit Ohrklappen zog, ein Geschenk von Achim, selbst gestrickt während des zweiten Corona-Lockdowns. Angela hatte die Mütze deshalb besonders lieb, auch wenn sie damit aussah wie eine queere Rentiertreiberin, die garantiert in jedem katarischen Fußballstadion Eintrittsverbot bekommen hätte.

«Ins Kühllager», bestätigte Angela und ging flotten Schritts voran.

«Sie schreiben Briefe, um Mörder ins Kühllager zu locken?»

«Sie sagen das, als ob das nicht normal wäre», grinste Angela.

«Das ist auch nicht normal!»

Manchmal bereitete es auch einfach zu viel Freude, den jungen Mann auf die Palme zu bringen.

«Was genau haben Sie geschrieben?»

«‹Sehr geehrter Detlev Reiter›», Angela wusste es auswendig, «bzw. ‹Sehr geehrte Sophie Sellering›» – sie hatte zwei Briefe verfasst, den einen unter der Tür in die Kabine von Watzeks Ex-Freundin durchgeschoben und den anderen unter der von Reiters Kabine, dessen Nummer sie an der Rezeption in Erfahrung gebracht hatte, gleich nachdem sie im Bord-Shop dieses schön dramatische scharlachrote Briefpapier erstanden hatte. «‹Der Beweis Ihrer Schuld liegt in den Farben. Ich demonstriere es Ihnen um 22.00 Uhr in Watzeks neuem Grab. Mit herzlichem Gruß, K. Einer›.»

«K. Einer?», fragte Mike.

«Eine Hommage an Agatha Christies Roman *Und dann gab's keines mehr*. Und na ja, auch ein klein wenig an *Herrn K.* von Bertolt Brecht.»

«Sie sind gaga.»

«Wie bitte?»

«Und ich meine nicht die Lady.»

«Also Mike …», jetzt bereitete es keine Freude mehr, ihn auf die Palme zu bringen.

«Komplett ballaballa.»

«Mike, ich muss doch bitten.»

«Nicht nur poco loco, sondern totalo loco!» Der Personenschützer konnte sich gar nicht beruhigen.

«Das heißt nicht so.»

«Völlig dongeldangel!»

«Ich bin mir ziemlich sicher, dass dieses Wort nicht existiert.»

«Für Sie müsste es erfunden werden!»

«Im Kühllager werden wir herausfinden, wer von den beiden Watzek getötet hat. Der Mörder wird den Brief ernst nehmen, da es einen Beweis gegen ihn gibt, und zu uns kommen. Die andere Person jedoch wird ihn beiseitelegen und als einen üblen Scherz von Krimi-Fans abtun.»

«Ramalamadingdong!»

«Wir fahren jetzt nach unten.» Angela drückte den Fahrstuhlknopf.

«Klingeling, klingeling, hier kommt der Eiermann!»

«Mike, Sie reden sich völlig in Rage.»

«Ja!»

«Und wissen Sie, was das Gute daran ist?»

«Was?», wollte der aufgebrachte Personenschützer wissen.

«Darüber haben Sie ganz vergessen, dass Ihnen übel ist», grinste

Angela, und Mikes Wut war schlagartig verflogen und einem Staunen über sich selbst gewichen.

Die Fahrstuhltür ging auf, und aus dem Aufzug traten Gwendolin Gold und Sven Ding.

«Sie sind nicht mehr beim Abendessen?», staunte Angela.

«Ich lass es mir in die Skybar bringen», sagte Ding.

«Und ich schau mir im Streaming die klassische Verfilmung von *Tod auf dem Nil* an», sagte Gold. «Wir können die Angeberei von diesem Kommissar nicht mehr ertragen.»

Obwohl Angela die Antwort fürchtete, fragte sie: «Was sagt er über mich?»

«Sie meinen über Schmangela Terkel?», grinste Ding.

«Über Schmangela Terkel», bestätigte Angela.

«Dass die Schmangela die ganze Zeit von Selbstmorden ausging.»

Hannemann vertauschte also die Rollen, die die beiden bei den Ermittlungen in der Uckermark gespielt hatten, und ließ sie wie den Trottel dastehen.

«Auch dass Schmangela vor lauter Schreck in einen Graben gesprungen ist.»

Das hatte sie in der Tat getan, als sie von einer Mörderin mit einer Armbrust beschossen wurde.

«Und dass Schmangela sich sogar unter dem Bett eines Liebespaares versteckte und dabei entdeckt wurde.»

Dies wiederum war im Rahmen einer Ermittlung geschehen.

«Hannemanns Fans ...»

Es war also offiziell: Der Großmeister unter den Deppen hatte Fans!

«... amüsieren sich darüber wie Bolle.»

Angela konnte nicht behaupten, dass ihr der Gedanke, zum Gespött der Leute gemacht zu werden, gefiel. Aber es war besser als die Alternative: dass jeder erfuhr, wie gut sie als Detektivin war. Reiter und Sellering eingeschlossen.

«Uns jedenfalls», sagte Gold freundlich, «hat es nicht amüsiert.»

«Wollen Sie noch auf Deck gehen?», deutete Sven Ding auf die Strickmütze.

«Ja, ein bisschen Seeluft schnuppern», schwindelte Angela.

«Ich schnuppere jetzt lieber an einem schönen Wein», lächelte der Provence-Autor und ging.

«Gutes Schnuppern wünsche ich allen!», verabschiedete sich auch Gold.

Angela und Mike betraten den Fahrstuhl. Sie drückte den Knopf zum Unterdeck. Die Tür schloss sich, der Lift setzte sich in Bewegung, und der Personenschützer nahm seine Pistole aus der Jacke.

«Was machen Sie da?», fragte Angela.

«Meine Waffe entsichern.»

33

Vor der Tür zum Kühllager saß diesmal kein Matrose, anscheinend hielt der Kapitän es nicht mehr für notwendig, die Leiche bewachen zu lassen, jetzt, da offiziell alle davon ausgingen, dass Watzek sich nicht mehr an Bord der *Elegant Princess* befand.

«Sehr gut», stellte Mike fest, «dann muss hier diesmal niemand einen Herzinfarkt vortäuschen.»

«Es ist nicht gut», widersprach Angela.

«Warum das denn nicht?»

«Ich hatte gehofft, dass es eine Wache gibt. Als Back-up, falls etwas schiefgeht.»

«Ich dachte, Herr Sauer wäre das Back-up.»

«Mike, ich liebe meinen Mann über alles. Aber glauben Sie ernsthaft, dass er eine Hilfe gegen Gewaltverbrecher wäre?»

«Vermutlich nicht.»

«Eben», sagte Angela.

«Und warum haben Sie ihm dann gesagt, dass er Ihr Back-up ist?»

«Weil ich meinen Mann liebe.»

«Er soll also in Sicherheit sein und sich dennoch nicht nutzlos fühlen?»

«Ich liebe ihn wirklich sehr.»

Mike verstand. Er stemmte die Tür zu dem spärlich beleuchteten Lagerraum auf.

«Und nun?»

Angela blickte auf die Uhr und antwortete: «Wir warten, in einer Minute ist es 22.00 Uhr.»

Sie gingen in Richtung Truhe, in der Watzeks zweigeteilter Leichnam lag, und kamen dabei an dem Arzneimittelschrank vorbei, in dem sich die Urbaläuse befanden. Angela kratzte sich unbewusst am Kopf.

«Alles in Ordnung?», fragte Mike.

«Alles in Ordnung», antwortete Angela, die sich von dem Rätsel um die Läuse nicht von ihrem Plan ablenken lassen wollte.

Die beiden erreichten die Truhe, stellten sich davor und warteten. Sie froren trotz ihrer warmen Kleidung. Angela konnte ihren Atem sehen. Sie blickte auf die Uhr: Es war 21.59 Uhr und 40 Sekunden. Die beiden warteten. 21.59 und 50 Sekunden. 21.59 und 55 Sekunden. 22.00 Uhr!

Nichts geschah. Niemand betrat den Kühlraum.

22.00 und 15 Sekunden.

30.

55.

Die Tür öffnete sich.

Mike griff zu seiner Waffe.

Angela bedeutete ihm mit einer Handbewegung, sie stecken zu lassen.

Jemand betrat das Kühllager.

«Wir sind hier hinten!», rief Angela.

Schritte näherten sich.

Mike stellte sich vor Angela, aber sie schob ihn wieder beiseite. Sie wollte dem Mörder oder der Mörderin direkt in die Augen blicken und nicht nur hinter dem Rücken ihres stattlichen Bodyguards hervorlinsen.

Erste Umrisse der Person waren zu erkennen.

«Das ist …», flüsterte Mike.

«Ja», bestätigte Angela.

Die Person näherte sich.
«Hallo», begrüßte Angela sie.
«Hallo», wurde ihr Gruß erwidert.
Die Person trat zu ihnen an die Truhe.
«Schön, dass Sie gekommen sind, Herr Reiter.»

34

Hallo, Frau Merkel», antwortete Detlev Reiter. Er hatte keine warme Kleidung übergezogen, trug nur sein normales Outfit inklusive dem, was Gwendolin Gold ‹Autorenjackett› genannt hatte. Er zitterte, wohl nicht nur wegen der Kälte, und hielt den an ihn adressierten scharlachroten Brief von Angela in der Hand. «Wie sind Sie auf mich gekommen?»

«Zum einen ist Ihr Alibi eine Fälschung. Sie haben die Stewardess bestochen, Sie auf die Anwesenheitsliste zu setzen.»

Reiter nickte, als ob ihn diese Enthüllung nicht allzu sehr überraschte.

«Und dann», fuhr Angela fort, «haben Sie nicht darauf geachtet, dass die Farbe an den Knöpfen der Guillotine noch feucht war. Sie färbte auf Watzeks Finger ab und beweist so, dass es kein Unfall war, sondern Mord.»

«Können Sie mir den gefärbten Finger einmal zeigen?»

«Natürlich.»

Angela machte sich daran, die Truhe zu öffnen.

«Ich hätte die Knöpfe also nach dem Neustreichen noch trocknen müssen», sagte der Autor, während er seine Hände rieb, um sie zu wärmen.

Angela hielt inne: «Nach dem Neustreichen?»

«Ja, natürlich, nachdem ich die Farben geändert habe.»

Angela klappte die Truhe wieder zu.

«Was ist?», wollte der Autor wissen.

«Die Guillotine wurde manipuliert.»

«Das habe ich doch eben gestanden.»

«Aber nicht von Ihnen.»

Mike sah sie ebenso erstaunt an wie Reiter.

«Ich habe die Knöpfe angemalt!», insistierte der Autor.

«Woher hatten Sie die Farben?»

«Die Töpfe standen noch neben der Guillotine.»

«Und dann hatten Sie den roten Knopf blau angemalt und den blauen rot?»

«Genau.»

«Und sie wurden nicht beide lila?»

«Ähem», geriet Reiter in die Defensive, «ich habe sehr viel Farbe aufgetragen.»

«Auf die noch feuchte?»

«Was wollen Sie, ich habe doch schon gestanden!»

«Ich will wissen, warum Sie gestehen.»

«Weil ich Florian umgebracht habe!»

«Das haben Sie definitiv nicht.»

«Oh doch!»

«Dann würden Sie wissen, dass die Farben an den Knöpfen nicht übermalt wurden, sondern korrekt geblieben sind. Florian Watzek hat sie in der richtigen Reihenfolge betätigt. Den roten mit dem Fuß, den blauen mit dem Finger. Es wurde stattdessen die Mechanik der Vorrichtung so manipuliert, dass bei richtigem Knopfdruck dennoch das falsche Beil heruntersauste. Nicht jenes mit der Auslassung für den Kopf, sondern das mit der scharfen Klinge.»

Reiter sagte nichts.

«Dies ist der Beweis, dass Sie es nicht waren. Und dennoch: Ihr falsches Alibi hätte einer Überprüfung nicht standgehalten. Viel zu viele Menschen haben mitbekommen, dass Sie nicht bei der Übung waren.»

Reiter sagte nichts.

«Es hätte Sie im Falle einer Polizeiermittlung sogar zum Hauptverdächtigen gemacht.»

Reiter sagte nichts.

«Und genau das war Ihre Absicht.»

Reiter blickte von ihr weg.

«Warum», fragte Mike, «soll er der Hauptverdächtige sein wollen, wenn er es gar nicht war?»

«Weil Sie recht hatten, lieber Mike.»

«Womit?», staunte der Personenschützer.

«Er liebt sie.»

«Er liebt mich?», schaute Mike erstaunt zu Reiter. Wenn er mal auf dem Schlauch stand, dann fest mit beiden Füßen.

«Nein, Sophie Sellering.»

«Ach so.»

«Heimlich. Und er war bereit, für sie ins Gefängnis zu gehen.»

Reiter blickte zu Boden. Ertappt.

«Sie haben sie heute Morgen auf der Krankenstation besuchen wollen, sich im letzten Augenblick aber doch nicht getraut, zu ihr zu gehen, und als Ausrede ein Migränemittel besorgt.»

Reiter nickte.

«Und während der Seenotrettungsübung haben Sie sich nicht an dem Fallbeil zu schaffen gemacht, sondern sind in Sophie Sellerings Kabine gegangen und haben ihr das Blumenbouquet hingestellt. Sie haben sich aber nicht getraut, eine Karte beizulegen. Stattdessen haben Sie Sophie am Eröffnungsabend im Speisesaal angestarrt.»

«Ich hatte gehofft, dass sie von selbst darauf kommen würde.»

«Du liebst mich?», ertönte die Stimme von Watzeks Assistentin.

Alle blickten in Richtung Tür. Sellering stand im Kühllager. Sie wirkte nun völlig derangiert und trug über ihrem schwarzen Schlafanzug lediglich einen vom Schiff bereitgestellten Bademantel mit der Aufschrift *Elegant Princess*. Und sie hielt den an sie adressierten scharlachroten Brief in der Hand.

35

Ja», gestand Reiter, während Sellering durch das eisige Lager auf die Gruppe zuging. Sie stammelte: «Warum hast du mir das nicht früher gesagt?»

«Du warst mit Florian zusammen.»

«Aber seit zwei Monaten nicht mehr.»

«Aber du liebst ihn immer noch», stellte Reiter fest, als seine große Liebe bei der Truhe angekommen war. Sie schüttelte als Antwort den Kopf. Beide schwiegen eine Weile. Angela wollte schon die Stimme erheben, da fragte Sellering mit Blick auf den Brief, den Reiter in seiner Hand hielt: «Hast du … hast du … ihn etwa … getötet?»

Angela erstaunte die Frage, ging sie doch jetzt, da Reiters Geständnis als falsch enthüllt war, davon aus, dass Sellering die Mörderin war.

«Nein.»

«Warum bist du dann hier?»

Reiter schwieg. Daher übernahm es Angela zu antworten: «Weil er Sie schützen wollte.»

«Schützen?», Sellering schien nicht recht zu verstehen.

«Er liebt Sie so sehr, dass er bereit war, für Sie ins Gefängnis zu gehen.»

Sellering sah erst Angela fassungslos an, dann Reiter.

«Wir Männer», sagte Mike leise, «machen die merkwürdigsten Dinge, wenn wir lieben.»

Jetzt schaute Sellering den Bodyguard irritiert an.

«Wir sollten», sagte Angela zu ihr, «zum Kapitän gehen und statt Kommissar Hannemann echte Polizei anfordern. Und Sie sollten sich einen guten Anwalt nehmen.»

Nun blickte Sellering noch fassungsloser zu Angela.

«Kommen Sie», wollte Angela sich auf den Weg machen, aber die junge Frau machte keine Anstalten, ihr zu folgen, sondern fragte stattdessen Reiter: «Glaubst du auch, dass ich Florian umgebracht habe?»

Reiter war wie erstarrt.

Sellering wurde trotz der Kälte vor Wut rot im Gesicht: «Ich dachte, wir wären Freunde!», und verpasste ihm eine schallende Ohrfeige.

«Au!», rief Reiter aus, und auch Mike hielt sich unbewusst mitfühlend die Wange.

«Ich … habe … Florian … nicht … ermordet!», sagte sie nun erregt in die Runde. Wollte sie sich rausreden, oder war es gar die Wahrheit?

«Er hat Sie doch verlassen», sagte Angela.

«Ich habe ihn verlassen!»

«Aber Sie haben mir vorhin selbst erzählt, dass er es war …»

«Ich tat es, um Flori zu schützen. Er litt so darunter, dass ich die Beziehung beendete, er sollte nicht noch den Spott von Kollegen und Medien ertragen. Mich kennt niemand. Ich bin allen egal. Also ist es auch mir egal, wenn man denkt, ich wäre die Verlassene.»

Angela wusste nicht, was sie sagen sollte.

«Ich habe ihn nicht ermordet!», wiederholte Sophie Sellering, da auch alle anderen schwiegen. Bei Reiter bewirkten ihre Worte immerhin, dass in seinen Augen mit einem Mal so etwas wie Hoffnung lag.

«Warum sind Sie dann hier?», fragte Angela.

«Wegen des Briefs! Ich dachte nach dem Lesen, ich habe etwas bei den Farben an den Knöpfen übersehen. Dass Florian sie falsch angemalt hat und ich das nicht mitbekommen habe und ich daher schuld an dem Unfall bin und mich jetzt deswegen jemand erpressen will …»

«Es war kein Versehen», sagte Angela. «Jemand hat die Guillotine manipuliert.»

«Hier denken wirklich alle, dass er ermordet wurde?» Es schien, als ob der Gedanke bei Sellering erst jetzt so richtig einsickerte.

«Ja», antwortete Reiter, und man merkte ihm an, dass er die Frau, die er liebte, in den Arm nehmen wollte.

«Mord … Mord …», begann sie am ganzen Leib zu zittern, und das nicht wegen der Kälte. Es fiel Angela schwer zu glauben, dass sie ihr Entsetzen nur vorspielte.

«Es tut mir so leid», sagte Reiter, ging auf Sellering zu, und sie fiel in seine Arme. Dabei ließen beide ihre scharlachroten Briefe zu Boden segeln.

«Wer kann so etwas nur tun?», fragte Sophie. Tränen sammelten sich in ihren Augen. Reiter strich ihr sanft durchs Haar.

Angela hätte sich am liebsten dafür entschuldigt, die beiden verdächtigt und in den Kühlraum gelockt zu haben, doch da sah sie vor ihrem geistigen Auge Agatha Christie in der Wüste gemeinsam mit Dorothy L. Sayers auf einem Kamel reiten und hörte, wie Agatha zu ihrer schwitzenden Freundin sagte: «Ein Mitglied des Detection Clubs lässt sich nicht von Gefühlen leiten, sondern ausschließlich von der Logik.»

Und die Logik besagte: Sellering hatte auf den Brief reagiert und besaß ein Motiv – jedenfalls falls sie in Bezug auf die Trennung log. Zudem war sie die Einzige, die ständig Zugang zur Guillotine hatte, auch außerhalb der Seenotrettungsübung. Damit war die Assistentin immer noch die Hauptverdächtige! Deswegen sagte Angela kühl: «Wir sollten zum Kapitän gehen.»

Sellering schien sie gar nicht wahrzunehmen. Reiter drückte die Frau, die er so sehr liebte, fester an sich.

«Mike, würden Sie Frau Sellering geleiten?»

«Selbstverständlich.»

Der Personenschützer trat auf Sellering zu. Reiter wollte protestieren. Angela ihn daran hindern. Doch bevor auch nur einer von ihnen den Mund aufmachen konnte, gab es einen Rumms.

Alle blickten erschrocken zur Tür des Lagers.

Jemand hatte sie von außen geschlossen …

Sie hörten ein Klacken.

… und verriegelt.

Die vier blickten sich an.

Ihnen war sofort klar, dass sie in dem eisigen Raum gefangen waren.

36

What the Fasan?», rief Mike und rannte sogleich zur Stahltür.

«Fasan?», staunte Reiter trotz des Ernstes der Situation. Angela war nicht in der Stimmung, ihm zu erklären, dass Marie ihrem Mike beigebracht hatte, seine Flüche in Anwesenheit des Kindes harmloser zu gestalten. Auch Angela, die ohnehin nicht zu Kraftausdrücken neigte, tat ihr diesen Gefallen. Was die junge Marie allerdings nicht daran hinderte, selbst vor dem Kind zu schimpfen wie eine Horde Kesselflicker.

Bei der Tür angekommen rüttelte Mike an der Klinke. Vergeblich. Er presste seinen Körper gegen die Tür. Noch vergeblicher. Für einen Augenblick schien er zu erwägen, sich mit Anlauf dagegen zu werfen, aber er realisierte, dass er mit einem Sprung gegen die Stahltür lediglich sein Schultergelenk ruinieren würde. Er griff zu seiner Waffe, aber auch da wurde ihm die Vergeblichkeit seines Tuns schnell klar: Ein Schuss auf das Schloss würde nur abprallen und die Anwesenden gefährden.

«Verdammte Macke!», fluchte er.

«Zeit für das Back-up», sagte Angela mehr zu sich als zu den anderen und griff nach ihrem Handy. Sie wählte Achims Nummer, nur um festzustellen, dass man hier drinnen keinen Empfang hatte. Sie blickte zu Mike und Reiter, die ebenfalls frustriert auf ihre Smartphones starrten. Kein Netz funktionierte. Das Kühllager war abgeschirmt.

«Wer … wer», bibberte Sellering, die ganz offensichtlich weder in ihrem Schlafanzug noch in ihrem Schiffs-Bademantel ein Handy hatte, «… schließt uns hier ein?»

Niemand antwortete ihr, denn die Antwort war offensichtlich: der wahre Mörder.

37

Achim tigerte in seiner Kabine im Kreis um den schlafenden Mops herum. Aber nicht etwa, weil er sich um seine Frau Sorgen machte, dafür war er viel zu aufgebracht. Dieser Hannemann hatte Angela vor allen Leuten zur Närrin gemacht. Und die Menge hatte seinen Vortrag auch noch bejubelt und beklatscht. Die ganze Zeit hatte Achim dazu nichts sagen dürfen. So war es nun mal, wenn man mit Angela verheiratet war. Sie wollte ihre Kämpfe allein führen.

Hannemann war nicht der Erste, dem Achim gerne eine Lektion erteilt hätte. Als Horst Seehofer seine Angela auf einem CSU-Parteitag minutenlang wie ein dummes Mädchen neben sich hatte stehen lassen, wäre er am liebsten auf die Bühne gesprungen und hätte ihm den Knigge vorgelesen. Den ganzen. Jede einzelne Benimmregel! Und als Donald Trump die liebe Angela bei einer Pressekonferenz im Weißen Haus von oben herab behandelt hatte, um sie vor aller Welt zu demütigen, hach, da hätte er durchaus gerne ein wissenschaftliches Experiment veranstaltet, in dem Trumps Haarspray, seine Haare und ein Feuerzeug wesentliche Bestandteile der Versuchsanordnung gewesen wären.

Achim hatte gedacht, in der Rente würde er solche Situationen nicht mehr erleben müssen, da Angela keinen arroganten Politikern mehr begegnen würde. Aber sie musste ja in Mordfällen ermitteln und sich in Gefahr begeben und tat es schon wieder. Und sie war … noch nicht wieder zurück?

Schlagartig machte Achim sich die Sorgen, die er sich schon längst gemacht hätte, wenn Hannemanns Vortrag nicht gewesen wäre. Er ging zum Handy, schaute auf die *Find-Me*-App, die Angela für sie beide gegenseitig eingerichtet hatte, doch die besagte für seine Frau: ‹Kein Standort gefunden›.

Das tat die App im heimatlichen Klein-Freudenstadt nur, wenn Angela sich in einem Funkloch befand, was dank des stockenden Mobilfunkausbaus in Deutschland, und insbesondere dem in der Uckermark, ziemlich häufig vorkam. Sie musste sich also an einem Ort ohne Empfang befinden. Hier auf dem Schiff.

Aber auch in Gefahr?

Sie hatte doch Mike bei sich.

Und hätte ihn bei Gefahr doch als Back-up bereits geholt.

Wenn sie denn Empfang gehabt hätte.

Den sie offensichtlich nicht besaß.

Wo steckte sie nur?

Achim versuchte zu kombinieren: Sie hatte Briefpapier gekauft. Was hatte sie damit gemacht? Und bevor sie zum Bord-Shop gegangen war, hatte sie in ihr Ringbuch geschrieben. Stand dort vielleicht ein Hinweis auf ihr Vorhaben?

Achim blickte zur Schublade. Ging hin. Zog sie auf. Hielt inne. Den Block zu öffnen und darin zu lesen, wäre ein schlimmer Vertrauensbruch. Aber wäre es nicht auch falsch, nicht jede sich bietende Chance zu ergreifen, um herauszufinden, wo seine Puffeline war, für den Fall, dass sie sich wirklich in Gefahr befand?

Manchmal gab es im Leben kein richtig. Nur die Wahl zwischen falsch und weniger falsch. Doch was war weniger falsch? Für eine Entscheidung fehlten ihm ausreichend Fakten als Grundlage. Er wusste nun mal nicht, ob das Ringbuch überhaupt weiterhelfen würde. Auch nicht, ob Angela in Gefahr war oder nur fröhlich ermittelnd in einem Funkloch saß. In beiden Fällen würde er den Vertrauensbruch völlig umsonst begehen. Und selbst wenn Angela ihm den gewiss verzeihen würde, könnte er ihn sich selbst gegenüber niemals verzeihen. Achim atmete tief durch, schloss die Lade wieder und beschloss, das Rätsel um den Aufenthaltsort seiner Frau auch ohne jeglichen Anhaltspunkt zu lösen.

38

Angela war von Haus aus Physikerin. Dennoch wusste sie nicht, wie lange Menschen bei solchen Temperaturen überleben konnten. Eins war ihr jedoch klar: Ewig lange würde es nicht sein. Sie saß an die Truhe gelehnt und blickte zu Sellering und Reiter, die an der Wand gegenüber auf dem Boden kauerten und sich gegenseitig unter Mikes schwarzem Mantel wärmten. So nahe war Reiter seiner Angebeteten gewiss noch nie zuvor gewesen, und garantiert hätte er unter anderen Umständen gerade die glücklichsten Augenblicke seines Lebens erlebt. Zumal Sellering ihn leise verzückt fragte: «Du wärst für mich ins Gefängnis gegangen?»

«Ja.»

Sie lächelte ihn an. Verliebt? Das war nicht ganz auszumachen, da jedes Lächeln in dieser Kälte verzerrt war. Doch sie schmiegte sich noch mehr an Reiter. Es sah aus, als ob dies der Beginn einer großen Liebe sein könnte. Falls denn jemand rechtzeitig kam, um die Tür zu öffnen. Was unwahrscheinlich war. Es war noch nicht mal 23 Uhr und vor vier Uhr morgens würde kein Koch oder Kellner das Kühllager betreten, um Sachen für das Frühstücksbuffet zu holen. Angela schätzte, dass Mikes Mantel Sellering und Reiter vielleicht eine halbe Stunde bringen würde. Zuerst hatte der selbstlose Bodyguard seinen Mantel Angela angeboten, aber sie wies darauf hin, dass sie im Gegensatz zu den anderen beiden warme Kleidung trug. Da gab Mike seinen Mantel an Sellering, die wiederum Reiter aufforderte, mit ihr unter ihn zu kriechen. Nun fror Mike mehr, als er es ohne die selbstlose Tat hätte tun müssen, und versuchte, sich mit Auf-und-ab-Gehen bei gleichzeitigem Kreisen der Arme warm zu halten. Vergeblich.

Die Situation schien hoffnungslos, dennoch war Angela nicht verzweifelt. Sie wusste, dass ihr Achim sie retten würde. Und das, obwohl er nicht wissen konnte, wo sie sich befand.

Angela gab diese Hoffnung nicht auf, als Mike sich erschöpft zu ihr setzte und sie ihm ihre regenbogenfarbene Strickmütze überzog. Und auch nicht, als Sellering in Reiters Armen die Augen schloss und nur noch flach atmete. Und auch nicht, als Mike sich an sie drückte und leise in der Eiseskälte keuchte: «Ich hätte Marie den Antrag machen sollen. Nicht darauf warten, dass Sie mit ihr sprechen. Ihr die Ängste selbst nehmen. Wie ein Ehemann es tun muss!»

Angela verlor selbst dann die Hoffnung nicht, als ihr langsam die vereisenden Lider zufielen. Sie wusste, Achim würde kommen und sie retten. Bis zu ihrem letzten Atemzug würde sie an ihn glauben.

Zu Recht.

Als sie ihren großen Zeh kaum mehr spüren konnte, ging die Tür auf, und sie hörte Achim rufen: «Puffeline, bist du hier drin?»

39

Als Angela sich im Kabinenbett mit dem dritten heißen Kakao in den Händen sowie dem schnarchenden Mops auf ihren Füßen aufwärmte, fragte sie: «Wie hast du herausgefunden, wo ich bin, Puffel?»

Achim blickte unwillkürlich zur Schublade.

Hatte er etwa die Fragmente ihres *Detection-Club*-Krimis gelesen? Der Vertrauensbruch wäre kein Problem für sie, was war schon der Blick in ein Ringbuch, wenn man jemanden so sehr liebte, wie sie beide es taten. Dennoch erfasste Angela erneut die irrationale Angst, dass die Magie ihrer Hauptfiguren Agatha und Dorothy verfliegen würde, wenn jemand zu früh von ihrer Existenz erfahren würde.

«Keine Sorge, Puffeline, ich habe da nicht reingeschaut.»

Gab es einen anständigeren Ehemann?

Falls Marie den Hochzeitsantrag annahm, würde Mike ihrem Achim in Sachen Aufrichtigkeit sicher nahekommen. Leider konnte Angela sich nicht vorstellen, dass ihre verletzliche Freundin ‹Ja› sagen würde. Egal wie sehr Mike nach der Befreiung aus dem Kühllager auch daran glaubte, ihr mit seiner Liebe sämtliche Ängste zu nehmen.

«Und was hast du stattdessen gemacht, Puffel?»

«Kombiniert wie Sherlock Holmes!», antwortete Achim stolz.

«Aha», war Angela gleichermaßen erstaunt wie beeindruckt.

«Ich habe mir gedacht, dass du das Briefpapier gekauft hast, um dem Mörder eine Falle zu stellen.»

Das hatte er gut kombiniert.

«Und ich habe mir gedacht, dass diese Falle mit der Leiche von Watzek zu tun haben müsste.»

Wieder gut kombiniert.

«Der Täter kehrt immer wieder zu der Leiche zurück.»

Und gut kombiniert zum Dritten. Denn genau das hatte der Mörder in diesem Fall auch getan. Und dabei beinahe vier weitere Menschen getötet.

«Und du», erklärte Achim weiter, «hast deinen Brief in die Truhe auf Watzeks Körper gelegt.»

Das wiederum war nicht ganz so gut kombiniert.

«Und in deinem Brief stand nur ein einziges Wort.»

«Ein einziges?», fragte Angela irritiert.

«Ein einziges!»

«Welches?»

«Das schöne Wort: ‹Erwischt›!»

«Erwischt?»

«Und wenn der Mörder es gelesen hätte, wären du und Mike hervorgesprungen und hätten gerufen ...»

«... erwischt?»

«Genau!»

Achim war wohl doch kein Sherlock Holmes.

«Puffel?»

«Ja, Puffeline?»

«Es war nicht ganz so.»

«Ist das nicht egal, solange du überlebt hast?»

«Ja, das ist es», lachte sie.

«Eben!» Achim gab ihr einen Kuss auf die immer noch etwas kalte Stirn und sagte dann im sehr ernsten Tonfall: «Ich möchte nicht, dass du dich noch mal so in Gefahr bringst.»

«Wer will das schon?»

«Ich meine es ernst.»

Angela nahm einen Schluck von dem heißen, so wunderbar nach Schokolade duftenden Kakao.

«Du solltest es auch ernst nehmen.»

Angela nahm einen weiteren Schluck.

«Du hast auch andere in Gefahr gebracht: Mike. Den Autor und die Assistentin, auch wenn ich nicht weiß, was die beiden in dem Lager zu suchen hatten ...»

«Ich kann es dir erklären.»

«Darum geht es gerade nicht!», wurde Achim nun für seine Verhältnisse laut. «Ein Mörder ist an Bord. Er wollte dich töten. Es ist endlich an der Zeit, das dem Kapitän zu melden!»

Selten hatte Angela ihren Mann so aufgewühlt gesehen, und sie wollte nicht, dass er sich weiter so um sie sorgte. Sie nahm einen letzten Schluck heißen Kakao, stellte die Tasse auf dem Nachttisch ab und sagte: «Du hast recht.»

40

Auf der Brücke herrschte wenig Betrieb. Kapitän Clinton stand vor der riesigen Fensterfront und starrte aufs offene schwarze Meer, während neben ihm einer der Offiziere auf einem der enormen Ledersessel saß und gelangweilt blinkende Monitore ansah. Clinton schien Angelas Anwesenheit nicht zu bemerken. Stattdessen knetete er hinter dem Rücken mit seinen Händen und blickte grimmig drein, als ob er jeden Augenblick einen Eisberg erwartete. Oder einen Riesenkraken. Oder auch nur eine Aufforderung zur Steuernachzahlung. Dabei war die Ostsee wieder ruhig. Wind und schlechtes Wetter hatten sich verzogen. Unter anderen Umständen hätte Angela es genossen, sich schweigend dazuzustellen und sich durch die riesigen Fensterscheiben sowohl das von den Schiffslampen beleuchtete Wasser zu betrachten als auch jenes, das sich am Horizont im fast dunklen, nur vom Achtelmond ein wenig angestrahlten Himmel aufzulösen schien. Aber es ging um Mord. So trat Angela zu dem Kapitän und sagte: «Ich muss mit Ihnen reden.»

«Wie sind Sie auf die Brücke gelangt?», fragte der Mann unfreundlich.

«Es fällt jeder Wache schwer, eine Ex-Kanzlerin aufzuhalten, wenn es sich um einen Notfall handelt.»

«Ein zweiter Notfall innerhalb einer Stunde?», stöhnte Clinton auf. «Das hat mir gerade noch gefehlt.»

Es gab einen weiteren an Bord? Egal. Er konnte nicht so wichtig sein wie ein frei herumlaufender Mörder.

«Florian Watzeks Tod», sagte Angela, «war kein Unfall. Er wurde ermordet.»

«Ich weiß.»

Der Kapitän wusste es?

Woher?

Auch dies war erst mal zweitrangig.

«Sie müssen die Polizei rufen, um den Mörder zu erwischen.»

«Nein, das muss ich nicht.»

«Jetzt kommen Sie mir nicht damit, dass Kommissar Hannemann ihn finden kann ...»

«Hannemann hat ihn schon gefunden.»

«Hannemann ... hat ... was?»

«Kommissar Hannemann hat den Mörder.»

Angela konnte es nicht fassen. Hannemann hatte einen Mörder geschnappt? Das war wie eine Nachricht aus einem Paralleluniversum, von denen es laut String-Theorie unendlich viele geben sollte. Genauso gut hätte der Kapitän sagen können: ‹Xi Jinping macht sich für die Rechte der Uiguren stark.› Oder: ‹Wladimir Putin findet, alle Menschen sollten glücklich und in Frieden miteinander leben.› Oder: ‹Ajatollah Khamenei ist ein begeisterter Cancan-Tänzer.›

«Wollen Sie gar nicht wissen», fragte der Kapitän, «wer der Mörder ist?»

Angela kam gar nicht darüber weg, dass Hannemann den Fall gelöst haben sollte.

«Frau Merkel?»

«Ja?»

«Ich habe gefragt, ob Sie nicht wissen wollen, wer der Mörder ist.»

«Doch, doch, selbstverständlich.»

«Es war Jochen Fuchs.»

«Fuchs?» Angela konnte es nicht glauben. Der Autor der Inselkrimis hatte doch keinerlei Grund, Watzek zu töten. Jemanden umzubringen, um selbst die Nummer eins unter den Krimi-Autoren zu werden, kam für Fuchs nicht infrage. Das hatte Sven Ding sehr deutlich gemacht. Fuchs machte sich nichts aus solchen Top-Rankings. Zudem war die Begegnung mit Sven Ding auch dessen Alibi, nicht bei der Seenotrettungsübung gewesen zu sein. Jedenfalls hatte Fuchs gesagt, dass er mit seinem Bekannten aus alten Tagen in Westberlin zur Zeit der Übung gesprochen hatte. Überprüft hatte Angela dieses Alibi jedoch nie. Mist, das hätte sie tun sollen.

«Fuchs hat die Tat auch gestanden.»

Angela wusste gar nicht, was sie sagen sollte. Wie hatte sie nur so falschliegen können? Und sich ausgerechnet von Hannemann bei der Ermittlung schlagen lassen?

«Und jetzt verlassen Sie bitte meine Brücke.» Clinton starrte wieder aufs Meer.

Angela blieb stehen, viel zu verwirrt, um zu gehen.

«Haben Sie nicht gehört?»

«Doch.»

«Aber?», drehte sich der Kapitän wieder zu ihr. Er schien langsam zornig zu werden.

«Ich …»

«Sie?»

«Ich würde gerne mit Herrn Fuchs reden.»

«Das geht nicht.»

«Warum nicht?»

«Weil er tot ist.»

41

Ich dachte, ich hätte Urlaub», stänkerte Radszinski, die blaue Gummihandschuhe und einen viel zu engen weißen Kittel trug – gewiss hatte sie sich den für ihre Leichenuntersuchung von der deutlich kleineren Arzthelferin und Hobbyautorin ausleihen müssen. Die Pathologin klang mehr denn je, als hätte man ihre Stimmbänder mit Stahlwolle bearbeitet. Vermutlich, weil sie schon einige Whiskeys oder andere härtere Getränke intus hatte, wie man aus ihrer Fahne schließen konnte. Sie rauchte einen Zigarillo und aschte neben Fuchs, der mit seinem Oberkörper auf der Tischplatte lag. Offensichtlich war er im Sitzen verstorben. Neben ihm lag ein Abschiedsbrief, in dem der Autor der Inselkrimis den Mord gestanden und zudem verkündet hatte, dass er mit seinem gepeinigten Gewissen nicht mehr länger leben wollte. Dieser Brief hatte Hannemann gereicht, den Fall für abgeschlossen zu erklären und sich in die Skybar zu verabschieden, wo er brühwarm seinen neuen Fans von den Ereignissen und da insbesondere von seinen herausragenden Leistungen berichten wollte.

In Jochen Fuchs' letzten Zeilen stand außerdem, dass ihn sein Ehrgeiz, die Nummer eins zu werden, zu dem Mord an Watzek getrieben habe. Der Brief war auf einer Reiseschreibmaschine getippt worden – der Alt-68er Fuchs hatte anscheinend nie auf einen Computer umgesattelt. Nur die Unterschrift war offenbar mit einem edlen Kugelschreiber, der neben dem Tisch auf dem Boden lag, gekritzelt worden.

«Der Kerl», erklärte Radszinski, «hat eine Sauklaue.» Sie legte den brennenden Zigarillo neben die Leiche und öffnete für Angela eine Schreibkladde, die Fuchs für Notizen benutzt hatte. In der Tat hätte sich bei der Handschrift selbst ein Geheimdienst-Kryptologe die Zähne ausgebissen. Man konnte gerade noch so den Titel für einen neuen Roman mit dem Titel *Inselpest* entziffern. Er hätte aber auch *Inselpost* heißen können.

«Es geht darin», knatterte Radszinski, «um eine Öko-Katastrophe. Windkrafträder verursachen Hochfrequenz-Geräusche, die Vögel töten und Menschen den Verstand kosten, sodass sie morden.»

«Das können Sie lesen?»

«Vor meinem Studium habe ich als Krankenschwester gearbeitet. Ärzte haben die Handschrift von Grundschuljungens, die man vorher dreimal im Kreis gedreht hat.»

«Wie hat Fuchs sich umgebracht?»

«Mit einem ganz traditionellen Gift.»

«Und welchem?»

«Er hat sich Cyanwasserstoff ins Bier gekippt», deutete Radszinski auf eine Flasche *Flensburger*.

Hätte Angela als junge Frau geahnt, dass sie in der Rente auf vergiftete Leichen treffen würde, hätte sie im Studium zusätzlich zu Physik das Nebenfach Chemie belegt.

«Schnuppern Sie mal», hielt Radszinski ihr die Flasche vor die Nase.

«Riecht etwas bitter», fand Angela.

«Cyanwasserstoff riecht nach Bittermandeln. Es reicht eine kleine Menge. Wirkt sofort. Es gibt üblere Methoden, den Abgang zu machen.»

Angela betrachtete sich erneut den Verstorbenen. Er hatte also Watzek getötet, um selbst den Bestseller-Thron zu besteigen. Das Motiv fiel ihr immer noch schwer zu glauben. Sollten Autoren wirklich noch ehrgeiziger als Politiker sein?

«So», verkündete Radszinski, «jetzt muss ich ihn auf Eis legen lassen. Morgen früh wird er gemeinsam mit Watzek von dem Versorgungsschiff abgeholt und in die Pathologie Kopenhagen gebracht. Sollen die Kollegen sich mit der Obduktion rumschlagen.»

«Glauben Sie, dass man da auch etwas anderes als Todesursache feststellen könnte?»

«Bei dem Geköpften würde mich das erstaunen», grinste Radszinski.

«Und bei ihm?», schöpfte Angela Hoffnung, dass Fuchs vielleicht doch nicht Selbstmord begangen hatte, Hannemann damit nicht den Fall geklärt hätte und sie als Detektivin noch zu einem Erfolgserlebnis gelangen könnte.

«Da würde ich auch staunen», nahm Radszinski ihr jedoch sofort die Hoffnung. «Die Säure …»

«Säure?»

«Nichts anderes ist Cyanwasserstoff.»

«Ach so.»

«Die Säure hat ihn definitiv getötet.»

«Lassen Sie auch die Flasche auf Fingerabdrücke untersuchen?», gab Angela die Hoffnung nicht auf.

«Sie glauben, jemand anderes hat sich daran zu schaffen gemacht?»

«Es könnte immerhin sein», sagte Angela.

«Sie sind mit Ihrer Mordobsession echt gaga», sagte Radszinski und nahm wieder ihren Zigarillo, dessen Asche schon einige Flecken im Teppichboden hinterlassen hatte, in die Hand.

«Das habe ich heute schon mal gehört.»

«Auch ballaballa?», zog Radszinski an ihrem Zigarillo.

«Das auch.»

«Ramalamadingdong?»

«Erstaunlicherweise ebenfalls.»

«Okay», sagte Radszinski. «Aber wissen Sie was?»

«Was?»

«Nur weil Sie gaga sind, heißt es noch lange nicht, dass Sie nicht recht haben können.»

Angela war von dieser Wendung erstaunt.

«Aber für Fingerabdrücke ist die Polizei zuständig.»

«Jetzt sagen Sie bitte nicht», konnte sich Angela ein Aufstöhnen nicht verkneifen, «dass Sie Hannemann holen wollen?»

«Popel ist Beamter mit Leib und Seele, er hat kein Interesse, sein Leben mit unnötiger Arbeit zu belasten.»

«Hannemanns Spitzname ist Popel?»

«Ich nenne ihn so. Er popelt heimlich immer in der Nase und …»

«Ich will das nicht wissen!»

«Das will keiner.»

«Können Sie nicht dennoch nach Fingerabdrücken schauen?»

«Klar kann ich das», antwortete Radszinski, drückte den Zigarillo neben der Leiche auf der Tischplatte aus und nahm einen Kugelschreiber aus der Hosentasche, an dessen oberem Ende ein kleines rotes Lämpchen integriert war. Sie knipste es an und beleuchtete die Bierflasche.

«Infrarotlicht?», fragte Angela.

«Ja», antwortete Radszinski und konzentrierte sich auf die Abdrücke, von denen es auf der Flasche so einige gab.

«Sind das nur die von Fuchs?»

«Sie sehen alle gleich aus. Also werden es seine sein. Er trägt ja keine Handschuhe», sie deutete auf Fuchs' Hand, die zuvor die Flasche umgriffen hatte.

«Und auf seinem Kugelschreiber?», Angela zeigte auf jenen, der am Boden neben dem Tisch lag und mit dem vermutlich die Unterschrift auf den Abschiedsbrief gekritzelt wurde. Radszinski hob ihn mit ihrer blau behandschuhten Hand auf, beleuchtete ihn ebenfalls von allen Seiten und stellte dann fest: «Da sind auch keine fremden Fingerabdrücke drauf.»

Angela konnte ihre Enttäuschung kaum verbergen. Doch da ergänzte die Pathologin: «Da sind gar keine drauf.»

«Gar keine?»

«Das wollte ich mit ‹gar keine› ausdrücken.»

In Angelas Hirn ratterte es: «Das bedeutet, Fuchs hat den Brief nicht mit diesem Kugelschreiber unterschrieben.»

«Hier liegt auch kein anderes Schreibwerkzeug herum», stieg Radszinski in den Gedankengang mit ein.

«Das wiederum bedeutet», ratterte es bei Angela weiter, «eine andere Person hat den Kugelschreiber benutzt. Und dabei entweder Handschuhe getragen …»

«… oder die Abdrücke abgewischt.»

«Und das bedeutet schlussendlich …», sagte Angela.

«… Popel hat den Fall zu schnell abgeschlossen …»

«… denn jemand versucht, Fuchs den Mord an Watzek in die Schuhe zu schieben!»

42

Auch am nächsten Morgen fröstelte Mike noch. Nicht vor Kälte, sondern wegen der Tatsache, dass er beinahe erfroren wäre. Dabei war es nicht so, dass er nicht schon zweimal knapp dem Tod entronnen war. Einmal bei einem Taliban-Anschlag am Hindukusch. Und das andere Mal in Mali nach dem Verzehr eines Fischgerichtes bei 41 Grad Außentemperatur. Beide Male war er jedoch ein junger Mann gewesen, der an seine Zukunft keine Gedanken verschwendete. Diesmal war ihm jedoch bewusst gewesen, was er zu verlieren gehabt hätte: ein Leben mit Marie. Mindestens 30, 40, vielleicht 50 oder gar 100 gemeinsame Jahre, falls die Medizin all die Fortschritte machte, von denen er gelegentlich in Science-Fiction-Romanen las und in Podcasts über Tech-Gurus hörte.

Mikes Blick fiel auf seinen Koffer, der durch das Kabinen-Bullauge von der Sonne beschienen wurde. In ihm war die Schachtel mit jenem Ring, den er für den Antrag gekauft hatte. Worauf sollte er noch warten? Seine Zeit auf Erden könnte, so hatte er es in der Nacht zum dritten Mal im Verlauf seines Lebens erlebt, jederzeit enden. Seit er im Dienst von Angela Merkel stand, war die Wahrscheinlichkeit dafür noch größer geworden. Wenn sie sich selbst und damit auch ihn weiterhin bei irgendwelchen Mordermittlungen in Gefahr bringen würde, könnte es zu einer Situation kommen, in der kein Herr Sauer sie mehr retten würde. Dann würde Marie niemals erfahren, wie sehr er sich ein gemeinsames Leben mit ihr wünschte.

Mike stieg aus dem Bett, zog sich einen Bademantel über den Pyjama und schlüpfte mit den immer noch kalten Füßen in die weißen Pantoffeln mit dem blauen *Elegant-Princess*-Aufdruck – anscheinend hatten die Manager der Kreuzfahrtlinie bei deren Bestellung nicht daran gedacht, wie sich echte Männer mit diesen Schlappen fühlen würden. Er sah in Richtung Bad: Marie duschte gerade, während der kleine Adrian in seinem Beistellbettchen mit einem *Jim-Knopf*-Schnuller neben seinem Köpfchen schlummerte.

Mike ging zu seinem Koffer, holte die kleine Schachtel heraus und öffnete sie. Der Ring war aus Gold und mit einem kleinen Brillanten besetzt. So viel Geld hatte er noch nie ausgegeben, außer für seinen klapprigen Opel-Corsa-Gebrauchtwagen.

Er wollte nicht mehr warten.

Mike klappte die Schachtel zu und steckte sie in die Bademanteltasche. Da hörte er, wie Marie das Wasser in der Dusche abstellte. Klar, sie hatte Angst. Er verstand auch, warum. Aber er würde sie ihr mit der Kraft seiner Liebe nehmen!

Er ging zu seinem Anzug, holte die Liste aus der Innentasche heraus, auf der alle 134 Eigenschaften standen, die er an Marie liebenswert fand, und entfaltete sie. Dabei fielen ihm Frau Merkels Worte ein, dass man bei solchen Listen anfangs noch gerne zuhörte, jedoch schnell den Faden verlor. Könnte er jetzt, auf den letzten Drücker noch etwas streichen? Zum Beispiel den letzten Punkt, wie sehr er es liebte, dass Marie nie bei einer roten Ampel über die Straße ging, selbst wenn keine Autos in der Nähe waren, nur weil ein kleines Kind dies zufällig beobachten könnte? Er nahm sich vor, darauf zu verzichten. Aber es waren immer noch 133 weitere da. Er starrte auf die Liste, überlegte und überlegte, bis er das Blatt wieder zusammenfaltete und auf den Nachttisch legte. Es gab nur einen einzigen wichtigen Punkt: Er liebte Marie!

In diesem Moment trat sie aus dem Bad. Sie hatte ein Handtuch um den Körper gewickelt und ein weiteres um die Haare.

«Ich habe dir etwas zu sagen.»

«Und was?»

«Das hier», sagte Mike und ging vor ihr auf die Knie. Er war selbst überrascht, wie fest seine Stimme dabei klang. Immer wenn er sich in seinen Gedanken den Moment des Antrages ausgemalt hatte, war sie brüchig gewesen. Allerdings war er auch davon ausgegangen, dass er ihn bei einem romantischen Schiffs-Dinner machen und auch noch einen Streicher hinzubitten würde, der seinen Lieblingssong *I will always love you* aus dem Film *Bodyguard* fiedelte. Jetzt in der Kabine würde so ein Streicher hingegen mehr als befremdlich wirken. Selbst mochte er das Lied für Marie nicht singen, bei seinen mangelnden Gesangskünsten würde das seinen Absichten entgegenwirken.

Marie begann zu zittern.

Er holte die Schachtel hervor und öffnete sie. Er fragte nicht: ‹Willst du meine Frau werden?› Er zählte nicht die 133 verbliebenen Gründe auf, warum er sie so liebenswert fand. Auch nicht den gestrichenen Punkt Nummer 134 mit der roten Ampel. Er sagte einfach nur: «Ich liebe dich.»

Sie zitterte noch mehr.

Sie hatte Angst.

So eine fürchterliche Angst.

Aber Mike wusste, dass er sie ihr nehmen könnte.

Er sagte: «Ich werde dich nie verlassen.»

Marie betrachtete sich ihn.

Er schaute in ihre Augen. Mit festem Blick.

Sie sah von ihm weg, eilte ins Bad …

«Marie …»

… und stammelte dabei: «Ich creme mir selbst den Rücken ein.»

In keiner Vorstellung, die Mike sich je von dem Antrag gemacht hatte, war dieser Satz vorgekommen.

«Marie!»

Sie schloss die Tür.

Mike wollte ihr folgen. Doch Adrian begann zu quaken. Er sah zu dem Kleinen. Atmete durch. Ging zu dem Bettchen, nahm den *Jim-Knopf*-Schnuller und steckte ihm den Jungen in den Mund, sodass er wieder ruhig einschlafen konnte. Er blickte zu der geschlossenen Badezimmertür und sagte anschließend traurig zu dem schlafenden Kind: «Ich kann deiner Mama die verdammte Angst wohl doch nicht nehmen.»

43

Angela, Achim und Mops Pupsi machten auf Deck ihre Morgenrunde. Diesmal gab es keinerlei schiefe Blicke, weil Angela ein Kackertütchen dabeihatte. Es wurde nicht einmal, wie Angela wegen Hannemanns gestrigem Vortrag befürchtet hatte, über sie gekichert, denn auf dem ganzen Schiff herrschte helle Aufregung. Alle Passagiere schnatterten durcheinander: «Watzek ist getötet worden!», «Von Fuchs!», «Der hat sich umgebracht!», «Das ist die geilste Kreuzfahrt ever!».

An Bord wussten bisher nur Angela, Radszinski und Achim, dass Jochen ‹Jockel› Fuchs sich nicht selbst gerichtet hatte, sondern ermordet worden war.

«Puffeline, du musst es dem Kapitän sagen.»

«Und wenn er an dem Mord beteiligt war?»

«Mit Lisa Adler gemeinsam?»

«Das ist nicht auszuschließen. Würden wir es ihm melden und er wäre an dem Mord beteiligt, wären wir in höchster Gefahr. Denn dann wüssten die beiden, dass wir ihnen auf den Fersen sind.»

«Können wir keine Polizei vom Festland holen?»

«Das Schiff schippert noch bis morgen früh auf hoher See. Die Polizei könnte also höchstens mit einem Hubschrauber kommen und einen Ermittler abseilen. Das aber würde den Mörder, die Mörderin oder die Mörder, falls Lisa Adler und ihr Kapitän es gemeinsam waren, nur alarmieren. Und wer weiß, wozu er, sie oder die beiden dann fähig wären.»

«Zu allem, wie es scheint. Du wärst beinahe getötet worden», seufzte Achim, während die beiden mit ihrem Mops an drei Watzis vorbeikamen, die für ihre Freunde auf dem Festland Selfies auf dem, wie sie es nannten, ‹Mordsschiff› knipsten.

«Aber so», redete Angela etwas leiser weiter, damit die Watzis sie nicht hören konnten, «kann der oder die Mörder glauben, dass auch ich Fuchs' falsches Geständnis geschluckt habe und deswegen keine Bedrohung mehr für ihn bin. Außerdem wäre es schwer, überhaupt einen Polizisten zu überzeugen, zu ermitteln, geschweige denn an Bord zu kommen.»

«Wieso das?»

«Die Indizienlage ist zu schwach. Mehr als einen Kugelschreiber ohne Fingerabdrücke haben wir nicht. Dagegen steht ein vermeintlich von Fuchs verfasstes Geständnis. Radszinski und ich haben uns die Unterschrift noch mal genauer angesehen und mit anderen von Fuchs verglichen, die in von ihm signierten Büchern standen. Wer auch immer sie gefälscht hat, hat es perfekt gemacht. Und das, obwohl es bei seiner fürchterlichen Handschrift eigentlich so gut wie unmöglich sein müsste, die Unterschrift zu imitieren.»

«Also können nur wir beide dem Mörder das Handwerk legen?», fragte Achim zweifelnd.

«Puffel und Puffeline», lächelte Angela.

«Sherlock und Sherlockine gefiele mir besser», seufzte Achim.

Angela mochte ihm nicht sagen, dass er bei Weitem kein Sherlock war, und lächelte stattdessen lieb. Bis sie mitbekam, wie eine Watzi sich per Handy der *Bild*-Zeitung als Lesereporterin anbot. Die Frau hatte sogar Fotos davon gemacht, wie die Leichen von Watzek und Fuchs im Morgengrauen von dem Versorgungsschiff abtransportiert wurden. Wenn die *Elegant Princess* in etwa 24 Stunden wieder in Kiel einlief, würde es also am Hafenkai von Presse nur so wimmeln. Für Angela war das eine fürchterliche Vorstellung. Sie drehte sich wieder zu Achim und sagte: «Sellering und Reiter können wir jedenfalls mit ziemlicher Sicherheit als Täter ausschließen.»

«Es sei denn», wandte Achim ein, «einer von den beiden hat dafür gesorgt, dass die Tür zum Kühllager ins Schloss fiel, um sich ein Alibi zu verschaffen. Oder vielleicht waren sie es sogar beide zusammen?»

«Du meinst, sie sind schon länger ein Liebespaar?», Angela hatte auch schon mal gedacht, sie könnten unter einer Decke stecken. Am Morgen nach Watzeks Ermordung, als sie Reiter zur Krankenstation hatte gehen sehen.

«Kann doch sein.»

«Aber sie standen doch mit Mike und mir an der Truhe. Wie sollen sie es dann hinbekommen haben, die Tür zu schließen?»

«Keine Ahnung», musste Achim eingestehen.

«Selbst wenn sie es irgendwie geschafft hätten, wie hätten sie ahnen können, dass sie von dir gerettet werden?»

«Auch da habe ich keine Ahnung.»

«Dann stellen wir diese Theorie mal hintenan», lächelte Angela mild.

«Guter Gedanke, Puffeline.»

«Also, wer bleibt noch?»

«Zum Beispiel Kapitän Clinton und Lisa Adler, wie du eben schon gesagt hast.»

«Ja, denen habe ich noch gar nicht so recht auf den Zahn gefühlt.»

Achim und Angela blieben mit dem Mops am menschenleeren Pool stehen. Dort hatte Fuchs gestern noch seine Bahnen gezogen, dachte Angela. Pupsi legte sich auf ein von der Sonne beschienenes Fleckchen und schloss die Augen. Er hielt offenbar die Zeit für ein erstes von mehreren Vormittagsnickerchen für gekommen. Angela sah zum Beckenrand und erinnerte sich an das Gespräch, das sie dort mit Fuchs geführt hatte. Und an sein Alibi: Er hatte sich mit Sven Ding während der Seenotrettungsübung getroffen. Sie hatte dieses Alibi nie überprüft. Und damit auch nicht, ob der Autor der Provencekrimis eines für Watzeks Ermordung besaß.

«Sven Ding gehört auch auf die Liste der Verdächtigen», sagte Angela.

«Und deine Freundin Gwendolin Gold.»

«Gold?», fragte Angela. «Wir haben sie doch bei der Übung gesehen.»

«Aber sie hat Watzek als Einzige mit dem Tod bedroht.»

«Auf Twitter.»

«Morddrohung ist Morddrohung. Auch im Netz.»

«Wenn dem so wäre, wäre so gut wie jeder Politiker und Journalist schon längst tot», antwortete Angela, ohne damit diese Art von Drohungen kleinreden zu wollen. Wer so etwas schrieb, in dessen Herzen wohnte Niedertracht. Also auch in dem von Gold?

«Nur weil du diese Frau sympathisch findest, hakst du bei ihr nicht nach. Den Fehler hast du schon mal gemacht.» Bisher hatte er ihr nicht vorgehalten, dass sie bei dem Mord auf dem Friedhof heimlich für einen charmanten, aber zwielichtigen Mann geschwärmt hatte. Er wollte es, das wusste sie, auch mit dieser Aussage nicht tun, sondern sie lediglich auf ihre Sympathieschwäche bei Ermittlungen hinweisen. Sie nahm den Hinweis ernst. Aus Fehlern galt es nun mal stets zu lernen. Sie blickte auf die Uhr, sagte: «Ich muss los», und drückte Achim das Kackertütchen in die Hand.

«Wo willst du denn hin?»

«Gwendolin Gold hält gleich ihren zweiten Vortrag. Er handelt von der Psychologie des Mörders in Kriminalromanen.»

«Du willst erst mal in ihre Richtung ermitteln?», staunte Achim.

«Ich höre eben auf dich. Ist das so verblüffend?»

«Eigentlich schon.»

«Außerdem kann ich bei dem Vortrag vielleicht noch etwas über Mörder im Allgemeinen lernen, was wir für die Ermittlung gebrauchen können.»

Dass sie auch hoffte, für ihren neuen Roman zu lernen, wie sie einen Mörder, der sich als die Mumie des Hohepriesters Imhotep verkleidete, charakterlich gestalten könnte, verschwieg Angela ihrem Mann jedoch.

44

Bevor ich mich in meinem Vortrag dem Mörder im klassischen Krimi zuwende, lassen Sie uns erst mal über das Opfer reden», sagte Gwendolin Gold. Sie stand, wie schon bei ihrem gestrigen Kurs über die zehn Regeln des Detection Clubs, am Tageslichtprojektor. Neben Angela hörten ihr in dem nach Bauschutt riechenden und nicht mal halb fertig renovierten Theatersaal diesmal nur zwei weitere Teilnehmer zu: der ältere Notar-Typ und die nervöse mittelalte Frau mit dem Achtsamkeits-Notizbuch. Die Watzi hingegen, die bei der Begrüßung den orangenen Cocktail getrunken und sich gestern so fleißig Notizen an ihrem Laptop gemacht hatte, war nicht anwesend. Weil sie um ihren Lieblingsautor trauerte? Oder hing sie Hannemann an den Lippen, der gewiss den ganzen Vormittag damit angab, wie er den Mordfall gelöst hatte?

«Merken Sie sich: In einem klassischen Krimi ist das Opfer immer ein schlechter Mensch. Vielleicht ist es ein raffgieriger Banker. Oder eine Ärztin, die ihre Patienten in Abhängigkeit versetzt. Oder ein übler Heiratsschwindler, der die große Liebe verspricht, aber Arsen serviert.»

Angela überprüfte in Gedanken ihre Romanidee mit Agatha Christie und Dorothy L. Sayers als Ermittlerinnen: Die Ermordeten waren allesamt Mitglieder einer Archäologie-Expedition im Jahre 1952, die das Grab des Pharao Imhotep entdeckten und die Fundstücke anschließend meistbietend an englische oder französische Museen verscherbelten, anstatt sie unentgeltlich einem ägyptischen zu überlassen. Mit Kolonialherren, die zugleich auch Grabräuber waren, hatte sie also instinktiv die richtigen Opfer für einen klassischen Krimi gewählt.

«Die Verdächtigen müssen nun mal allesamt unterschiedliche Motive besitzen, das Opfer töten zu wollen. Wäre es ein guter Mensch, würde es keine oder zumindest nicht so viele mögliche Gründe für einen Mord an ihm bieten.»

Florian Watzek war kein herausragender Mensch gewesen. Lisa Adler und ihren Kapitän hatte er mit der US-Fernsehserie nach Reiters Nazi-Romanen in finanzielle Schwierigkeiten gebracht, Sophie Sellering vor den Augen anderer bloßgestellt, und auch Detlev Reiter hatte irgendeine schlechte Erfahrung mit seinem Freund durchlebt, so hatte es Sellering zumindest angedeutet. In welcher Verbindung Watzek zu dem ebenfalls ermordeten Fuchs stand, wusste Angela jedoch nicht, genauso wenig, ob er Sven Ding ebenfalls etwas angetan hatte, das den Provencekrimi-Autor dazu hätte bringen können, ihn umzubringen. Dafür besaß die Frau, die gerade den Vortrag hielt, ein Motiv: Nach dem Twitter-Streit mit Watzek hatte Gwendolin Gold sowohl ihren Verlag als auch ihre Reputation verloren.

«Aber nur weil das Opfer nicht sympathisch ist, bedeutet dies noch lange nicht, dass der Mörder oder die Mörderin ein feiner Mensch ist. Der Leser soll nun mal nicht dem Täter die Daumen drücken, sondern gemeinsam mit dem Detektiv rätseln.»

Wer war noch so unsympathisch wie Watzek und kam daher als Täter infrage? Weder Sellering, Reiter, Ding, Fuchs wirkten wie Soziopathen und schon gar nicht Lisa Adler oder Gwendolin Gold. Am grimmigsten verhielt sich Kapitän Clinton.

«Das heißt aber nicht, dass der Täter nicht auf den ersten Blick liebenswert wirken darf. Oft handelt es sich bei ihm sogar um jene Person, die der Detektiv oder der Kommissar am meisten schätzt und von der

der Leser den Mord am wenigsten erwartet.» Gold lächelte in die Runde.

Angela nahm sich vor, ihr noch genauer zuzuhören, war sie doch genau die Person unter allen Verdächtigen, die sie bisher am meisten schätzte.

«Der Mörder ist im Inneren eiskalt.»

Und hätte, dachte Angela, sie beinahe im Kühllager im wahrsten Sinne des Wortes eiskalt umgebracht.

«Er plant seine Morde perfekt und kalkuliert. Er zieht daraus einen enormen Stolz. Aber genau diesen dämonischen Stolz, sich für intelligenter zu halten als alle anderen, verbirgt er hinter einer perfekten Maske.»

Kaum ein Politiker konnte verbergen, dass er sich für den intelligentesten Menschen auf der Welt hielt. Weder wahre Dämonen wie Assad und Putin, die sich nicht mal die Mühe machten, ihre Arroganz hinter einer Maske zu verstecken, noch Männer wie Macron und Scholz, denen man ihr Überlegenheitsgefühl selbst dann noch ansah, wenn sie sich leutselig gaben. Für Angela gab es nur eine Politikerin, der man nicht auf Anhieb anmerkte, dass sie sich stets für die Klügste im Raum hielt, sei es im Kabinettssaal, im Sitzungsraum des EU-Rates oder im Festsaal eines G7-Gipfels: sie selbst.

«Je intelligenter der Dämon ist, desto verzwickter sind seine Pläne. Und desto besser ist es für die Geschichte.»

Angela dachte wieder an ihren Roman: Der Mörder, der sich in ihrer Geschichte als Mumie verkleidete, durfte also kein ägyptischer Archäologe sein, der die Grabschätze für die Bevölkerung seines Heimatlandes in ein Museum in Kairo bringen wollte. Das Motiv wäre zu ehrenwert. Eher schon war es ein ausgefuchster englischer Forscher, der aus Raffgier tötete und mit dem Aberglauben der Menschen spielte, indem er sich als rächender Hohepriester ausgab.

«Sagt Ihnen der Name Carl Jung etwas?», fragte Gold mit einem Male.

Angela und der ältere Herr nickten, die Frau mit dem Achtsamkeits-Notizbuch traute sich nicht, den Kopf zu schütteln, aber Gwendolin Gold registrierte ihre Unkenntnis und erklärte: «Er hat als Psychologe die sogenannten Archetypen definiert: das Ich-Bewusstsein, das Selbst, die Anima und den Schatten. Und Letzterer interessiert uns, wenn es um den Mörder geht.»

«Inwiefern?», fragte Angela.

«Der Schatten ist all das Dunkle, das man ins Unterbewusstsein verdrängt. In einer Geschichte wird dieser Schatten zu einem Menschen.»

«Ich verstehe immer nur Schatten», sagte die Frau mit dem Achtsamkeits-Notizbuch nervös.

«Mörder und Ermittler sind zwei Seiten derselben Medaille. Beide sind hochintelligent. Beide wollen der Welt demonstrieren, wie klug sie sind. Der eine ist ein Dämon, der andere ein Engel.»

Angela kam ins Grübeln: Wollte sie der Welt mit ihrer Detektivarbeit nur beweisen, wie intelligent sie war? Intelligenter als jeder Mörder? Der Gedanke war ihr unangenehm.

«Bedenken Sie», legte Gold nach, «Luzifer war ein gefallener Engel.»

«Ich dachte», sagte die Frau mit dem Notizbuch, «Helden wären sympathisch.»

«Ist Hercule Poirot sympathisch?», erwiderte Gold. «Ein Belgier mit eitlem Schnauzbart, der jeden rund um sich verdächtigt und in die Mangel nimmt, sich aber nie entschuldigt, wenn er danebenliegt? Oder ist es Sherlock Holmes, ein arroganter Drogenabhängiger?»

«Was ist mit Miss Marple?», fragte der betagte Herr.

«Halten Sie eine alte Schachtel, die ungefragt ihre Nase überall hineinsteckt, für sympathisch? Hätten Sie so eine gerne als Nachbarin?»

«Lieber nicht», gestand der Mann ein, und Angela fragte sich für einen kurzen Moment, ob die Beschreibung von Miss Marple etwa auch auf sie zutreffen würde.

«Ich», erklärte die mittelalte Frau nervös und starrte dabei in ihr

Notizbuch, weil sie sich nicht traute, Gold anzublicken, «mag meine Detektive lieber freundlich.»

«Dann», lächelte die Autorin, «wird es Ihnen schwerfallen, ein exzellentes Gegensatzpaar von Mörder und Detektiv zu finden. Die beiden sind sich nun mal immer ähnlich.»

Angela fand sich auf der Seite der Frau wieder, die in ihr Notizbuch mehrfach den gleichen Satz kritzelte: ‹Du bist nicht deine Angst. Du bist nicht deine Angst. Du bist nicht …› Auch sie wollte, dass ihre Krimi-Heldinnen Agatha und Dorothy zu Sympathieträgern werden. Verschroben durften die beiden sein. Kabbeln sollten sie sich auch. Aber mit dem Mörder in Sachen Arroganz auf gleicher Stufe stehen? Nein, egal welche Regeln Gwendolin Gold auch aufstellte, solche Figuren wollte sie nicht erschaffen. Es reichte schon, dass ein Mumien-Mörder in ihrer Fantasie lebendig wurde. Als Gegengewicht zu ihm wollte sie sich beim Schreiben mit tollen liebenswerten Frauen umgeben!

«Der Mörder ist der komplexeste Charakter von allen …», hob die Autorin zu einer weiteren Erklärung an, doch da wurde die schwere Eichentür zum Saal aufgestoßen, und die fehlende Watzi stürmte herein. Sie hatte weder ihren in pinke Hülle gekleideten Laptop dabei noch einen orangenen Cocktail in der Hand. Dafür waren ihre Haare zerzaust und die *Barbour*-Jacke falsch zugeknöpft. Und sie schrie: «Flori ist tot!»

Angela war auf eine gewisse Art und Weise erleichtert, dass diese Watzi um ihren Helden trauerte und nicht bereits komplett zu Hannemann übergelaufen war. Vielleicht waren Krimi-Fans doch nicht ganz so flatterhaft wie das Wahlvolk.

«Wir wissen von seinem Ableben», sagte Gold freundlich zu der aufgewühlten Frau. «Kann ich etwas tun, um Sie zu trösten?»

«Du? Du? Du?»

«Ja, ich. Kann ich etwas für Sie tun?»

«Du hast ihn doch ermordet!», explodierte die Watzi.

Jetzt war Angela gespannt, wie Gold reagieren würde.

«Ich verstehe, wie Sie darauf kommen. Wegen meiner Twitter-Drohung.»

«Du hast ihn ermordet!»

«Es war Jochen Fuchs.»

«Nein, du warst es!»

«Ich kann Ihnen versichern, dass ich nicht Watzeks Mörderin bin», versuchte Gold die Frau zu beschwichtigen.

«Du lügst, du lügst, du lügst!»

«Ich kann es sogar schwören.»

«Ich glaube dir kein Wort!»

«Hätte ich Kinder, würde ich auf deren Leben schwören.»

«Du … du …», die Watzi begann zu weinen.

Angela stand auf und wollte die aufgelöste Frau auf die Krankenstation geleiten, wo man ihr ein Beruhigungsmittel verabreichen könnte, doch Gold hielt sie mit einer Handbewegung davon ab und erklärte: «Ich werde Ihnen erklären, warum ich es nicht gewesen sein kann.»

Angela hielt gespannt inne: Würde Gwendolin Gold auf ihre Anwesenheit bei der Seenotrettungsübung hinweisen? Das würde sie nur tun können, wenn sie wüsste, dass man ausschließlich während dieser Zeit in der Lage dazu gewesen war, sich unbemerkt an der Guillotine zu schaffen zu machen. Und das wiederum könnte sie nur wissen, wenn sie die Täterin wäre. Verriet sie sich jetzt womöglich?

«Ich liebe den klassischen Krimi», erklärte Gold. «Und ich würde meinen Mord nur wie in einem solchen ausführen wollen.»

Die Watzi war von diesen Worten so verwirrt, dass sie aufhörte zu weinen. Angela hingegen begann, trotz Golds freundlichem, fast schon samtenem Ton ein wenig zu frösteln: Dachten professionelle Krimi-Autoren etwa darüber nach, wie sie selbst Menschen töten würden? War dies, wie die Franzosen sagen würden, eine *Déformation professio-*

nelle? Oder war Gold die raffinierteste Täterin, mit der sie es bisher zu tun gehabt hatte?

«Ich würde bei dem Mord mit mindestens einem klassischen Rätsel spielen: einer Code-Kombination, einer unsichtbaren Schrift, einem Anagramm, Hieroglyphen, einem von innen verschlossenen Raum, einem vermeintlich übernatürlichen Ereignis, das sich als fauler Zaubertrick erweist, vielleicht sogar mit versteckten Türen oder gar mit einer Doppelgängerin.»

Angela dachte nach: All diese Dinge hatten weder bei dem Mordfall von Watzek noch bei dem von Fuchs eine Rolle gespielt. Jedenfalls soweit sie es wusste.

«Ich würde nicht nur einen oder zwei Schritte vorausdenken, sondern mit drei doppelten Böden arbeiten, durch die der Detektiv wie durch Falltüren durchkracht und am Ende, kurz vor seinem Tod, feststellen muss, dass er nie so klug sein kann wie ich: sein Schatten!» Gold strahlte bei dieser Vorstellung über das ganze Gesicht. War es die Leidenschaft für den klassischen Krimi, die ihre Augen so leuchten ließ? Oder war sie eine Soziopathin, die nur wenig verklausuliert von ihren eigenen Taten sprach? Die Watzi brachte sie jedenfalls mit ihrem Mordgerede wieder zum Weinen. Auch der Achtsamkeitsfrau standen Tränen in den Augen, und der alte Herr tupfte sich den Schweiß von der Stirn.

«Und am Ende», vollendete Gold, «würde es mir genügen, an einem schönen Strand zu sitzen, aufs Meer zu blicken und als einziger Mensch auf der ganzen Welt zu wissen, dass ich den perfekten Mord begangen habe.» Sie lächelte, als ob sie kein Wässerchen trüben konnte, und wandte sich an die Watzi: «Glauben Sie mir jetzt, dass ich Ihren Flori nicht getötet habe?»

Die Arme wusste nicht, was sie darauf antworten sollte. Schluchzte nur und schluchzte.

«Würden Sie die Dame auf die Krankenstation geleiten, damit sie etwas zum Beruhigen kriegt?», bat Gold die Achtsamkeitsfrau freundlich.

Die sprang sofort auf, eilte zur Watzi, nahm sie an die Hand und führte sie aus dem Saal, sichtlich froh, ihn selbst verlassen zu können. Und Angela fiel es schwer, für die Autorin nach diesem speziellen Vortrag so viel Sympathie zu empfinden wie zuvor.

«Wissen Sie», begab Gold sich wieder in den Vortragsmodus und deutete dabei zur Eichentür, die hinter den beiden Frauen ins Schloss fiel, «warum in einem klassischen Krimi dieser Fan nicht selbst die Mörderin von Florian Watzek hätte sein können?»

«Warum?», fragte Angela und setzte sich dabei, immer noch etwas fröstelnd, wieder auf ihren Stuhl.

«Weil der Täter immer der gleichen sozialen Klasse angehört wie das Opfer.»

«Dann müsste er», verstand Angela, «in diesem Fall ein Autor sein.»

«Wie Jochen Fuchs», lächelte Gold. «Anscheinend leben wir alle gerade in einem klassischen Krimi.»

«Macht es Ihnen denn gar nichts aus, dass Fuchs erst Watzek und anschließend sich selbst getötet hat?», fragte Angela.

«Natürlich macht es mir etwas aus», antwortete Gold empört. Fühlte sie sich tatsächlich von der Frage gekränkt oder gab sie es nur vor?

«Und was bedeutet es für Ihr Buch mit Fuchs?»

«Das Projekt ist so gut wie fertig, das haben Sie doch gestern selbst mitbekommen», die stets so freundliche Fassade der Autorin bekam durch die Fragen immer mehr Risse.

«Ja, das habe ich», gestand Angela ein.

«Den Rest schaffe ich auch allein.»

Schmerzte sie der Tod von Fuchs, wie es ihr beleidigtes Verhalten nahelegte?

Oder war sie eine dämonisch gute Mörderin?

Wie könnte man eine solche überführen?

Vielleicht könnte sie einem das selbst verraten.

«Frau Gold, ich habe eine Frage zum Schreiben.»

«Fragen Sie gerne», wurde die Autorin wieder freundlicher.

«Wie entlarvt ein Detektiv in der Regel den Mörder?»

«Nun», antwortete Gold, «der Plan des Täters ist immer so gut wie perfekt. Aber er macht stets einen kleinen Fehler. Und den begeht er aufgrund einer Charakterschwäche, die allein ihm zu eigen ist.»

«Danke für die Antwort», lächelte Angela und hörte auf zu frösteln.

45

«Puhh», fröstelte es nun Achim, nachdem Angela ihm in der Skybar bei Latte macchiato von dem Vortrag berichtet hatte. «Deren Mordfantasie ist ja so unheimlich wie der Text von *Hotel California.*»

«Unheimlicher», fand Angela.

«Aber es bleibt dabei, die Frau besitzt ein Alibi.»

«Es sei denn, sie hat sich zu einem anderen Zeitpunkt an der Guillotine zu schaffen gemacht.»

«Sie wurde doch durchgehend von Sellering bewacht», erwiderte Achim.

«Vielleicht», mutmaßte Angela, «war Gold unbemerkt von Sellering an die Guillotine herangekommen.»

«Wie das?»

«Ich habe keine Ahnung, dazu müssten wir erst mal herausfinden, wo sie vor der Aufführung überhaupt gelagert war.»

«Ich wüsste schon, wen du da fragen kannst», grinste Achim und blickte dabei zu Sophie Sellering, die gemeinsam mit Detlev Reiter die Skybar betrat. Die beiden berührten sich beim Gehen leicht mit den Fingern, wie Liebende, die noch ein wenig unsicher waren, ob sie bereits ein Paar waren. Reiter hatte Watzeks Ex-Freundin schon lange verehrt und offensichtlich endlich ihr Herz erobert, weil er bereit gewesen war, für sie ins Gefängnis zu gehen. Bei all dem Schrecken hatte diese Kreuzfahrt für die beiden also auch etwas Gutes gebracht. Hoffentlich, dachte Angela, würde sie auch für Mike und Marie freudig ausgehen und die beiden nicht wegen eines Heiratsantrags entzweien. Ob Mike den Antrag bereits gemacht hat, wie er im Kühllager, kurz bevor sie dem Tod von der Schippe gesprungen waren, angekündigt hatte?

Angela winkte den Frischverliebten zu und rief: «Frau Sellering, Herr Reiter! Setzen Sie sich doch zu uns.»

Während sie sich näherten, berührten sich ihre Hände nicht mehr, als ob sie sich ertappt fühlten.

«Ich spendiere Ihnen etwas Warmes zu trinken. Das haben wir uns nach dieser Nacht verdient!»

Da huschte ein leichtes Lächeln über ihre Gesichter. Sie setzten sich in die muffigen tiefen Sessel und bestellten sich ein Kännchen Roibusch-Tee, das sie sich teilen wollten. Als der Kellner wieder gegangen war, seufzte Reiter: «Ich verstehe den Jockel nicht. Es ist doch egal, wer die Nummer eins ist.»

Angela nickte lediglich. Sie hatte beschlossen, den beiden nicht zu verraten, dass Fuchs ebenfalls ein Mordopfer war und ihm die Schuld in die Schuhe geschoben werden sollte. Stattdessen bat sie Sellering: «Darf ich Sie etwas fragen?»

«Alles.»

«Wo war die Guillotine, bevor sie in den Speisesaal gebracht wurde?»

«Im Theater.»

Also dort, wo Gwendolin Gold ihre Vorträge hielt.

«Und Sie waren wirklich die ganze Zeit da, um sie zu bewachen, außer bei der Übung?»

«Ja, das war ich.»

«Wo waren Sie da genau?»

«Ich habe mir einen Stuhl genommen und mich vor die Bühne gesetzt, um aus dem Fenster aufs Meer zu schauen.»

«Die Guillotine war aber hinter der Plane auf der Bühne.»

«Genau.»

«Dann haben Sie sie gar nicht im Auge gehabt?»

«Nein.»

«Das heißt, jemand hätte vielleicht doch unbemerkt durch eine Hintertür zu ihr gelangen können?»

«Nein, die haben die Arbeiter alle zugemauert, weil die Bühne im Saal verlegt werden soll. Man kann den Saal derzeit nur durch die Haupttür betreten. Jeder, der zur Guillotine wollte, hätte an mir vorbeigehen müssen.»

«Es sei denn», erinnerte sich Angela an Golds Worte, dass sie einen Mord nur verbunden mit einem klassischen Rätsel begehen würde, «es gibt eine versteckte Tür.»

«Sie lesen zu viele Krimis», lachte Reiter auf.

«Hören Sie mal», war Achim wie immer pikiert, wenn jemand sich über seine Ehefrau lustig machte, «bei dem Mord an Philipp von Baugenwitz gab es in seinem Schloss sogar einen Geheimgang. Auch wenn er mit dem Fall, wie sich herausstellte, am Ende nichts zu tun hatte.»

«Wir sind hier aber auf einem Schiff und nicht in einem Schloss», erwiderte Reiter.

«Aber wir sprechen über ein Theater, vielleicht gibt es eine versteckte Falltür.»

«Und wo soll die hinführen? Darunter sind doch Kabinen.»

«In die des Mörders?», mutmaßte Achim.

«Wir können die These nicht ausschließen», sagte Angela, vor allem, weil es die einzige These war, die Gold als Täterin möglich machte.

«Wollen Sie damit sagen», fragte Sophie Sellering mit einem Male zitternd, «dass ich den Mörder hätte hören müssen? Und Flori dann noch leben könnte?»

Reiter legte den Arm um sie und sagte sanft: «Du musst dir so einen albernen Kram nicht anhören.»

«Es gibt nur eine Möglichkeit», ließ Angela sich nicht beirren, «die These hundertprozentig zu widerlegen.»

«Und welche?», wollte der skeptische Reiter wissen.

«Wir betreten die Bretter, die die Welt bedeuten.»

Reiter wollte gerade zum Widerspruch ansetzen, aber Achim, der manchmal die wunderbare Gabe besaß, angespannte Situationen aufzulösen, schlug ihm leutselig auf die Schulter und sang, schiefer als Liza Minnelli: *«Life is a cabaret, old chum …»*

Die eben noch zitternde Sellering musste erst lächeln …

«… besonders when you are married to Angela …»

… und dann sogar lachen. Und weil sie das erste Mal auf dieser Reise für einen Moment fröhlich war, musste auch Reiter lachen.

«… come to Angelas Show!»

Angela sah ihren Mann gerührt an, wie er mit seiner Hand wie ein Conférencier auf sie zeigte. Egal wie viele Fehler ihr in ihrer politischen Laufbahn unterlaufen waren, mit der Entscheidung, diesen liebenswert-schrulligen Kerl zu heiraten, hatte sie das Wichtigste im Leben richtig gemacht.

46

Die Bühne stand voller Gerümpel: eine Theaterkulisse, auf der ein Karussell aufgemalt war, eine kaputte Designerlampe aus den 50er-Jahren, ein abgewetztes Ikea-Sofa aus den 90ern und aus irgendwelchen Gründen eine kaputte Gipsbüste von Thomas Gottschalk. Außerdem standen jede Menge Farbeimer herum, die die Maler nicht entsorgt hatten. Angela, Reiter und Sellering tasteten jede Wand ab auf der Suche nach verborgenen Schaltern, Hebeln oder Knöpfen, während Achim auf dem Boden herumkroch und auf das Holz klopfte, weil er nicht von dem Gedanken, es könne eine Falltür geben, ablassen wollte. Doch egal, wie sehr sie auch tasteten und klopften, weder eine verborgene Tür noch eine Falltür kam zum Vorschein.

«Sehen Sie», schaute Reiter Angela an. «Fuchs kann nur während der Seenotrettungsübung hereingekommen sein, als Sophie nicht da war.» Er ging auf seine große Liebe zu, nahm sie in die Arme und sagte: «Du musst dir also rein gar nichts vorwerfen.»

Angela wusste nicht, wie sie sich fühlen sollte, jetzt, da Golds Alibi endgültig wasserdicht war: sich ärgern, dass sie auch mit dieser Täterthese ins Leere gelaufen war, oder sich freuen, dass die Autorin, die sie vor deren merkwürdiger Mordfantasie gestern als sehr sympathisch empfunden hatte, unschuldig war.

«Alles ist gut», drückte Reiter Sophie Sellering noch fester an sich.

Angela tat es leid, dass sie der jungen Frau zwischenzeitlich Kummer bereitet hatte, und sie wollte gerade zu einer Entschuldigung anheben, da hörte sie, wie die schwere Eichentür aufging und jemand den Saal betrat. Wer es war, konnte man durch die Bauplane, die die Bühne verhängte, nicht erkennen.

«Psst», zischte sie und verharrte mucksmäuschenstill in ihrer Position, denn die Bretter der in die Jahre gekommenen Bühne knarzten fürchterlich. Die anderen taten es ihr gleich. Sellering und Reiter verharrten in inniger Umarmung. Achim, der gerade im Begriff gewesen war, über einen Farbeimer zu steigen, musste nun auf einem Bein balancieren.

Die Schritte kamen näher. Angela fragte sich, ob es Gwendolin Gold war, schließlich hatte die Autorin hier erst vor etwa einer Stunde ihr Seminar beendet. Was würde sie wohl sagen, wenn sie mitbekam, dass sie alle hinter der Plane auf der Bühne standen?

Die Person blieb stehen. Da Angela keine Fledermaus mit eingebautem Radarsinn war, konnte sie nur schätzen, dass sie sich etwa in der Mitte des Saales befand. Achim balancierte weiter auf einem Bein, sein rechter Fuß in der Luft über dem Eimer, der, wie Angela jetzt erst registrierte, noch halb voll mit dunkelroter Farbe war.

Die Tür zum Saal ging ein weiteres Mal auf. Diesmal war das Klackern von Absätzen auf dem Parkett zu hören. Und eine Stimme: «Warum willst du mich ausgerechnet hier sprechen?»

Es war die Stimme von Lisa Adler.

«Auf der Brücke sind meine Leute. Und überall sonst können uns Passagiere belauschen.»

Sowie die Stimme von Kapitän Clinton.

«Wir hätten dafür auch in unsere Kabine gehen können.»

«Bei den dünnen Wänden können die Nachbarn jedes Wort hören oder auch die Leute, die vorbeigehen. Und du regst dich ja immer so schnell auf.»

«Ich rege mich nicht schnell auf», regte sich Lisa Adler auf.

«Darüber wollte ich jetzt nicht mit dir reden.»

«Ich rege mich nicht schnell auf!»

«Lisa ...»

«Ich bin die Herrin meiner Emotionen!»

Kapitän Clinton seufzte.

Angela wunderte sich nicht, dass die mütterlich wirkende Lisa Adler so gereizt auf ihren Ehemann reagierte, schließlich warf sie ihm vor, ihre Ersparnisse in die Verfilmung der Reiter-Romane gesteckt und damit verloren zu haben. Sie sah zu dem verliebten Paar hinüber: War der Geldverlust der von Watzek koproduzierten Serie die schlechte Erfahrung, die er mit seinem Autorenfreund gemacht hatte?

«Also, worüber willst du mit mir sprechen?»

«Die Situation gerät außer Kontrolle. Wir müssen etwas unternehmen.»

«Nichts gerät außer Kontrolle, mein Polpetto», schlug Lisa Adler nun einen liebevollen Ton an. Angela staunte: Adlers Kosename für den Kapitän war das italienische Wort für Frikadelle?

«Meine Reederei dreht schon durch, Polpetta.»

Und er nannte sie Frikadella?

Klangen ‹Puffel› und ‹Puffeline› etwa für andere Menschen auch so albern?

Angela blickte zu ihrem Mann, dessen Fuß über dem Farbeimer bedenklich zu zittern begann.

«Wir brauchen deine Reederei nicht mehr», sagte Lisa Adler freudig. Ihre Emotionen konnten erstaunlich schnell umschlagen.

«Ich bin dort angestellt!»

«Nach der Publicity wollen die ganz großen Gesellschaften unsere Krimi-Kreuzfahrten veranstalten.»

«Wie bitte?»

«Meine Agentin hat schon mehrere Angebote bekommen. Du kannst dir aussuchen, ob du in Zukunft lieber Luxusliner oder exklusive Dreimaster kommandieren willst. Und ich werde mit den Reisen mehr Geld verdienen als mit meinen Romanen», ihre Stimme überschlug sich fast vor Begeisterung. «Das hätten wir uns doch nicht träumen lassen, als wir all das geplant hatten.»

Geplant?

Sie hatten alles geplant?

Angela konnte ihr Glück kaum fassen. Waren die beiden wirklich gerade drauf und dran, unfreiwillig in Anwesenheit von Zeugen ihre Morde zu gestehen?

«Ein Dreimaster?», Clinton konnte es kaum glauben. «Ich könnte einen Dreimaster kommandieren?»

«Die *Seacloud* will mit uns in den nächsten Jahren jeweils fünf Krimi-Kreuzfahrten veranstalten. Mal mit deutschen Autoren. Mal mit amerikanischen.»

«Amerikanischen?»

«Wir sind jetzt weltberühmt. Selbst die *New York Times* hat online schon über Watzek und Fuchs geschrieben.»

«Ein Dreimaster», Kapitän Clinton war verzückt.

«Der schönste der Welt!»

Die beiden sollten aufhören, dachte Angela, sich über Segelschiffe zu unterhalten, sondern endlich ihr Geständnis ablegen. Und zwar bevor Achim, der bedenklich schwankte, das Gleichgewicht verlieren würde.

«Florians Tod war gut für uns», Adler klang nun, als ob sie von schlechtem Gewissen geplagt wurde.

Achim konnte nicht länger auf einem Bein stehen.

«Wir hätten ihn nicht …», begann die Autorin zu stammeln.

Achim ruderte mit den Armen.

Angela dachte: ‹Gesteht endlich!›

«Wir hatten keine andere Wahl …», versuchte der Kapitän seine Ehefrau zu beruhigen.

Achim verlor den Kampf, sein Fuß verschwand im Farbeimer.

‹Gesteht!›

«… wir mussten ihn …»

‹Gesteht!!!›

Wie in Zeitlupe kippte Achim mit dem Eimer um …

… und polterte zu Boden.

Angela dachte: «Verdammte Macke!»

«Was war das?», schrie Adler auf.

Die dunkelrote Farbe ergoss sich über ihn. Sellering und Reiter halfen und wurden ebenfalls mit Farbe bekleckert. Währenddessen wühlten sich Clinton und Adler durch die Plane und entdeckten das ganze Malheur.

«Was zum Teufel tun Sie hier?», rief Clinton.

«Es sieht aus wie ein Massaker», rief Lisa Adler entsetzt vom Anblick der ganzen roten Farbe.

In Angelas Hirn ratterte es fieberhaft: Sie war der Aufklärung der Morde so nahe. Für ein Geständnis waren bereits die Worte ‹Wir hatten keine andere Wahl› und ‹Wir mussten ihn› gefallen. Es fehlte nur noch das kleine Wörtchen ‹töten›. Um das auch noch zu hören, würde sie in die Offensive gehen: «Wir müssen reden!»

47

Sie saßen im Kreis auf den Klappstühlen von Gwendolin Golds Seminaren: Angela, Lisa Adler, Kapitän Clinton, Achim, Reiter und Mike, den Angela aus Sicherheitsgründen dazugerufen hatte. Sophie Sellering hatte sich verabschiedet. Sie wollte sich in ihrer Kabine die Farbe abwaschen, denn sie, Reiter und ganz besonders Achim sahen aus, als wären sie Opfer des Killers Ghostface aus dem Horrorfilm *Scream 6*, den Angela mit Marie am Abend vor der Abreise hatte anschauen müssen. Die junge Mutter hatte sich nach vielen Folgen *Feuerwehrmann Sam*, die sie mit ihrem Sohn angesehen hatte, nach etwas völlig anderem gesehnt. Schon nach wenigen Minuten des Horrorstreifens wäre Angela liebend gerne wieder zu Feuerwehrmann Sam und dem alljährlichen Dreibeinlauf im gemütlichen Pontypandy zurückgekehrt.

Sellering war auch gegangen, um eine letzte gute Tat für die vielen Fans von Watzek zu vollbringen. Was genau sie vorhatte, wollte sie nicht erläutern. Reiter hatte angeboten, sie zu begleiten, doch die junge Frau lehnte ab: Diese eine Sache müsse sie allein tun, das wäre sie ihrem ehemaligen Arbeitgeber und Ex-Freund Flori schuldig.

Alle im Klappstuhlkreis schwiegen. Schon seit einer ganzen Weile. Angela ließ Adler und Clinton vor sich hin köcheln, damit sie weich wurden. Eine Schweigetaktik, die sie in unzähligen Koalitions-Krisengipfeln erfolgreich angewandt hatte. Ihr Blick wanderte zu Mike. Der sonst so professionelle Mann wirkte niedergeschlagen und schien mit seinen Gedanken ganz woanders zu sein. Für Angela bestand kein Zweifel, dass er Marie den Heiratsantrag gemacht und einen Korb von ihr bekommen hatte.

«Sie wollten mit uns reden», brach Clinton das Schweigen.

Ihn hatte sie also schon mal weichgekocht.

«Ja, das wollte ich», lächelte Angela.

«Dann tun Sie es endlich!»

Statt etwas zu erwidern, sah Angela zu Adler. Die Autorin war im Gegensatz zu ihrem Ehemann noch nicht so weit, daher antwortete Angela lediglich: «Gerne», und schwieg erneut. Clinton begann zu schwitzen wie einst Steinbrück, Steinmeier und Scholz bei der Verteilung von Ministerposten im Kabinett. Sie hatte schon ganz vergessen, wie schön es war, von sich selbst beeindruckte Männer in die Knie zu schweigen.

Angela blickte in die Runde: Mike war ganz weit weg, Achim lächelte still in sich hinein, und Reiter schaute sie prüfend an, vermutlich um auszumachen, wo die Reise in diesem Gespräch hinging. Für sie war es gut, dass er Sellering nicht begleitet hatte, denn Angela wollte gerne nebenbei das letzte Geheimnis des Historienkrimi-Autors lüften: Welche schlechte Erfahrung hatte er mit Watzek gemacht?

Lisa Adler begann auf ihrem Klappstuhl hin und her zu rutschen, dabei flackerten ihre Augen. Nur noch wenige Sekunden und dann wäre auch sie weichgekocht: 3 … 2 … 1 …

«Was wollen Sie von uns?», platzte es aus ihr heraus wie einst aus Olaf Scholz.

«Sie haben viel Geld mit der Fernsehserie verloren», startete Angela ihre Offensive.

«Haben Sie uns auf Deck doch belauscht?» Dass sie sich ertappt fühlte, konnte die sonst so gemütlich wirkende Frau nicht verbergen.

«So laut, wie Sie waren, brauchte man dafür keine chinesische Abhöranlage.» Angela dachte für einen kurzen Augenblick an ihre Zeit im Kanzleramt zurück. Immer wenn sie Gäste auf die Terrasse ihres Büros geführt hatte, zeigte sie ihnen grinsend, von welchen Dächern aus die Amerikaner, die Russen oder die Chinesen sie abhörten. Sie wusste sogar, auf welchem Gebäude die Antennen der Luxemburger standen und dass Costa Rica sich für Abhörzwecke nur einen als *Hermes*-Paketauto getarnten Kleinbus leisten konnte.

«Sie mischen sich in unser Privatleben ein», versuchte sich nun auch Kapitän Clinton daran, mit Empörung zu überspielen, wie sehr er sich ertappt fühlte.

«Florian Watzek war der Co-Produzent der Serie und hat Sie dazu gebracht, Millionen zu investieren», ging Angela, wie einst in Interviews, nicht auf den Vorwurf ein.

«Er hat gesagt, es wäre eine todsichere Sache», Adler stiegen Tränen in die Augen.

«Dabei war es ein einziges Desaster», schimpfte Clinton. «Wer kommt auf die Idee, Daniel Craig als Hitler zu besetzen? Und Angelina Jolie war mehr mit ihren Scheidungsanwälten beschäftigt, als sich für die Serie zu interessieren. Und der Regisseur hat mitten im Dreh aufgehört, Koks zu nehmen.»

«Das ist doch gut», fand Achim.

«Er ist auf Crystal Meth umgestiegen!»

«Das ist nicht ganz so gut.»

«Und die Drehbücher», mischte sich Reiter verbittert ins Gespräch ein, «hatten mit meinen Romanen rein gar nichts zu tun. Mein Pathologe ist ein einsamer Mensch, der im Stillen gegen das System der Nationalsozialisten arbeitet. In der Serie ist er ein Actionstar à la John McClane in *Stirb langsam*. Er geht sogar nach dem Brand von 1933 barfuß über die Scherben des Reichstagsgebäudes.»

«Haben Sie», hielt Angela die Gelegenheit für gekommen, «ebenfalls Geld in die Serie investiert?»

«Ich habe Flori lediglich die Verfilmungsrechte verkauft.»

«Und Sie haben sich nach dem Dreh von der Serie distanziert?», hakte

Angela nach, schließlich wurde das Projekt nicht einmal in Reiters Lebenslauf erwähnt.

«Die haben aus meinen Büchern einen Witz gemacht.»

«Und dafür haben Sie Watzek gehasst?»

«Seine eigene Vision dermaßen verunstaltet zu sehen, ist das Schlimmste, was einem Autor passieren kann.»

Angela versuchte sich vorzustellen, wie schrecklich es wäre, wenn ein schlechter Drehbuchautor ihren Roman verunstalten würde.

«Puffeline?», sagte Achim.

«Ja, Puffel?»

«Geht es dir gut, du bist auf einmal so blass?»

«Schon in Ordnung», Angela riss sich wieder zusammen und betrachtete forschend Reiter, der nicht der Mörder sein konnte, da er ebenfalls im Kühllager eingesperrt worden war. Dafür entwickelte sie einen anderen Gedanken: «Herr Reiter, Sie haben doch Graphic Novels von Ihren Romanen zeichnen lassen. Haben Sie das getan, um wenigstens eine bebilderte Version Ihrer Geschichte zu besitzen, auf die Sie stolz sein können?»

«So habe ich meinen Frieden mit der ganzen Sache machen können.»

Seinen Frieden machen mit etwas, das schiefgelaufen war – wenn das als Kanzlerin im Nachhinein auch nur so leicht möglich wäre.

«Puffeline?»

«Ja?»

«Jetzt schaust du auf einmal so wehmütig.»

«Schon in Ordnung», sagte Angela wieder und nahm sich vor, sich zu fokussieren. Sie wollte sich gerade an Lisa Adler wenden, als die plötzlich auf Reiter losging: «Du hast mit deinen Verfilmungsrechten doch einen Profit gemacht!»

«Watzek doch auch, nicht wahr?», mischte sich Angela ein.

«Er hatte von mir die Rechte», erklärte Reiter, «für kleines Geld erworben und sie dann für ein Vielfaches weiterverkauft. In die Produktion selbst hatte er kein eigenes Geld gesteckt. Nur das von anderen und dafür auch noch eine Vermittlungsgebühr kassiert.»

Wie hatte Sven Ding, der Provencekrimi-Autor, es formuliert: ‹Erste Regel im Showbusiness: Investiere nie dein eigenes Geld.›

«Watzek war ein Dreckskerl», schimpfte Clinton. Auch Lisa Adler brodelte zornig vor sich hin. Die Zeit war gekommen, um die Offensive zu forcieren. Angela beugte sich leicht mit dem Oberkörper in ihre Richtung und sagte seelenruhig: «Und weil er Sie so ausgenommen hat, haben Sie beide ihn ermordet.»

«Was?», rief Clinton.

Lisa Adler bekam Schnappatmung.

Achim beobachtete die Reaktionen der beiden Verdächtigen in bester Doktor-Watson-Manier.

Mike war endlich auch bei der Sache, schien er doch Gefahr zu wittern.

«Wir haben hinter der Plane mitgehört», redete Angela im gleichen freundlichen Tonfall weiter, «wie Sie den Mord schon fast gestanden haben.»

«Ge… ge… ge…standen?», stammelte Adler zwischen ihren Schnappatmern.

«Sie sagten: ‹Florians Tod war gut für uns›», erläuterte Angela noch eine Spur freundlicher, «dann brach Ihre Stimme, und Sie sagten anschließend: ‹Wir hätten ihn nicht …›»

Lisa Adler wurde kreidebleich.

Angela wandte sich an den Kapitän: «Und bevor Sie sagten: ‹Wir hatten keine andere Wahl, wir mussten ihn …›»

«Das, das war alles anders gemeint», wehrte sich Clinton.

«Wie denn?», glaubte Angela ihm kein Wort.

«Ich», keuchte Adler hektisch, «meinte damit ‹Wir hätten ihn nicht mitnehmen sollen, dann würde er noch leben›.»

«Und ich», zürnte Clinton, «meinte, dass wir keine andere Wahl hatten, weil wir sonst nicht genug Passagiere für die Kreuzfahrt bekommen hätten.»

Angela wurde mit einem Male unsicher: Hatte sie das Gespräch vollkommen falsch interpretiert? Es wäre nicht das erste Mal in ihrem Leben, dass ihr so etwas passierte. Sie hatte zum Beispiel auch gedacht, mit den Abkommen *Minsk 1* und *Minsk 2* bestünde eine reelle Chance, den Frieden in der Ukraine herzustellen.

«Es war der verdammte Fuchs, das wissen Sie doch!», sprang Clinton von seinem Stuhl hoch. Mike stand sofort auf und stellte sich zwischen den aufgebrachten Mann und Angela.

«Sie glauben ernsthaft», fragte Lisa Adler, nun wieder mit festerer Stimme, «ich könnte aus Rache töten?»

Angela betrachtete die Autorin, die wahrhaftig verletzt zu sein schien, und kam noch mehr ins Zweifeln. Trotzdem war sie noch nicht bereit, die beiden von der Liste der Verdächtigen zu streichen.

«Ich bin nicht in der Lage, so zu hassen», erklärte Adler, und Angela nahm ihr das sogar ab. Aber nur weil sie wieder an die Konversation zurückdachte, die sie hinter der Plane mitangehört hatte. Aus ihren Worten konnte man noch ein weiteres, kühl kalkuliertes Motiv schließen: «Sie beide verdienen nun bald eine Menge Geld mit Kreuzfahrten, das Sie ohne die Todesfälle an Bord niemals bekommen hätten. Das hätte von Anfang an Ihr Ziel sein können.»

«Wer gibt Ihnen eigentlich das Recht, solche Anschuldigungen zu machen?», wütete Clinton jetzt und ging bedrohlich auf Angela zu. Bevor sie reagieren konnte, sagte Mike: «Ich gebe ihr das Recht», und drehte den Arm des Kapitäns auf dessen Rücken. Clinton stöhnte vor Schmerz auf, und Lisa Adler sagte hastig: «Das mit den Kreuzfahrten ist eine Entwicklung, die man nicht vorhersehen konnte!»

«Genau», ächzte Clinton, der von Mike mit festem Griff auf die Knie gedrückt wurde. Angela dachte noch mal an das belauschte Gespräch zurück: Der Kapitän war überrascht gewesen, dass die Angebote, exklusive Kreuzfahrten zu veranstalten, eingegangen waren. Unmöglich also, dass dies von Anfang an ein Mordmotiv für ihn gewesen war. Hatte Lisa Adler die Tat allein begangen?

Beim Anblick ihres Ehemannes in Mikes Schraubstock plusterte die Autorin zornig ihre Pausbacken auf und forderte Angela auf: «Befehlen Sie Ihrem Gorilla …»

«Hey!», protestierte Mike.

«Verzeihen Sie», sagte Lisa Adler.

Mike verzieh es sichtlich nicht.

«Ihrem grenzdebilen Riesenaffen …»

«Noch mal: hey!»

«Lobotomierten Neandertaler …!»

«Was bedeutet lobotomiert?», fragte Mike.

«Die Nervenbahnen im Hirn», erklärte Achim, «werden zwischen Thalamus und Frontallappen durchgetrennt.»

«Da bin ich jetzt nicht wirklich schlauer.»

«Sie meint», wurde Achim deutlicher, «Sie wären ein gehirnamputierter Neandertaler.»

«Und noch mal: hey!»

«Puffel, deine Erklärungen sind gerade nicht hilfreich», fand Angela.

«Wenn du meinst», antwortete Achim pikiert. In Stresssituationen mochte er es nicht, zurechtgewiesen zu werden. Da war er wie jeder andere Mann auf Erden.

«Befehlen Sie Ihrem tumben Schläger …», schnaubte Adler nun wie ein Drache mit Bluthochdruck.

«Das versteh ich leider wieder», grummelte Mike.

«… meinen Mann loszulassen!» Lisa Adlers Augen funkelten und waren blutunterlaufen. Das erste Mal konnte Angela sich die mütterliche Frau auch als Mörderin vorstellen. Sie bat ihren Bodyguard: «Lassen Sie von dem Kapitän ab.»

«Sie hat mich beleidigt», Mike machte keine Anstalten, seinen Griff zu lockern. An jedem anderen Tag wäre er professionell der Anweisung gefolgt, aber im Moment war er einfach nicht er selbst.

«Mike …»

«Ich bin nicht lobooptimiert!»

«Das heißt lobotomiert», korrigierte Achim.

«Nicht hilfreich, Puffel.»

«Aber so was muss man doch korrigieren …»

«Halten Sie endlich die Klappe», brüllte Lisa Adler.

«Sie sind sehr rüde», brummelte Achim. Die Autorin ging auf seinen Vorwurf nicht ein und brüllte stattdessen Mike an: «Und Sie lassen meinen Mann endlich los, sonst bringe ich Sie um!» Sie schien definitiv das Potenzial zu haben, Morde zu begehen.

Angela wollte definitiv keine unkontrollierbare Eskalation, deshalb blickte sie Mike tief in die Augen und bat: «Tun Sie bitte, was ich Ihnen gesagt habe.» Dadurch kam Mike endlich zur Besinnung und ließ von Clinton ab. Adler half ihrem Ehemann hoch und fluchte: «Sie sind ja völlig übergeschnappt mit Ihren Verdächtigungen. Und wissen Sie, was an denen das Schlimmste ist?»

«Was?», fragte Angela mit gewisser Neugier.

«Dass Sie sie nicht mal richtig durchdacht haben.»

«Inwiefern?»

«Ganz offensichtlich denken Sie ja in Ihrem Wahn, dass Jockel der Mord nur in die Schuhe geschoben wurde.»

«Das tue ich in der Tat.»

«Und das trotz seines Abschiedsbriefes.»

Angela überlegte, ob sie von dem Kugelschreiber ohne Fingerabdrücke erzählen sollte. Sie ließ es jedoch bleiben, denn jede Karte war nur so gut wie der Moment, in dem man sie ausspielte.

«Warum aber», redete Lisa Adler weiter, «hat der Mörder in Ihrem irren Szenario ausgerechnet Jockel als Sündenbock auserkoren?»

Angela runzelte die Stirn.

«Darüber haben Sie wohl nicht nachgedacht?», geiferte die Autorin höhnisch.

«Nein, das habe ich nicht», gab Angela zu. Nicht nur, weil es der Wahrheit entsprach, sondern auch damit Lisa Adler weiterredete und sich entweder in Widersprüchen verhedderte oder sich sonst irgendwie verriet. Manchmal musste man seinem Gegenüber die Möglichkeit geben, sich selbst ein Seil zum Aufknöpfen zu binden.

«Als Krimi-Autorin», mischte sich nun in Adlers Empörung ein gewaltiger Hauch von Berufsstolz, «muss man beim Schreiben über solche Fragen nachdenken!»

«Und was würden Sie sagen, warum Jochen Fuchs ausgewählt wurde?»

«Das liegt doch auf der Hand!», lachte die stolze Autorin.

Angela nahm aus dem Augenwinkel wahr, wie Achim unterbewusst auf seine Hand blickte und dort nichts liegen sah, und fragte dann: «Was genau?»

«Der Mörder hat nicht nur Flori gehasst, sondern auch Jockel.»

«Auf wen würde das zutreffen?»

«Auf Sven natürlich!»

«Sven Ding?», staunte Angela.

«Nein, Sven Hannawald», erwiderte Lisa Adler gereizt.

«Der Skispringer?», verstand Mike nicht so recht.

«Natürlich Sven Ding, Sie Riesenaffe!»

«Hey!»

Angela kam ins Grübeln: Der Provencekrimi-Autor schien ein Lebenskünstler zu sein. Was hätte er schon gegen Watzek haben sollen? Ein Alibi für die Seenotrettungsübung hatte sie allerdings immer noch nicht bei ihm abgefragt, sie hatte lediglich Jochen Fuchs' Aussage, dass die beiden sich zu der Zeit getroffen hatten.

«Komm, Schatz», legte Clinton sanft seine Hand auf die Schulter seiner aufgewühlten Ehefrau, «lass uns gehen, bevor ihr Irrsinn dich noch völlig ansteckt.»

«Du hast recht», nickte die Autorin und machte sich mit dem Kapitän auf den Weg zur Tür. Dabei warf Clinton Angela noch einen Blick zu, der zu bedeuten schien: ‹Das werden Sie noch büßen.› Angela nahm ihn jedoch kaum wahr, war sie doch viel zu sehr in Gedanken vertieft: Sollte Sven Ding tatsächlich der Mörder gewesen sein? Und falls ja, welche Motive hätte er für die beiden Taten besessen?

Nachdem die Eichentür in Schloss fiel, sagte Reiter: «Klassiker.»

«Klassiker?», fragte Achim. «Meinen Sie einen literarischen?»

«In gewisser Weise schon: In einem Krimi beschuldigt der oder die Täterin immer einen anderen, um eine falsche Fährte zu legen.»

«Krimis zählen für mich nicht zu den Klassikern», antwortete Achim weit am eigentlichen Thema vorbei, während Mikes Gedanken, jetzt, wo die Gefahr für seine Chefin gebannt war, wieder auf Wanderschaft zu gehen schienen.

«Wenn Sie mich jetzt entschuldigen würden», sagte Reiter, «ich wasch mir jetzt auch mal die Farbe ab.» Er ging zur Tür, und Angela fragte sich, in welche Richtung sie nun weiterermitteln sollte. In jene von Lisa Adler, die sich durch ihr Verhalten nur verdächtiger gemacht hatte, oder in die von Sven Ding, der laut der Autorin angeblich beide Verstorbenen gehasst hatte. Sie blickte zu Achim und dachte zurück an das, was er ihr einst bei ihrer ersten gemeinsamen Verabredung auf ihre Frage «Wollen wir uns weiter küssen oder in *Die Hochzeit des Figaro* gehen, für die wir die Karten haben?» geantwortet hatte: «Das eine tun und das andere nicht lassen.» Die anschließende Opernaufführung war die beste ihres Lebens gewesen. Und Achims Herangehensweise des Tuns und gleichzeitigen Nichtlassens eine, die sie nun auch bei ihrer Ermittlung beherzigen würde.

48

Schon wieder ein Mord!», schrien die Watzis und meinten damit den in ihren Augen blutüberströmten Achim. Angela bat Mike, ihren Ehemann in die Kabine zu begleiten, und beschloss, Sven Ding allein aufzusuchen. Doch sie fand den Autor der Provencekrimis weder Espresso trinkend in der Skybar vor noch auf einem der Decks Zigarre schmauchend. Vermutlich hielt er sich in seiner Kabine auf. Um deren Nummer zu erfahren, machte Angela sich auf zur Rezeption. In der Empfangshalle angekommen sah sie lauter weinende Watzis geordnet in einer Reihe vor einem Tisch stehen, an dem Sophie Sellering signierte Exemplare von *Der Henker* verkaufte. Watzeks Roman, von dem der Autor nicht hatte ahnen können, dass es sich bei ihm um sein finales Werk handeln würde. Angela staunte: Als sie die Bücher in der Kabine von Sophie Sellering gesehen hatte, waren sie noch nicht signiert gewesen. Hatte Watzek etwa vor seinem Tod noch schnell Hunderte Bücher signiert? Nicht unmöglich, aber schwer vorstellbar. Hatte Sophie Sellering das etwa gemacht?

Angela wollte direkt zu ihr gehen, um sie darauf anzusprechen, doch die Watzis schimpften: «Hey, hinten anstellen!», «Sind Sie überhaupt eine echte Watzi?» und: «Wenn das hier nicht schneller geht, verpasse ich noch die Happy Hour!»

Angela war es zuwider, die Privilegien einfordernde Ex-Kanzlerin zu geben, zumal sie Zweifel hatte, wie bedeutend sie für die Menschen im

Allgemeinen und für die Watzis im Speziellen überhaupt noch war. Die Aussicht, sich eine halbe Stunde in die Schlange zu stellen, erfüllte sie allerdings auch nicht mit Begeisterung. Sie nahm sich vor, das Mysterium der Unterschriften zu einem späteren Zeitpunkt zu ergründen. Sie wollte gerade weiter zur Rezeption, da winkte Sophie Sellering ihr zu: «Frau Merkel, kommen Sie ruhig nach vorne!»

Angela kam dem Angebot nach. Die Watzis waren nicht begeistert, als sie an ihnen vorbeiging, murrten aber nur leise vor sich hin. Vermutlich befürchteten sie, dass Sellering ihnen kein Buch verkaufen würde, wenn sie zu laut protestierten. Als Angela an den Tisch trat, sah sie, wie eine Watzi ihr frisch gekauftes Buch aufklappte und sich ergriffen Watzeks Signatur betrachtete, die perfekt mittig auf dem zweiten Innenblatt saß. Die Watzi klappte das Buch wieder zu, drückte es an ihr Herz und ging mit Tränen in den Augen davon. Angela wandte sich an Sellering: «Das war es, was Sie für Florian Watzek noch tun wollten, oder?»

«Flori waren seine Leserinnen immer das Wichtigste.»

Weil sie seine Bücher kauften, vermutete Angela, sprach es aber nicht aus. Man sollte nicht schlecht über Verstorbene reden, es sei denn, die Verstorbenen waren Nazis.

«Wissen Sie, für Flori war Schreiben eine Art von Telepathie.»

«Telepathie?», staunte Angela.

«Er erschuf Bilder in seinem Kopf und übermittelte sie mit seinen Sätzen den Lesern, damit sie die Bilder in ihrer Fantasie sehen konnten.»

So hatte Angela noch nie über das Schreiben nachgedacht: Sie würde als Autorin also eine Art telepathische Verbindung mit den Lesern und Leserinnen aufbauen. So ein Band zu knüpfen, müsste fantastisch sein.

«Ich habe mich anfangs nur für Social Media interessiert», erzählte Sellering, «Instagram, das war meine Welt. Dafür hatte Flori mich auch eingestellt. Ich hatte noch nicht mal daran gedacht, selbst ein Buch zu schreiben. Aber dann hat er mir erzählt, wie viel ihm das Schreiben bedeutet und welch wundervolle Erfahrungen man im kreativen Prozess, aber auch mit den Leserinnen machen kann. Dann habe ich ebenfalls damit angefangen.»

Watzek hatte sie inspiriert. Und Angela jetzt auch, und das sogar noch nach seinem Tod: Romane zu schreiben wurde von Minute zu Minute mehr zu ihrem Traumberuf.

«Hier, das ist für Sie», überreichte Sellering ihr nun ein signiertes Exemplar von *Der Henker*.

«Danke», antwortete Angela, bezweifelte aber, dass sie den Roman jemals lesen würde. Zu sehr würde sie dabei an den in den Korb rollenden Kopf von Watzek denken müssen. Angela klappte das Buch auf, blätterte zur Unterschrift und staunte, dass sie exakt so aussah wie jene, die sie eben in dem Exemplar der Watzi gesehen hatte. Und nicht nur das: Die Signatur saß in beiden Fällen genau an der gleichen Stelle. Dass zwei Unterschriften eines Menschen gleich aussahen, mochte ja noch angehen, obwohl es normalerweise immer zumindest kleine Abweichungen zwischen ihnen gab. Aber dass Watzek sie dazu beide Male hintereinander auch noch exakt mittig platziert hatte, erschien Angela ausgeschlossen zu sein.

Waren die Unterschriften in den anderen Exemplaren ebenfalls identisch?

Angela blickte zu Sellering. Die schien zu erkennen, was Angela sich da gerade fragte, und blickte verstohlen zur Seite. Angela überlegte, ob sie die junge Frau auf die Signaturen ansprechen sollte. Doch falls diese von ihr gefälscht waren – wie auch immer sie das so präzise bewerkstelligt hatte –, würde sie die junge Frau vor Watzeks Fans entlarven. Und die würden darauf gewiss auf eine Weise reagieren, die selbst die Furien Alekto, Megaira und Tisiphone aus der griechischen Mythologie sagen ließen: ‹Man kann es auch übertreiben.› Das mochte Angela der armen Sophie nicht antun, sie hatte weiß Gott schon genug auf dieser Reise durchgemacht. Angela wollte sich daher verabschieden, da rief eine Watzi verzückt: «Hanni!» Und die anderen stimmten sogleich ein: «Hanni, Hanni, Hanni!»

Angela drehte sich um und sah Kommissar Hannemann.

«Beruhigt euch, beruhigt euch», lächelte der schmierige Mann im Trenchcoat seinen Fans zu. Zog er den zerknitterten Fetzen jemals aus? Schlief er darin auch? In die Dusche nahm er den verdreckten Mantel augenscheinlich nicht mit, dabei hätten beide mal dringend eine vertragen können.

«Wir sprechen später», sagte Angela zu Sophie Sellering und ging in Richtung Rezeption. Hannemann brüllte durch die Empfangshalle: «Frau Merkel! Frau Merkel! Bleiben Sie bitte stehen!» Er war so laut, dass Angela unmöglich so tun konnte, als habe sie ihn nicht gehört.

Sie tat es dennoch.

«Bleiben Sie stehen!»

Angela ging weiter. Sieben Watzis versperrten ihr als Hilfssheriffs den Weg. Und Hannemann schlenderte auf eine Weise, die er offenbar für lässig hielt, auf sie zu.

«Was wollen Sie von mir?», bemühte sich Angela um Contenance.

«Nichts», grinste der Kommissar aufreizend.

«Warum haben Sie mich dann gerufen?»

«Weil andere etwas von Ihnen wollen», das Grinsen wurde immer breiter.

«Und wer?»

«Das werden Sie gleich sehen.»

«Oder ich werde einfach in meine Kabine gehen.»

«Oh, da gehen Sie nicht allein hin.»

«Wie meinen Sie das?», fragte Angela scharf.

«Sie werden begleitet.»

«Wenn Sie etwa mitwollen, muss ich Ihnen sagen …», Angela bekam nun Mühe, ihre Contenance zu bewahren.

«Nicht ich begleitete Sie», unterbrach der Kommissar.

«Wer dann?»

«Die da!», deutete Hannemann zur Tür, durch die zwei groß gebaute Matrosen eintraten.

Angela verstand nicht so recht.

Hannemann platzte fast vor Vorfreude.

Die Matrosen traten zu ihr. Einer von ihnen sagte: «Frau Merkel, wir werden Sie jetzt in die Kabine begleiten.»

«Wieso?»

«Es ist ein Befehl des Kapitäns.»

Jetzt begriff Angela: Clinton wollte sich mit einem Haus- bzw. Kabinenarrest an ihr rächen. Oder wollte er verhindern, dass sie weiter in Richtung Lisa Adler ermittelte?

«Bitte machen Sie kein Aufsehen», sagte der Matrose.

Angela atmete tief durch und versuchte, die Situation zu analysieren: Der Kapitän hatte die Befehlsgewalt auf hoher See. Ihm durfte sie sich nicht widersetzen. Sie musste sich also abführen lassen. Vor allen Leuten. Zu denen Hannemann gehörte, der sich vor Lachen kaum einkriegen konnte, es nicht einmal versuchte. So fügte Angela sich ihrem Schicksal und antwortete: «In Ordnung.»

«Wissen Sie», prustete Hannemann, «was ich an Social Media hasse?»

Angela wollte auf seine Frage nicht eingehen, aber der Kommissar ließ nicht locker und fragte noch mal: «Wissen Sie, was ich an Social Media hasse?»

«Was?», schluckte sie widerwillig den Köder, weil der Kerl sie sonst gewiss noch bis zur Kabine verfolgen würde.

«Dass ich auf keinem einzigen der Kanäle einen Account habe.»

Angela wunderte sich nicht nur darüber, dass Hannemann ein englisches Wort wie Account halbwegs fehlerfrei aussprechen konnte, sie verstand auch nicht, worauf er hinauswollte.

«Kommen Sie schon, fragen Sie!»

«Was soll ich fragen?»

«Warum ich Social Media hasse, obwohl ich gar keine Accounts habe.»

«Warum», fragte Angela schwer enerviert, «hassen Sie Social Media, obwohl Sie gar keine Accounts haben?»

«Weil ich jetzt keine Fotos von Ihnen posten kann, wie Sie abgeführt werden», bog Hannemann sich vor Lachen, und die Watzis bogen sich mit.

«Lassen Sie uns gehen», sagte Angela zu den Matrosen und ließ sich von ihnen aus der Empfangshalle geleiten. Jedoch nicht ohne dabei von unzähligen Handys der Watzis, die im Gegensatz zu Hannemann allesamt Social-Media-Accounts besaßen, fotografiert und gefilmt zu werden.

49

Agatha und Dorothy standen im Hafen von Kairo zwischen Frachtgut und Kisten. Beschienen nur vom Mond, von den Sternen und der Taschenlampe des Archäologen Sir Alexander Wintergard, der eine Pistole auf die beiden Damen richtete und empört rief: «Sie verdächtigen mich des Mordes an meinen Kollegen?»

«Das tun wir», antwortete Agatha.

«Wie kommen Sie auf so einen Wahnsinn?»

«Nun», sagte Dorothy, «zum einem bedrohen Sie uns gerade mit einer Pistole.»

«Und zum anderen», ergänzte Agatha, «wissen Sie genau wie wir, dass sich in den Kisten Artefakte aus der Cheops-Pyramide befinden, die heimlich nach London verschifft werden sollen.»

«Ich bin selbst nur den Spuren gefolgt, die hinterlassen wurden», sagte Wintergard aufgebracht, «und ich denke, dabei handelt es sich um die eines Kollegen.»

«Wen meinen Sie?», fragte Agatha.

«Ich meine ...»

Bevor der Archäologe verraten konnte, wer seiner Ansicht nach der Mörder war, fiel ein Schuss. Er brach zusammen. Seine Taschenlampe fiel neben ihm zu Boden und strahlte ihn an. Er war im Bauch getroffen.

Ein weiterer Schuss. Er verfehlte die Frauen des Detection Clubs nur knapp. Agatha sah nach oben, um zu erkennen, von wo die Schüsse kamen. Saß der Täter oben im Kran? Dessen Greifarm wackelte jedenfalls. Und wackelte. Und wackelte. Und wackelte …

Warum, verfluchte Angela sich selbst innerlich, blieb sie an dieser Stelle des Textes hängen? Warum schrieb sie nicht weiter an dem Kapitel und schilderte, wie Agatha und Dorothy sich aus der prekären Situation retteten? Warum bekam sie das Bild von dem wackelnden Greifarm nicht aus ihrem Kopf?

«Wollen Sie eine Tasse Tee, Mike?», fragte Achim den Bodyguard, der wehmütig aus dem Bullauge blickte.

Mike schüttelte den Kopf.

Achim bemühte sich schon seit einer ganzen Weile, mit ihm ins Gespräch zu kommen. Doch alle Versuche waren vergeblich. Da Angela ihrem Bodyguard in dessen Zustand nicht helfen konnte, widmete sie sich wieder ihrem Roman. Doch auch die nächsten Minuten kam sie nicht weiter. Wollte ihr Unterbewusstsein etwas damit sagen? Und falls ja, wem genau: Angela, der Autorin, oder Angela, der Ermittlerin?

Der Ermittlerin!

Angela wurde schlagartig klar, was sie gestern Abend in der Kabine von Sophie Sellering vermisst hatte.

Sie dankte ihrem Unterbewusstsein, drehte sich aufgeregt zu den beiden Männern um und sagte: «Mike, bringen Sie mir Frau Sellering. Achim, du suchst Sven Ding und quetschst ihn aus!»

«Wie Sie wünschen», antwortete Mike ohne Kraft in der Stimme.

«Und wie genau», fragte Achim, «soll ich ihn ausquetschen?»

«Finde heraus, was er gegen Fuchs gehabt haben könnte. Und ich versuche, im Gespräch mit Sellering zu erfahren, ob etwas zwischen ihm und Watzek stand.»

«Du glaubst nicht, dass uns Lisa Adler auf eine falsche Fährte schicken wollte?»

«Nicht mehr so ganz.»

«Und warum nicht?»
«Ich sage dazu nur ein Wort.»
«Und welches?»
«Greifarm!»

50

Zwanzig Minuten später klopfte es an der Kabinentür. Angela richtete sich von ihrem Manuskript auf, in dem sie mittlerweile etwas weitergekommen war: Agatha und Dorothy hatten sich vor dem geheimnisvollen Schützen mit einem Sprung ins Hafenbecken retten können. Angela selbst war ja bei ihrem ersten Fall den Pfeilen der Mörderin Pia von Baugenwitz mit einem Sprung in einen Graben entkommen. Wie heißt es doch so schön? Schreibe über das, was du kennst.

Es klopfte noch einmal.

«Nicht so ungeduldig», rief Angela und ging zur Kabinentür. Sie war sich sicher, dass Mike nun Sophie Sellering zu ihr führen würde.

Es klopfte nun mehrmals schnell hintereinander.

«Herrjemine!», rief Angela und öffnete die Tür. Zwischen den beiden Matrosen, die mit dem Rücken zu ihr die Kabine bewachten, stand jedoch nicht Sophie Sellering. Auch nicht Mike, um zu erklären, dass er die junge Frau nicht hatte auffinden können. Oder etwa Achim mit Neuigkeiten von Sven Ding. Nein, es war Marie mit dem schlafenden Adrian im Buggy. An ihren Augen konnte man erkennen, dass sie geweint hatte.

«Komm rein», bat Angela, half ihr, den Buggy über die Schwelle zu heben, schob ihn neben das Bett und setzte sich mit ihrer Freundin darauf. «Soll ich dir einen Tee bestellen?»

Marie winkte ab.

«Portwein?»

«Portwein?», staunte Marie.

«Der UN-Generalsekretär Guterres stammt aus Portugal, und er sagte mal zu mir: ‹Bei einem guten Portwein vergisst man sogar für einen kurzen Augenblick den Klimawandel.›»

«Manchmal gibt es Sachen», erwiderte Marie, «die einem schlimmer vorkommen als der Klimawandel.»

«Gegen Herzschmerz», streichelte Angela ihrer Freundin über den Kopf, «kann man sich halt nicht auf die Straße kleben.»

«Leider», musste Marie nun lachen.

«Mike hat dir also den Antrag gemacht?»

Marie nickte.

«Und du hast ihn abgelehnt.»

«Ich … ich …»

«Man muss sich für seine Angst nicht schämen», sagte Angela und drückte Marie an sich.

«Jetzt habe ich Angst, dass alles aus ist.»

«Aber die Angst davor, seinen Antrag anzunehmen und irgendwann von ihm verlassen zu werden, ist immer noch größer?»

«Ja.»

«Man muss sich für seine Angst nicht schämen …»

«Das hast du eben schon gesagt.»

«Lass mich ausreden: Man muss sich für seine Angst nicht schämen, aber man sollte sich von ihr nicht beherrschen lassen. Das hat mir Achim zu Beginn von Corona gesagt, als ich vor meiner Fernsehansprache an den Nägeln kaute.»

Marie seufzte: «Ich bin nicht so stark wie du.»

Angela betrachtete ihre Freundin und dachte noch mal an die Situation kurz vor ihrer Coronarede an die Nation: Sie hatte nicht nur an den Fingernägeln gekaut, sie war das erste und einzige Mal in ihrer Amtszeit vor Angst erstarrt, das Falsche zu sagen, und hatte sich überlegt, ob sie nicht den Gesundheitsminister die Ansprache halten lassen sollte. Da hatte Achim etwas wirklich Weises zu ihr gesagt: ‹Nur wenn du selbst handelst, kannst du die Angst überwinden.›

Das könnte auch Marie helfen. Doch was würde eigenes Handeln in diesem Falle für Marie bedeuten? Plötzlich musste Angela schmunzeln.

«Was ist so lustig?», fragte Marie. Nicht vorwurfsvoll. Sie wusste, Angela würde sich nie über ihr Leid lustig machen. Das tat sie nur bei Menschen, die sie unausstehlich fand. So konnte Angela darüber kichern, dass Xi Jinping immer so verkniffen schaute, weil er, wie der Geheimdienst ihr berichtet hatte, unter regelmäßigen Verstopfungen litt.

«Ich habe einen Vorschlag für dich, Marie.»

«Und der ist lustig?»

«Auf eine gute Weise.»

«Wie lautet der Vorschlag?»

«Mach du ihm den Antrag.»

Marie war verblüfft.

«Bei seinem hat dich die Angst überwältigt. Aber wenn du ihn selbst machst, kannst du sie womöglich überwinden.»

«Vielleicht?»

«Ich jedenfalls habe meine Coronarede souverän gehalten.»

«Ich habe keine Ahnung, wie du jetzt darauf kommst.»

Angela fragte sich, ob sie es Marie erklären sollte, entschied sich aber dafür, am Ball zu bleiben: «Ich glaube, du kannst das auf diese Weise schaffen.»

Marie zweifelte.

«Denk wenigstens darüber nach.»

«Okay.»

«Fein», sagte Angela und drückte ihre Freundin an sich.

51

Achim war nervös, als er sich Sven Ding näherte. Dass Angela ihn allein ermitteln ließ, war ungewöhnlich, wenn auch zwingend notwendig, saß sie doch in der Kabine fest. Frische Luft durfte die Arme nur auf dem kleinen Balkon schnappen. Die beiden Wachen konnten von Glück reden, dass er sich beherrschen konnte. Und dass sie so groß und stark waren und ihn in Windeseile in einen Abfalleimer stopfen konnten, wie es vor vielen Jahrzehnten drei Mitschüler mit ihm gemacht hatten. Es war nur ein geringer Trost gewesen, dass ebenjene Mitschüler beim Klassentreffen im letzten Jahr den ganzen Abend über ihre Prostatabeschwerden klagten.

Achim wollte seine Puffeline nicht enttäuschen, wie damals beim G7-Gattinnen-Begleitprogramm, das dank ihm nun GattInnen-Begleitprogramm hieß. Angela hatte ihm einen Spezialauftrag mit auf den Weg gegeben. Er sollte Melania Trump dazu bewegen, ihren Mann daran zu hindern, aus dem Weltklimaabkommen auszutreten. Zu diesem Zweck hielt Achim einen kleinen Vortrag über Floridas Zukunft als Sturm- und Überschwemmungsgebiet, in dem auch Mar-a-Lago, der geliebte Wohnort der Trumps, zu einem Feuchtbiotop werden würde. Melania schnitt seinen Redefluss allerdings mit einem «Boooooooooooooooooooring» ab, und Achim staunte auch noch Stunden später beim Schlafengehen darüber, wie viele ‹O› man in einem einzigen Wort unterbringen konnte.

Achims Nervosität wurde von der Tatsache gesteigert, dass er den Provencekrimi-Autor im Gym der *Elegant Princess* auffand. Dort hechelte der Endsechziger im langsamen Tempo auf einem Laufband und trug dabei übergroße neongelbe Sportklamotten, die genauso vor Schweiß trieften wie sein blaues Stirnband. Auf dem Weg zu ihm kam Achim an vielen Watzis vorbei, die Krafttraining absolvierten. Er hatte nie so recht verstanden, warum sich Menschen in stickiger Luft an Geräten quälten, die vermutlich Nachfahren der spanischen Inquisitoren konzipiert hatten.

Achim stellte sich auf ein freies Laufband neben Sven Ding, wohl wissend, dass in Komödien gerne Figuren hintenüberfielen, wenn sie nach einer schockierenden Information vergaßen zu laufen. Aber diesen Fehler würde er nicht begehen. Nichts konnte ihn in seiner Ermittlung aus dem Konzept bringen. Er war ja eine Art Sherlock Holmes, nur ohne Hut, Pfeife und Heroinsucht.

«Herr Sauer?», fragte Ding, als er ihn neben sich wahrnahm. «Sie machen auch Sport?»

«Ich gehe gerne mal aufs Laufband», flunkerte Achim und suchte nach dem Knopf, mit dem man das Gerät anstellen konnte.

«Ich hätte Sie nicht für einen Menschen gehalten, der in ein Gym geht.»

«Wieso nicht?», fragte Achim, während er das Band endlich zum Laufen brachte. Zum schnellen Laufen, wie er entsetzt feststellen musste. Der Vorgänger hatte das Band auf die höchste Programmstufe eingestellt.

«Nun, zum Beispiel tragen Sie keine Sportkleidung.»

Achim schaute an sich hinab und realisierte, dass er noch seinen Norwegerpulli trug. Daraufhin vergaß er, sich zu bewegen, fuhr im Stehen ans Ende des Laufbandes, geriet aus dem Gleichgewicht, ruderte mit seinen Armen und … konnte gerade noch im letzten Augenblick wieder anfangen zu laufen, sodass er nicht herunterfiel. Nach diesem

Schreck flunkerte er: «Ich habe meine Sportsachen zu Hause vergessen. Aber ich will dennoch nicht auf die Bewegung verzichten. So sehr liebe ich Laufbänder!»

«Ich hasse sie», erklärte der Autor. «Aber mein verdammter Arzt sagt, ich muss meine Ausdauer trainieren für das Herz. Auf Alkohol und Zigarren muss ich auch verzichten. Auch auf schwere und süße Speisen. Sonst würde ich nicht mehr lange leben.»

«Aber Sie rauchen und trinken doch noch», stellte Achim fest.

«Ich habe den Arzt gefragt: Wenn ich auf all das verzichte, warum sollte ich dann noch lange leben wollen?»

«Eine sehr gute Frage», fand Achim und lief weiter auf dem schnellen Band. Er hatte keine Ahnung, wie man das Gerät runterstellen konnte, mochte Sven Ding aber auch nicht danach fragen, um seine ohnehin schon wenig glaubhafte Tarnung als erfahrener Gym-Besucher nicht endgültig auffliegen zu lassen. Stattdessen wollte er sich endlich seinem Auftrag widmen und herausfinden, was der Autor gegen Jochen Fuchs hätte haben können. Doch wie sollte er das Gespräch unauffällig auf den Ermordeten bringen? Achim überlegte fieberhaft und bekam eine Idee, die nur er für clever halten konnte.

«Wissen Sie», fragte er, «was mein Lieblingslied von Ernst Anschütz ist?»

«Ich weiß noch nicht mal, wer dieser Anschütz ist», keuchte der Provencekrimi-Autor, dabei war sein Laufband um viele Stufen langsamer eingestellt als das von Achim.

«Er wurde 1780 in Goldlauter geboren.»

«Aha», antwortete Ding und wirkte wie ein Mann, der gerne das Gespräch verlassen wollte, aber nicht konnte.

«Anschütz hat Lieder komponiert wie *O Tannenbaum*», sagte Achim, der unter seinem Norwegerpulli mittlerweile arg ins Schwitzen geriet.

«Und das ist Ihr Lieblingslied?», staunte Ding.

«Nein, nein. Es ist auch nicht *Es klappert die Mühle am rauschenden Bach*, oder *Alle Jahre wieder* oder *Ei, ei, ei, ihr Hühnerchen.*»

«Ei, ei, ei, ihr Hühnerchen?» Ding wirkte nun wie ein Mann, der sich fragte, ob mit seinem Gegenüber noch alles in bester Ordnung war.

«Es ist vielleicht nicht das bekannteste Lied von Ernst Anschütz, aber es ist deutlich bekannter als sein Singspiel *Johann von Nepomuk.*»

Und jetzt sah Ding sich um, wie ein Mann, der nach einer versteckten Kamera suchte.

«Mein Lieblingslied von Ernst Anschütz ist», Achim machte eine Sprechpause, um Atem zu holen, aber auch für einen von ihm imaginierten Trommelwirbel, *«Fuchs, du hast die Gans gestohlen!»*

Sven Ding sah ihn irritiert an.

«Aber das Lied ist jetzt vielleicht unpassend, weil ja Ihr geschätzter Kollege Jochen Fuchs nun verstorben ist», hechelte der immer langsamer werdende Achim und tat dabei so, als ob ihm dieser Namenszusammenhang erst jetzt auffiel.

«Das ist es in der Tat», antwortete Ding gereizt.

«Sein Tod muss Sie sehr treffen. Meine Frau hat mir erzählt, dass Sie beide Freunde aus alten Hausbesetzerzeiten in Westberlin waren.»

Sven Dings Miene verdunkelte sich, aber er sagte nichts. Indessen musste Achim sein Lauftempo wieder der Schnelligkeit des Bandes anpassen, war er doch schon gefährlich nahe an dessen Ende geraten.

«Ich habe immer Berichte gesehen», japste er, «... im West-Fernsehen ... Sie haben sich ja ... regelrechte Straßenschlachten ... mit der Polizei ... geliefert.»

«Ich war keiner dieser Schläger mit Schaum vor dem Maul!», erwiderte der Autor harsch.

«Aber ... Jochen Fuchs ... war ... so einer?»

«Ich rede nicht schlecht über Verstorbene», sagte Ding, schaltete sein Laufband aus und nahm, sichtlich aufgewühlt, seine Sporttasche.

Die Reaktion konnte nur eines bedeuten: Jochen Fuchs war damals in Gewalt gegen die Polizei verwickelt. Hatte das in irgendeiner Form etwas mit dem Mord an ihm zu tun? Es gab keinen offensichtlichen Zusammenhang. Aber was hatte Angela beim Fall des toten Friedhofsgärtners im letzten Jahr festgestellt? Morde haben ihre Wurzeln immer in der Vergangenheit!

Bei der Erinnerung an den damaligen Mörder, den Angela so attraktiv gefunden hatte, verspürte Achim einen Hauch von längst für überwunden geglaubter Eifersucht. Er blieb stehen, sauste nach hinten und fiel rücklings vom Band.

52

Marie hatte die Kabine mit ihrem Kleinen schon lange wieder verlassen, um an Deck über Angelas Vorschlag nachzudenken. In Angelas Manuskript schlurften indessen die bis auf die Knochen durchnässten Ermittlerinnen Agatha und Dorothy durch das nächtliche Kairo. Dabei waren sich die Damen des Detection Clubs einig, dass Mordermittlungen einen auf eine ganz andere Weise in Stress versetzten als das Verfassen von Romanen. Nicht ganz so einig waren sie sich, welche der Tätigkeiten die aufreibendere war. Dorothy verglich das Romanschreiben damit, Zähne gezogen zu bekommen. Agatha entgegnete, dass sie am Schreibtisch seltener von Fremden mit einer Pistole beschossen wurde. Sie räumte allerdings ein, dass Buchkritiker durchaus die gleichen Verletzungsabsichten besaßen wie Gewalttäter. Angela dachte beim Niederschreiben der Worte, dass dies auch auf die Hauptstadtjournalisten zutraf. Schon wieder galt: Schreibe über das, was du kennst.

Es wurde an die Tür geklopft. Nicht so heftig wie zuvor von Marie, sondern auf geziemt nachdrückliche Weise. Gewiss war es Mike. Hoffentlich hatte er Sophie Sellering im Schlepptau.

Angela ging zur Tür, öffnete sie, und in der Tat standen dort der Personenschützer mit der jungen Frau, während die beiden Matrosen weiterhin darauf achteten, dass sie die Kabine nicht verließ. Sie verhielten sich dabei genauso diszipliniert wie die Wachen vor dem Buckingham

Palace. Bei Angelas und Achims erstem gemeinsamen London-Trip, direkt nach dem Fall der Mauer, hatte Puffel versucht, einen der wachhabenden Soldaten zu einer Regung zu bewegen, indem er vor ihm *Über sieben Brücken musst du gehen* von *Karat* gesungen und dazu Luftgitarre gespielt hatte. Anschließend bearbeitete er das imaginäre Instrument zu *Alt wie ein Baum* von den *Puhdys* und schließlich zu *Ein himmelblauer Trabant* von Sonja Schmidt. Der Wachsoldat rührte sich kein bisschen, dafür sammelte Angela von den immer zahlreicher werdenden Zuschauern Geld mit einer leeren Büchse *Pulmoll* ein. Insgesamt kamen 6 Pfund und 82 Pence zusammen. Von denen kauften sich die Frischverliebten Fish und Chips, deren Frittierfett ihre Mägen auch noch am darauffolgenden Tag rumoren ließ.

«Sie wollten mich sprechen?», fragte Sophie Sellering.

«Das wollte ich», bestätigte Angela und sagte zu Mike: «Danke, Mike, Sie können uns allein lassen.»

Mike nickte knapp. Dabei erkannte Angela den Schmerz in seinen Augen und hätte auch ihn gerne, wie vor einer halben Stunde noch Marie, an sich gedrückt. Aber das wäre für eine Dienstherrin gegenüber einem Untergebenen ganz und gar unangemessen gewesen. Schon in ihrer Amtszeit hatte sie darunter gelitten, dass sie Beamte des Kanzleramts, die sie aus tiefstem Herzen mochte, nicht umarmen durfte. Dafür musste sie viele mächtige Männer, die sie nicht ausstehen konnte, an sich drücken. Nun hoffte Angela inständig, dass Marie und Mike ihre Probleme in den Griff bekommen würden und er sie bald zum Altar führen würde. Nach dem Ja-Wort würde sie ihn dann – Dienstherrin hin, Dienstherrin her – umarmen und so schnell nicht wieder loslassen.

Mike verabschiedete sich mit einem weiteren kurzen Nicken und ging davon, allerdings nicht ohne die Matrosen böse anzufunkeln, was diese jedoch genauso wenig interessierte wie einst der Luftgitarrenhüftschwung von Achim die Buckingham-Palace-Wachen. Angela verschloss die Tür.

Sellering fragte: «Macht es Ihnen gar nichts aus, hier drin gefangen zu sein?»

«Ich kann es nicht ausstehen. Aber ich werde mich schon im richtigen Moment befreien.» Angela meinte es ernst: Wenn der Kapitän den Arrest nicht aufhob, würde sie ausbrechen. Schließlich wollte sie den Täter stellen, bevor das Schiff morgen Vormittag wieder in Kiel anlegte.

«Bitte nehmen Sie Platz», bot Angela ihr den Stuhl an und klappte dabei noch schnell ihr Manuskript zu. Sie wollte nicht, dass Sellering, oder sonst irgendjemand, ihre Schreibversuche sah, obwohl sie im Moment recht stolz darauf war.

Stolz?

Ja, sie war wirklich stolz auf das, was sie bisher zu Papier gebracht hatte, geradezu glücklich. Anscheinend gab es beim Schreiben nur zwei Zustände: Verzweiflung oder Glückseligkeit.

«Frau Merkel?», sagte Sophie Sellering.

«Ja?»

«Verzeihen Sie mir, wenn ich das sage: Aber anstatt mit mir zu reden, starren Sie ins Leere.»

«Oh ja, oh ja», riss sich Angela zusammen und setzte sich gegenüber der jungen Frau aufs Bett.

«Machen Sie sich etwa Gedanken wegen all den Social-Media-Posts?»

«Welchen Posts?»

«Ähem, ich dachte, Sie wüssten davon.»

«Ich wüsste wovon?»

«Dass das halbe Internet denkt, Sie wären für Verbrechen in Ihrer Amtszeit festgenommen worden.»

Angela schloss die Augen, als hätte sie eine Migräne: Es gab wohl nichts Idiotischeres als die Schwarm-Dummheit. Sie öffnete die Lider wieder und sagte: «Wenigstens ist es nur die Hälfte des Internets.»

«Na ja …», verzog Sellering unangenehm berührt das Gesicht.

«Wie ‹Na ja›?»

Sellering mochte offensichtlich nicht weiterreden.

«Muss man Ihnen alles aus der Nase ziehen?», fragte Angela freundlich, aber bestimmt.

«Die andere Hälfte denkt, Sie sind eine Verrückte, die Kommissar Hannemann schon seit Jahren bei seinen Ermittlungen behindert, weil Sie mit Ihrem Bedeutungsverlust nicht klarkommen.»

Wie würde Hannemann das alles noch ausschlachten? Die Vorstellung, dass er nach der Ankunft in Kiel genüsslich grinsend den Journalisten alle möglichen Lügenmärchen auftischen würde, die er gestern Abend schon den Passagieren erzählt hatte, ließ Angelas Blutdruck steigen. Der einzige Trost war, dass sowohl die Medien als auch das Internet das Gedächtnis einer Erbse besaßen. Kaum war eine Sau durchs Dorf getrieben, war sie schon wieder vergessen. Und in den seltensten Fällen wirklich geschlachtet.

«Tut mir leid», sagte Sellering, «ich hätte Ihnen das vielleicht nicht erzählen sollen.»

«Besser, ich höre es von Ihnen als von Hannemann», lächelte Angela.

«Das stimmt wohl», lächelte Sellering zurück.

«Kommen wir also zum Wesentlichen.»

Sellering richtete sich auf.

«Florian Watzek hat die Bücher, die Sie eben verkauft haben, nicht signiert.»

Sellering sah schuldbewusst zu Boden.

«Sie haben es aber auch nicht getan.»

Nun war die junge Frau irritiert.

«Kein Mensch hat sie signiert.»

Jetzt gar erschrocken.

«Sie haben dafür einen Apparat benutzt.»

Und schlussendlich ertappt.

«Jenen kleinen Apparat mit dem Greifarm, den Sie in Ihrer Kabine aufbewahrten.»

«Bitte, bitte, bitte verraten Sie seinen Fans nichts von dem Apparat.»

«Keine Sorge», antwortete Angela, und die junge Frau entspannte sich ein wenig, «mir geht es um etwas völlig anderes.»

«Und um was genau?»

«Ich habe den antiken Signierapparat gesehen, als ich nach der Seenotrettungsübung in Ihrer Kabine war.»

«Sie waren in meiner Kabine?», staunte Sellering.

«Jetzt müssen Sie mir verzeihen», bat Angela, wartete aber eine Antwort nicht ab, es sollte ja bei diesem Gespräch nicht um ihre manchmal Grenzen überschreitende Neugier gehen. «Ich nehme an, dass der Apparat auch heute Morgen in Ihrer Kabine stand.»

«Sonst hätte ich ihn ja nicht für die Unterschriften benutzen können.»

«Aber als ich gestern früh mit Ihnen gesprochen habe, war der Apparat nicht da.»

«War er nicht?», staunte Sellering.

«Nein.»

«Wo soll er denn gewesen sein?»

«Beim Mörder.»

«Beim Mörder?»

«Jemand hat ihn genommen, um später am Abend damit Jochen Fuchs' Unterschrift zu fälschen.» Angela sah vor ihrem geistigen Auge, wie eine behandschuhte Mörderhand den Kugelschreiber in den Greifarm des Apparats steckte, der zuvor bereits auf Fuchs' Signatur umprogrammiert worden war. Anschließend nahm die Hand das getippte Geständnis, legte es in den Apparat, ließ es maschinell signieren und drapierte es neben den mit Cyanwasserstoff ermordeten Fuchs. Das Letzte, was Angela von der Hand sah, war, wie sie den Apparat wieder zurück auf die Unterschrift von Watzek einstellte.

«Wer sollte das getan haben?», Sellering konnte es nicht fassen.

«Hat Herr Watzek den Apparat vielleicht von irgendjemandem geschenkt bekommen?», stellte Angela eine Gegenfrage. Als sie mit dem Thriller-Star kurz vor dessen Ermordung an der Guillotine stand, hatte er erwähnt, dass ihm Auftraggeber gerne mal antike Maschinen schenkten, da sie von seiner Sammelleidenschaft wussten.

«Oh mein Gott!» Sellering wurde schlagartig blass.

«Lassen Sie mich raten, er hat ihn von Sven Ding.»

«Der Signaturapparat hat einst dem Krimi-Autor Dashiell Hammett gehört, der die Ermittler Nick und Nora Charles erfand. Und Ding hat ihn Flori anlässlich drei Millionen verkaufter Exemplare von *Das Skalpell* geschenkt», schluckte die junge Frau.

«Als er noch sein Verleger gewesen war.»

«Ja», kam es leise zurück.

«Können Sie sich vorstellen, was Sven Ding gegen Watzek gehabt haben könnte?»

«Da gibt es was, aber das ist schon so lange her …»

«Was denn?»

«Flori hat sich von ihm abgewandt.»

«Abgewandt?»

«Sven Ding hat ihn groß gemacht, aber dann ist Flori für viel Geld zu einem anderen Verlag gewechselt. Die Umsätze von Dings Verlag brachen in dem folgenden Jahr brutal ein, und er wurde von den Eigentümern gefeuert.»

«Und dann wurde er selbst Autor?»

«Nein, erst hat sich Ding als Agent versucht. Er ist von Verlag zu Verlag gelaufen und hat sich für seine Autoren bis an die Grenze der Peinlichkeit bei seinen ehemaligen Verlegerkollegen angebiedert, ohne Erfolg. Er wurde zur Witznummer der Branche.»

«Und für diese Erniedrigung hat er Watzek so sehr gehasst, dass er ihn töten wollte», stellte Angela mehr fest, als dass sie es fragte.

«Aber jetzt geht es ihm doch gut …», Sellering konnte sich anscheinend nicht vorstellen, dass eine so späte Rache für Sven Ding das Motiv war. Angela hingegen wusste, was für ein starker Antrieb dieses Gefühl sein konnte. Hätte sie Friedrich Merz 2002 nicht den Fraktionsvorsitz weggenommen, wäre er nie 2009 aus dem Bundestag ausgetreten und hätte heutzutage keine Ambitionen, deutscher Kanzler zu werden.

«Anscheinend hatte Sven Ding auch etwas gegen Jochen Fuchs», behauptete Angela. Streng genommen wusste sie bisher eigentlich nur, dass der Inselkrimi-Autor eine Abneigung gegen Sven Ding hegte. «Können Sie sich vorstellen, warum?»

«Nein, dazu kann ich nichts sagen», antwortete Sellering. Sie wirkte von den Neuigkeiten sehr aufgewühlt. Die Arme weiter zu befragen, würde nichts bringen. Daher sagte Angela: «Danke für Ihre Zeit. Ruhen Sie sich in Ihrer Kabine ein wenig aus.»

«Ja, ich kann wirklich nicht mehr.» Sellering stand auf, ließ sich von Angela zur Tür geleiten und fragte: «Und was werden Sie jetzt tun? So eingesperrt in Ihrer Kabine?» Angela überlegte: Sie konnte nur abwarten, bis Achim mit weiteren Ergebnissen wiederkehren würde, und dabei Tee trinken. Oder besser noch, ganz im Stile des UN-Generalsekretärs, ausnahmsweise mal ein Gläschen Portwein. So antwortete sie: «Den Zimmerservice anrufen.»

53

Achim lag auf dem Boden und sah zu dem Laufband, das auch sehr gut ohne ihn weiterrollte. Er blickte sich um: Die Watzis übten sich nach kurzem Schreck in genervtem Augenrollen und wandten sich dann wieder ihren Geräten zu. Sven Ding fingerte an seiner Sporttasche, als sein Handy klingelte. Ding ging ran, und Achim konnte hören, wie er zu einer Person am anderen Ende der Leitung sagte: «Ja, du hast meine Mail richtig gelesen, wir müssen das Erscheinungsdatum verschieben … Hannes, ich weiß, dass dich das in Planungsschwierigkeiten bringt, schließlich war ich auch mal Verleger … Aber jetzt muss ich neu nachdenken, wie ich über Jockel schreibe … Ich melde mich!»

Er beendete das Telefonat und verließ aufgewühlt das Gym. Achim dachte nach, was das alles wohl zu bedeuten hatte: Der Mann fühlte sich ganz offensichtlich Jochen Fuchs immer noch sehr verbunden, sonst hätte er keine Schwierigkeiten damit, den Roman weiterzuschreiben. Waren sie in Westberliner Zeiten mehr als Freunde gewesen? Ein Liebespaar womöglich? Zwischen dem etwas vorgefallen war, das bis heute nachwirkte? Wie damals bei dem Mord auf dem Friedhof? Wo der Mörder den Tod seiner ersten Frau nie verwunden und dennoch Angela schöne Augen gemacht hatte? Und sie sogar mit ihm Händchen gehalten hatte?

Der Gedanke daran tat Achim viel mehr weh, als er es hätte tun dürfen. Er war doch ein rationaler Wissenschaftler, der stets die Fakten zur

Grundlage nahm. Und Fakt war, dass seine Puffeline sich für ihn entschieden hatte, noch bevor sie wusste, dass der Nebenbuhler ein Mörder war. Der noch bedeutendere Fakt war, dass sie beide sich liebten. Ein Leben lang! Hingegen sollte es kein Fakt sein, dass ihn der bloße Gedanke an Angelas Fremdschwärmerei … wie lautete noch das neumodische Wort … diggerte … gniggerte … ah ja, triggerte. Es war aber ein Fakt. Leider. Und eine Erinnerung, dass tatsächlich alle Morde ihren Ursprung in der Vergangenheit zu haben schienen. Und wohl eben auch in der Liebe.

54

Jochen Fuchs hat sich also an Straßenschlachten beteiligt.» Angela ging mit ihrem Portweinglas in der Hand im Kreis und noch mal Punkt für Punkt durch, was sie gerade von Achim erfahren hatte. Dabei musste sie in rhythmischen Abständen einen großen Schritt über Pupsi machen, der auf dem Boden einem Stoffpantoffel durch Reinbeißen und Schütteln zeigte, wer hier der Herr in der Kabine war.

«Das scheint so», bestätigte Achim, den seit seiner Rückkehr noch irgendetwas anderes zu beschäftigen schien, denn er vermied den Blickkontakt mit ihr. Das tat er normalerweise nur, wenn er etwas angestellt hatte, wie zum Beispiel bei seinem großen ‹Ich habe versucht, den Abfluss der Spülmaschine zu reparieren›-Malheur. Oder wenn er zornig auf sie war, wie bei ihrem noch größeren ‹Ich befürchte, ich habe mich auf dein *Digedags*-Heft Nummer eins gesetzt›-Missgeschick. Angela fragte nicht nach, was ihn beschäftigte, sie wusste, dass er ihr genauso wenig lange böse sein konnte wie sie ihm. Außerdem befand sie sich in einem von Portwein befeuerten Kombinierrausch: «Und er sprach dir gegenüber von ‹Schlägern mit Schaum vor dem Mund›, als es um die Demonstranten in Westberlin ging?»

«Ja.»

«Und zu diesen Schlägern zählte er auch Fuchs?»

«Das klang für mich so.»

«Und jetzt schafft es Ding nicht, das Buch rechtzeitig abzugeben.»

«Ja.»

«Und du glaubst wirklich, er und Fuchs waren einst in Westberliner Zeiten ein Paar?»

«Ja.»

«Ich glaube, es geht um etwas ganz anderes.»

«Und um was?»

«Hole mal bitte Mike», sagte Angela, anstatt auf seine Frage zu antworten.

«Wieso?»

«Ich möchte Sven Ding einen Besuch abstatten.»

«Wie willst du denn an den Matrosen vorbeikommen?»

«Das lass mal meine Sorge sein», antwortete Angela. Sie wusste, dass Achim ihren Plan für verrückt halten würde. Sie hielt ihn ja selbst für verrückt. Aber in ihrer Fantasie gingen Agatha und Dorothy ebenfalls große Risiken ein. So plante Angela gerade ein Kapitel, in dem die beiden Damen des Detection Clubs die Sphinx hochkletterten, um nach Spuren des als Mumie verkleideten Mörders zu suchen. Warum sollte das echte Leben nicht von ihrer Fantasie inspiriert werden?

«Dann geh ich Mike holen», hakte Achim zu ihrer Überraschung nicht nach.

«Hast du etwas?»

«Wie kommst du denn darauf?», fragte Achim sichtlich ertappt.

«Du verhältst dich so.»

«Nun …», hob Achim an, redete aber nicht weiter.

«Du?», lächelte Angela ihn aufmunternd an.

«Dieser Fall erinnert mich an unseren letzten.»

«Weil Morde ihren Ursprung in der Vergangenheit haben?», teilte Angela diesen Part seiner Theorie, auch wenn sie nicht daran glaubte, dass Fuchs und Ding einmal ein Paar waren.

«Ja.»

«Wegen noch etwas?»

«Es ist so …», Achim hielt inne.

«Es ist wie?»

«Ach, es ist albern», winkte Achim ab und ging zur Kabinentür.

«Du kannst es mir ruhig sagen, Puffel», Angela beunruhigte sein Verhalten. Achim hielt inne, sah sie mit einem Male sehr traurig an und sagte: «Ich komm darüber hinweg.»

«Worüber kommst du hinweg?»

«Egal», lächelte Achim und öffnete die Tür.

«Egal? Egal?», sagte Angela. «Wenn du etwas hast, dann ist das nicht e…»

Die Tür fiel ins Schloss.

«…gal», beendete Angela den Satz niedergeschlagen. Sie überlegte, was wohl Achim an dem Gespräch mit Sven Ding und der Erinnerung an den Mord auf dem Friedhof so bedrückt hatte. Obwohl sie als Detektivin schnell zu kombinieren wusste, war Angela als Ehefrau manchmal schwer von Begriff, besonders wenn ihr Hirn mit anderen Problemen beschäftigt war wie zum Beispiel EU-Intrigen, NATO-Intrigen, Partei-Intrigen oder wie jetzt mit dem Lösen eines Mordfalles.

Angela goss sich noch ein Glas Portwein ein – für die Umsetzung ihres waghalsigen Plans musste sie sich noch etwas Mut antrinken. Sie ging zur Balkontür und öffnete sie. Der kühle Ostseewind wehte ihr entgegen. Sie überlegte sich, ob sie über den grünen Blazer eine Jacke ziehen sollte, warf sich aber lediglich einen kleinen blauen Schal um den Hals, schließlich würde sie nicht lange auf dem Balkon verweilen. Und auch nicht lange auf jenem Balkon, auf den sie klettern wollte, um anschließend durch die Nachbarkabine zu fliehen.

Hätte es zu diesem Plan eine Alternative gegeben, hätte sie die verfolgt. Aber es gab keine. Der Kapitän würde ihre neue Theorie von Sven Dings Schuld nicht glauben und gemeinsam mit Hannemann alles dafür tun, dass sie ihr auf keinen Fall nachgehen konnte. Es kam auch nicht infrage, Mike oder Achim in den Fluchtplan einzuweihen, deswegen hatte sie ihren Puffel zu dem Bodyguard geschickt. Die beiden würden sie für verrückt erklären und sich selbst als Wachen vor der Balkontür positionieren, Mike vielleicht sogar seine Kündigungsdrohung wahrmachen. Dabei war es doch nicht allzu gefährlich, auf den benachbarten Balkon zu klettern. Die beiden Geländer hatten nur wenig Abstand zueinander, sie müsste sich also schon richtig Mühe geben, ins Wasser zu fallen. Außerdem war sie in ihrem Leben schon über breitere und gefährlichere Abgründe gestiegen, zum Beispiel bei ihren Wanderungen im Thüringer Wald. Gut, da war sie zwanzig Jahre alt gewesen und eine echte Kraxel-Liese, die ihren von den Studienfreunden verpassten Spitznamen ‹Bergziege› nur wenig schmeichelhaft fand. Aber sie fühlte sich in diesem Augenblick fast genauso agil wie einst, was zugegebenermaßen auch an den drei Gläsern Portwein lag, die sie intus hatte.

Angela atmete tief ein und aus, sagte sich in Gedanken ‹Jetzt oder nie›, betrat den Balkon, packte mit beiden Händen das Geländer, stieg mit dem rechten Bein darüber und stellte ihren Fuß auf dem kleinen Balkonvorsprung ab. Danach folgte das linke Bein. Anschließend griff sie mit der linken Hand über auf das Geländer des Nachbarbalkons und tat das Gleiche mit der rechten. Mit den Füßen stand sie also sicher auf dem kleinen Vorsprung ihres Kabinenbalkons, und ihre Hände hielten sich ebenso sicher am gegenüberliegenden Geländer fest. Der Körper hing leicht bäuchlings über dem Wasser. Hach, sie war immer noch die alte Kraxel-Liese von damals!

Angela sah kurz hinab und stellte fest, dass der Abstand zwischen den Balkonen etwas größer war als gedacht. Sie bekam jedoch keine Angst. Im Gegenteil. Der Wind wehte ihr von der Seite gegen das Gesicht und ließ sie gemeinsam mit dem Adrenalin, das in ihr hochstieg, und dem Portwein, der sie von innen wärmte, geradezu euphorisch werden: Von einem solchen Abenteuer wie diesem hier würde gewiss auch ihr Roman profitieren: Schreibe über das, was du kennst!

Angela musste bei diesem Gedanken sogar leise kichern: Die mutigen alten Damen, die in ihrer Fantasie lebten, waren zu ihren Vorbildern geworden. Es könnte also auch heißen: Lebe das, worüber du schreibst!

Mit ihrem linken Bein machte Angela einen großen Schritt zum Vorsprung des Nachbarbalkons, dabei flatterte der Schal im Wind. Nach kurzem Verharren im Spreizschritt zog sie ihr rechtes Bein hinterher. Doch just in dem Moment, als Angela auch den zweiten Fuß auf dem Vorsprung aufsetzen wollte, wurde die Tür zum Nachbarbalkon aufgerissen. Sie erschrak so sehr, dass sie das Gleichgewicht verlor: Der eine Fuß rutschte ab, der andere verlor dadurch ebenfalls seinen Halt. Mit ausgestreckten Armen hing sie nun am Geländer. Sie dachte daran, wie sie Mikes Warnungen zu Beginn der Reise, sie könne in Lebensgefahr geraten, abgeschmettert hatte, worauf er nur ‹Berühmte letzte Worte› erwiderte. Sie verfluchte sich für diese und weitere Fehleinschätzungen, die sie bei ihrer Planung geleitet hatten: 1) Dass sie beim Klettern so nervenstark sein würde wie einst als junge Bergziege. 2) Dass sie wie der UN-Generalsekretär zur Beruhigung von Ängsten Portwein zu sich genommen hatte. Und 3) Dass sie nicht ins Meer fallen konnte, weil der Abstand zwischen den Balkonen zu klein war. Sie konnte! Und wie sie konnte! Und sie würde es auch tun, wenn sie es nicht schaffte, sich zumindest so weit hochzuziehen, dass ihre Füße wieder Halt auf dem Vorsprung fanden.

Doch egal, wie verzweifelt Angela es auch versuchte, sie schaffte es nicht. Ihre Beine strampelten in der Luft. Hoch über dem Meer! Ihre Arme begannen zu schmerzen. Ihr linker Daumen glitt bereits vom Geländer ab. Sie brauchte Hilfe! Sofort! Und die konnte nur von der Person stammen, die auf den Balkon getreten war. Natürlich hatte Angela sich vor der ganzen Fluchtaktion ausgemalt, wen sie in der Kabine möglicherweise aufschreckte. Dabei hatte sie gehofft, dass es sich nicht um einen älteren Passagier handeln würde, der durch ihr plötzliches Auftauchen womöglich einen Herzinfarkt erlitte. Oder ein Paar beim Sex aufschreckte. Oder gar Doktor Radszinski unterbrach, bei was auch immer eine Pathologin so in ihrer Freizeit machte. Jetzt aber hoffte sie auf die kräftigen Arme dieser Frau. Und sie verfluchte sich auch noch dafür, dass sie auch nur für einen kurzen Moment gedacht hatte, ‹Lebe das, worüber du schreibst› wäre eine gute Richtlinie für Autoren. Es gab einen Grund dafür, warum die meisten von ihnen Stubenhocker waren. Die, die aufregend gelebt hatten, waren allesamt nicht ganz schussecht gewesen. Man denke nur an Hemingway, Kerouac oder heutzutage an Stuckrad-Barre. Karl May hingegen war zeit seines Lebens zu Hause geblieben und hatte sich niemals für eine Blutsbrüderschaft eine Ader aufgeschlitzt. Und Shakespeare hatte Dänemark nie besucht und dennoch *Hamlet* geschrieben. Es sei denn, Shakespeares Meisterwerke waren nicht von Shakespeare selbst verfasst worden, sondern von Emilia Bassano, der dunkelhäutigen Jüdin mit den venezianischen Eltern, die sehr wohl das in *Hamlet* beschriebene Schloss besucht hatte und die viele Experten, auch Angela selbst, für die wahre Autorin hielten. Ebenso tat dies Aramis, der Friedhofsmörder, in den sie sich ein wenig verguckt hatte, weil er so kultiviert war …

Schlagartig begriff Angela, was Achim bewegte: Er verspürte noch Eifersucht! Und wenn sie jetzt in den Tod fiel, würde sie ihrem Puffel dieses Gefühl nicht mehr nehmen können! Sie schrie: «Achim!», weil sie sich in diesem Moment der Todesnähe nach ihm sehnte und nach niemand anderem sonst. Er antwortete nicht. Dafür aber die Person auf dem Balkon, an dessen Geländer Angela nun um ihr Leben hing. Die fragte erstaunt: «Frau Merkel?» Und bei dieser Person handelte es sich um Sven Ding.

55

Selbst den Antrag machen, selbst den Antrag machen›, dachte Marie, während sie den Buggy, in dem ihr kleiner Sohn Adrian selig schlummerte, durch den Gang zu ihrer Kabine schob. Angela hatte immer die merkwürdigsten Ideen, wie man ein Leben führen sollte. Gut, wäre sie ein normaler Mensch mit normalen Gedankengängen gewesen, wäre sie ja auch nie in die Politik gegangen. Aber wie sollte das überhaupt aussehen, einem Mann wie Mike einen Antrag zu machen?

Marie öffnete die Kabine, hob den Buggy leicht vorne an, um ihn über die Schwelle zu schieben, und trat mit ihm ein. Sie wollte sich gerade umdrehen, um die Kabinentür hinter sich zu schließen, da sah sie Mike auf dem Bett liegen. Er blickte sie an. Mit Schmerz in den Augen. Wenn sie an einen Gott geglaubt hätte, hätte sie gedacht: ‹Mein Gott, ich habe ihm wehgetan.› Aber wie sollte man an Gott glauben, wenn einem die Eltern so früh genommen wurden? So dachte Marie nur: ‹Meine Güte, ich habe ihm wehgetan, was bin ich nur für eine fiese Kuh.›

Mike stand auf, ging zum Buggy und betrachtete den schlafenden Adrian. Dabei lächelte er ein wenig. Er mochte den Jungen sehr, liebte ihn. Marie sah ebenfalls zu ihrem Sohn, auch um den Blickkontakt mit Mike zu meiden. Falls der Kleine jemals, wie sie einst, zur Waise werden sollte, würden Angela und Achim für ihn da sein. Aber auch Mike. Vor allen Dingen Mike! Selbst wenn sie sich schon lange getrennt hätten, würde er sich um den Jungen kümmern.

Sie durfte diesen wunderbaren Mann nicht vertreiben!

Sich nicht mehr von ihrer Angst beherrschen lassen!

Und überhaupt: Diese verdammte Angst sollte sich endlich mal aus ihrem Leben heraushalten!

«Mike?»

«Marie?» Er sah zu ihr. Der Schmerz in seinem Blick war kaum zu ertragen.

«Magst du …»

«Mag ich was?»

«Mir den Ring noch mal zeigen?»

«Den Ring?», staunte Mike.

«Den Ring.»

Viel zu verblüfft, um weiter nachzufragen, nahm er die Schachtel aus seiner Jacketttasche.

«Darf ich die Schachtel nehmen?»

«Sie war immer für dich gedacht», antwortete Mike leise und gab sie ihr. Marie öffnete sie, betrachtete den funkelnden Ring und malte sich aus, wie sie ihrer Angst, die in ihren Gedanken aussah wie Cruella de Vil aus *101 Dalmatiner*, den Stinkefinger zeigte. Für ihren Sohn. Für Mike. Für sich. Sie nahm den Ring aus der Schachtel und kniete sich vor Mike auf ein Bein.

«Was … machst du da?», fragte er.

«Dreimal darfst du raten», lächelte Marie und staunte dabei, wie gut es gegen die Angst half, selbst zu handeln.

«Du willst mir einen Antrag machen.»

«Auf Anhieb richtig geraten», lächelte Marie noch mehr.

«Das ist ein Frauenring», stellte der völlig verwirrte Mike fest.

«Ein anderer ist leider nicht da.»

Mike sagte nichts, schien mit der Situation völlig überfordert zu sein.

«Mike», wurde Marie nun ernst, «willst du mich heiraten?» Sie selbst wollte es in diesem Augenblick. Sie hatte es, das wurde ihr jetzt bewusst, schon immer gewollt.

Mikes Kinnlade fiel herunter.

Aber er sagte immer noch nichts.

«Es wäre nun ein prima Augenblick für eine Antwort», schmunzelte Marie leicht verunsichert.

Mike schwieg.

In Maries Gedanken nahm die Angst in Gestalt von Cruella de Vil ihre Hand hoch …

«So», stammelte Mike, «habe ich mir das alles nicht vorgestellt …»

… und zeigte nun ihrerseits Marie den Stinkefinger. Die Angst erfasste sie wieder: Wollte er sie etwa gar nicht mehr heiraten, sich gar von ihr trennen, weil sie seinen Antrag abgelehnt hatte? Ihr Verstand, der vor ihrem geistigen Auge die Gestalt von Elsa aus *Die Eiskönigin* annahm, konnte nicht glauben, dass Mike das tun würde. Aber Cruella war so viel stärker als Elsa, geradezu übermächtig, sodass Marie zu zittern begann.

«Marie, ich will so …», Mike musste schlucken, bevor er den Satz beenden konnte.

Maries Atem stockte.

Mike schluckte noch mal.

Und Achim rief: «Mike, Angela möchte Sie sehen.»

Beide sahen zu ihm, wie er durch die von Marie offen gelassene Tür in die Kabine trat.

«Ich komme», sagte Mike pflichtbewusst, drehte sich um und ging. Sie stand auf, sah ihm hinterher, wie er mit Achim die Kabine verließ, geradezu flüchtete, legte den Ring wieder in die Schachtel, diese wiederum auf den Nachttisch, sich selbst auf das Bett, das nach Mike roch, und begann zu weinen. So sehr, dass nicht mal Cruella de Vil sich darüber freuen mochte.

56

Helfen Sie mir!», flehte Angela verzweifelt. Sven Ding trug noch seine gelben Sportklamotten mit dem blauen Stirnband und beugte sich über das Geländer. Ihre Beine baumelten immer wilder über dem Abgrund, ihre Arme erlahmten, und sie malte sich bereits aus, wie sie gleich fiel und ins Wasser stürzte und es nur noch die Frage sein würde, ob sie ertrank, gegen den Schiffsrumpf stieß oder, Gott bewahre, in die Schiffsschraube geriet.

«Ich soll Ihnen helfen?», rief der Autor über den Wind.

«Ja!»

«Obwohl Sie mich für einen Mörder halten?»

Er wusste das?

Meine Güte, er wusste das?

Würde er sie jetzt fallen lassen?

In seine Kabine zurückkehren und später so tun, als ob er von ihrem Sturz nichts mitbekommen hätte und sich somit all seiner Probleme entledigen?

«Das ist nicht gerade schmeichelhaft», sagte Ding.

Sollte sie ihn nun anbetteln, sie zu retten?

Nein!

Ihr ganzes Leben lang hatte sie sich nicht gegenüber Männern erniedrigt, da würde sie auch kurz vor dem Tod nicht damit anfangen.

Angelas linke Hand glitt langsam ab. Gleich würde sie völlig den Halt verlieren, ihre Kräfte verließen sie. Sie schloss die Augen. Die letzten Sekunden ihres Lebens wollte sie an Achim denken.

«Schauen Sie mich an!», rief Ding.

Sie hörte nicht auf ihn. Der Kerl sollte nicht das Letzte sein, was sie sah.

«Kommen Sie schon!»

Ihre linke Hand löste sich vom Geländer.

«Sie müssen mir schon helfen, Sie zu retten!»

Er wollte sie retten?

Angela öffnete schlagartig die Augen. Ding packte erst ihre vom Geländer abgleitende Hand, anschließend den ganzen Arm und zog sie mit aller Kraft hoch, dabei fiel ihr blauer Schal ins Meer.

«Stellen Sie Ihre Füße auf den Vorsprung!», rief Ding.

Angela versuchte, ein Bein hochzuheben und den Vorsprung zu erreichen, doch sie schaffte es nicht. Der Autor beugte sich weit über das Geländer, sodass er ihr unter die Arme greifen konnte, und hievte sie hoch, bis sie mit ihren Füßen tatsächlich Halt auf dem Vorsprung fand und mit vom Wind zerzaustem Haar dem schwitzenden Mann genau gegenüberstand. Er keuchte: «Schwingen Sie Ihre Beine über das Geländer, ich halte Sie fest!»

Für einen Augenblick fragte Angela sich, ob Ding die Gelegenheit nutzen würde, um sie ins Meer zu stoßen. Aber dann hätte er sie auch gleich abstürzen lassen können und sich nicht die ganze Mühe machen müssen, ihr hochzuhelfen. Es sei denn natürlich, er empfand eine perverse Lust daran, selbst zu morden, anstatt nur zuzuschauen. Und ein Mörder, der Watzek geköpft und Jochen Fuchs mit Cyanwasserstoff vergiftet hatte, verspürte ganz gewiss eine solche Lust.

«Ich schaffe das schon selbst», keuchte sie.

«Gut», antwortete Ding, blieb jedoch am Geländer stehen und wischte sich den Schweiß von der Stirn.

«Gehen Sie bitte zur Seite. Sonst trete ich Sie noch», keuchte Angela nur die halbe Wahrheit. Ihre Angst, von ihm geschubst zu werden, behielt sie lieber für sich.

«Ja, ja …», antwortete Ding. Er war völlig außer Atem. Oder war das nur gespielt, um sie in Sicherheit zu wiegen?

Angela hatte keine andere Wahl, als das Risiko einzugehen. Sie schwang das rechte Bein über das Geländer. Dann zog sie das linke Bein hoch und hoffte dabei, dass sie nicht erneut im letzten Moment den Halt verlieren würde.

Auf dem Nachbarbalkon bellte Pupsi.

Ding zuckte vor Schreck zusammen.

Angela war es jedoch gewohnt, dass der Hund nach ihr bellte, wenn er mal wieder die Ansicht vertrat, es wäre Zeit für einen Snack oder dass ihm jemand den Bauch kraulte. Sie stand jetzt mit beiden Füßen auf Sven Dings Balkon, ließ das Geländer los und freute sich, wieder auf festem Grund zu stehen, auch wenn ihre Beine noch zitterten. Nachdem sie ein paarmal tief durchgeatmet hatte, sah sie zu Sven Ding. Er stand genau zwischen ihr und der Balkontür. An ihm vorbeizuhuschen und durch die Kabine zu fliehen würde also kein leichtes Unterfangen sein. Als er erneut einen Schritt auf sie zutrat, versperrte er ihr damit nicht nur den Weg, sondern versetzte sich in die Lage, Angela rücklings über die Brüstung zu schubsen. Sein erschöpftes Gesicht verfinsterte sich bedrohlich: «So, und jetzt unterhalten wir uns mal über Ihre Mordtheorie.»

57

Sie haben uns durch die Kabinenwand belauscht?», fragte Angela, um Zeit zu gewinnen, während sich auf dem Balkon nebenan Pupsi heiser bellte.

«Ich habe gehört, wie mein Name gefallen ist. Daraufhin habe ich ein Wasserglas genommen, es an die Wand gedrückt und mein Ohr drangehalten, so konnte ich dem ganzen Gespräch folgen.»

«Wie in einem Kinderfilm?», musste Angela in Erinnerung an DEFA-Streifen ihrer Kindheit wie *Sheriff Teddy* oder *Geheimnis der 17* trotz allem lächeln.

«Ja», lächelte Ding kein bisschen: «Wie kommen Sie dazu, mir solche Taten vorzuwerfen?»

Angela war klar, dass sie der Frage nicht ausweichen konnte. Aber vielleicht schaffte sie es wenigstens, den Ort zu verlagern, an dem sie sie beantworten müsste: «Wollen wir nicht in die Kabine gehen? Da windet es nicht so sehr, und wir hören den Hund auch nicht mehr.»

«Nein», antwortete Ding, «das wollen wir nicht.»

«Bei einem Schlückchen Wein lässt es sich doch viel besser reden», versuchte Angela den Liebhaber edler Tropfen zu locken. Sie selbst mochte eigentlich kein weiteres Glas Alkohol mehr zu sich nehmen und nahm sich vor, falls sie das hier überleben sollte, zumindest dem Portwein für immer abzuschwören.

«Ich will endlich Antworten!»

Angela dachte nun an eine sowohl militärische als auch politische Lebensregel, die sie das erste Mal beherzigt hatte, als sie von Helmut Kohls schwarzen Parteikassen erfahren hatte und ihr klar wurde, dass sie, wenn sie Kohl nicht öffentlich anprangerte, mit in den Abgrund gerissen würde. Die Regel lautete: Wenn es keinen Ausweg gibt, hilft nur die Flucht nach vorn! Sie würde Sven Ding mit ihrer Theorie konfrontieren und hoffen, dass er gestand, denn ihr fehlte noch ein Puzzleteil, um ihn auch ohne ein Geständnis zu überführen. Ernst sagte sie: «Dann bekommen Sie jetzt Antworten.»

«Gut!»

«Mein Mann denkt, dass Sie und Jochen Fuchs einst ein Paar waren.»

«Hah!», lachte der Autor auf.

«Aber Sie waren nur Freunde. Beste Freunde.»

Sven Ding nickte, bei der Erinnerung schien sein Zorn einer Wehmut zu weichen.

«Jedenfalls waren Sie es so lange, bis Fuchs sich in den Straßenschlachten in Westberlin beteiligte.»

Jetzt wurde er gar bedrückt.

«Ich nehme an, eines Tages ist er zu weit gegangen.»

Ding schwieg.

«‹Ein Schläger mit Schaum vor dem Mund›», zitierte ihn Angela.

«Jockel kam», sagte Ding so leise, dass es über das Gekläffe von Pupsi kaum hörbar war, «in der Nacht des ersten Mais 1983 in unser besetztes Haus, blutüberströmt, völlig verstört. Er hat …», Ding konnte nicht weiterreden.

«… einen Polizisten erschlagen?»

«Der Mann war nicht tot, aber er verlor ein Auge und war fortan gehbehindert.»

Angela ging bei dieser Erzählung ein Licht auf: «Wie der Detektiv in seinen Romanen?»

«Wie der Detektiv in seinen Romanen», bestätigte Ding.

Schreibe über das, was du kennst – nie klang es so bitter wie jetzt.

«Der Polizist hat nie erfahren», sprach Ding weiter, «dass Jochen es war.»

«Fuchs und Sie haben das Geheimnis immer für sich behalten.»

«Das haben wir.»

«Und es hat Sie beide ein Leben lang belastet.»

Ding nickte schwermütig.

«Sie zogen nach München, machten Karriere im *Schiffer*-Verlag und wurden sogar Anfang des Jahrtausends dessen Verleger. In Berlin wurden die besetzten Häuser legalisiert, Jochen Fuchs zu einem Vermieter, und er begann, Krimis über einen ehemaligen Polizisten zu schreiben, um seine Schuld zu verarbeiten.»

«Er spendete seine Einnahmen aus den Krimis für den Bund deutscher Polizeiveteranen. Gelebt hat er von seinen Häusern.»

«Aber Sie verloren irgendwann Ihren Verlegerposten wegen Watzek.»

«Vor genau zehn Jahren.»

«Und wurden anschließend zum Gespött der gesamten Branche, weil Sie als Agent keinen Erfolg hatten.»

Dings Miene versteinerte.

«Sie hatten mit dieser Demütigung also ein Motiv, Watzek zu töten.»

«Sie sind ja irre …»

«Sie hatten auch eins», unterbrach Angela seinen Protest, «Jochen Fuchs zu töten.»

«Völlig irre!», Ding trat noch einen Schritt auf sie zu. Wollte er sie jetzt ins Meer werfen? Egal, hatte man einmal die Flucht nach vorne angetreten, gab es kein Zurück mehr: «Jochen Fuchs hat Ihnen gedroht, Sie umzubringen, wenn Sie in Ihrem autobiografischen Roman über die Westberliner Hausbesetzerszene seine Taten erwähnen.»

«Wie … wie kommen Sie denn darauf?»

«Ich wurde Zeuge, wie er zu Ihnen auf Deck gesagt: ‹Denk an meine Worte, sonst wirst du es bereuen›, und er Ihnen mit dem Ellenbogen in die Seite gestoßen hat.»

Ding stiegen Tränen in die Augen, Angela nahm das als Bestätigung ihrer These und legte nach: «Jetzt aber können Sie, wie Sie Ihrem Verleger gesagt haben, anders über ihn schreiben. Freier.»

«Ich kann endlich das Schweigen über meine Mitschuld, weil ich ihn gedeckt habe, brechen», bestätigte der Autor leise.

«Deswegen, aber in erster Linie vor lauter Angst, dass Fuchs Ihnen etwas antun wird, haben Sie ihn mit Cyanwasserstoff vergiftet.»

«Jochen wurde mit Blausäure getötet?», Ding rieb sich die Tränen aus den Augen. Er schien aufrichtig überrascht zu sein.

«Blausäure?», verstand Angela nicht so recht.

«Cyanwasserstoff ist doch Blausäure. Das ist doch bekannt.»

«Blausäure …», wiederholte Angela langsam das Wort und ließ es sich dabei auf der Zunge zergehen, «… Blausäure …», immer wieder, «… Blausäure …», bis sie etwas begriff, das alles, was sie bisher über den Fall gedacht hatte, auf den Kopf stellte!

58

Achim ging mit Mike an den Wachen vorbei, ohne sie eines Blickes zu würdigen, und öffnete die Kabinentür. Er rang mit sich: Es war nicht richtig, eifersüchtig zu sein. Nicht nur hatte Angela sich damals für ihn entschieden, sie waren sich seitdem sogar noch näher gekommen. Er hatte begonnen, sich für Angelas Steckenpferd Shakespeare zu interessieren. Gemeinsam diskutierten sie nun, ob dessen Werke in Wahrheit von Emilia Bassano oder, wie Achim vermutete, vom Earl of Oxford verfasst worden waren. Sie hatten sich sogar gegenseitig vor dem Schlafengehen aus dem Roman *Hamnet* vorgelesen, in dem es um William Shakespeares Sohn ging. Im Gegenzug teilte Angela mittlerweile seine Passion für *Scrabble*, das sie, wie so ziemlich alles im Leben, meisterhaft beherrschte, da sie aus der Politik unglaubliche Wortungetüme kannte. So holte sie den *Scrabble*-Rekordpunktwert, als sie den Begriff ‹Rindfleischetikettierungsüberwachungsaufgabenübertragungsgesetz› auf dreifachen Wortwert legte. Und dennoch: Er konnte die so plötzlich aufgetauchte Eifersucht einfach nicht verdrängen. Wegen seiner widerstreitenden Gefühle nahm Achim kaum wahr, dass Mike neben ihm genauso schweigsam war wie er selbst. Erst als sie beide die Kabine betraten und Angela nicht entdeckten, kam Achim wieder zu sich und rief: «Angela, ich habe Mike dabei, wie du es dir gewünscht hast!»

Keine Antwort.

«Vielleicht im Bad?», mutmaße Mike, dessen professioneller Bodyguard-Instinkt ihn aus seinen Gedanken riss.

«Bestimmt», antwortete Achim.

«Mögen Sie nachschauen?», bat Mike nachvollziehbarerweise.

«Selbstverständlich.» Achim ging zur Tür, öffnete sie, aber im Badezimmer brannte kein Licht. Er machte den Lichtschalter an und stellte fest: «Hier ist sie nicht.»

«Auf dem Balkon!», rief Mike plötzlich.

«Balkon?»

«Die Tür ist auf!»

Achim trat aus dem Bad und sah zu Mike, der mittlerweile rausgetreten war und mit einem Anflug von Panik in der Stimme rief: «Hier ist sie auch nicht!»

Achim eilte zu ihm ins Freie. Seine Puffeline war nirgendwo zu sehen. Dafür wimmerte Pupsi leise und schaute dabei in Richtung des leeren Nachbarbalkons.

«Wo ist sie nur?», wollte Achims Verstand den naheliegendsten Gedanken nicht fassen.

Mike beugte sich über das Geländer und wurde kreidebleich.

«Was ist?», fragte Achim.

Mike antwortete nicht.

«Was ist?», bekam Achim es mit der Angst zu tun.

Statt einer Antwort deutete der Personenschützer nach unten. Dort trieb Angelas blauer Schal im Wasser. Er hatte sich offenbar an einer Niete des Schiffsrumpfes verheddert.

Achim konnte und wollte nicht glauben, dass seine Angela ertrunken war. Er spürte das innere Band, das ihn mit ihr seit jeher verband und von dem er der festen Überzeugung war, dass es nur dann abgeschnitten sein würde, wenn einer der beiden starb. Er rief: «Sie lebt!», und war sich dessen – im Meer treibender Schal hin, im Meer treibender Schal her – dank des gemeinsamen Bandes sicher.

Mike antwortete nicht, rang mit den Tränen.

«Sie lebt!», insistierte Achim, beugte sich zu Pupsi und fragte ihn: «Wo ist Frauchen, wo ist Frauchen?»

Der Mops sprang auf und bellte in Richtung des Nachbarbalkons. Nicht etwa, weil er einen Hinweis geben wollte, sondern weil sich dessen Tür öffnete und …

… Angela heraustrat.

Mike begann vor Freude zu weinen.

Achim zu strahlen.

«Was ist mit euch?», staunte Angela.

«Unser gemeinsames Leben ist zu viel zu schön, um es mit negativen Gedanken zu beschweren!», schwor Achim jeglicher Eifersucht für immer ab.

«Ich weiß zwar nicht, wie du gerade jetzt darauf kommst», lächelte Angela und schien dabei erleichtert zu sein, «aber das ist wunderschön.»

«Und ich», schniefte Mike, «werde Maries Antrag annehmen. Ich Idiot habe es eben nicht getan, weil ich dachte, es wäre nur richtig, wenn ich sie frage. Aber das Leben ist viel zu kurz, um sich darum zu scheren, was männlich ist und was nicht!»

«Ich weiß zwar auch nicht, wie Sie jetzt darauf kommen, aber auch das ist wunderschön!», freute sich Angela und wurde dann wieder ernst. «Aber wir haben einen Fall aufzuklären. Und dafür müsst ihr beide einiges organisieren.»

«Was soll ich tun, Puffeline?»

«Sagt dem Kapitän, dass wir ein Captain's Dinner im kleinen Kreis veranstalten. Anwesend sollen sein: er, Lisa Adler, Sophie Sellering, Detlev Reiter, Dr. Radszinski, Gwendolin Gold und Kommissar Hannemann.»

«Nicht Sven Ding?»

«Den lade ich gleich persönlich ein, der trinkt gerade in seiner Kabine ein Glas Rotwein», deutete Angela hinter sich.

«Du warst bei ihm in der Kabine?»

«Sie sind dafür», begriff Mike entsetzt, «über den Balkon geklettert?»

«Ich musste nun mal bei ihm ermitteln.»

«Und was kam dabei heraus?», fragte Achim.

«Dass der Fall noch nicht gelöst ist. Dazu muss ich vor dem Captain's Dinner noch etwas herausfinden.»

«Der Kapitän wird aber nicht damit einverstanden sein, dass du deine Kabine wieder verlässt», gab Achim zu bedenken.

«Sag ihm, dass nur so ein weiterer Mord zu verhindern ist.»

«An wem?»

«An mir.»

«An dir?»

«An Ihnen?», Mikes inneres Alarmsystem schien auf Defcon 4 zu gehen.

«Weil ich schon fast alles weiß und mir nur noch ein Puzzleteil zur Aufklärung fehlt.»

«Wer will Sie ermorden?»

«Das», lächelte Angela, «werdet ihr alle beim Captain's Dinner erfahren.»

«Puffeline …», wollte Achim gegen ihre Geheimniskrämerei protestieren, aber Mike fiel ihm ins Wort: «Sie müssen mir das jetzt unbedingt sagen, damit ich Sicherheitsvorkehrungen treffen kann!»

«Es reicht, wenn Sie beim Dinner anwesend sind, Marie und Adrian davon fernhalten und wenn alles hier vorbei ist, Marie endlich heiraten.»

Mike nickte geschlagen, wusste er doch, dass er Angela nichts ausreden konnte, was sie sich einmal in den Kanzlerinnendickschädel gesetzt hatte. Sie wandte sich an Achim: «Sag bitte Lisa Adler, dass ich einen speziellen Essenswunsch für das Dinner habe.»

«Was für einen?»

«Sie soll Montafoner Hirschragout mit Rotkohl machen wie ihre

Ermittlerin Raffaela Bologna in ihrem Roman *Torta Nostra.*» Angela erinnerte sich nur zu gut, wie ihr beim Lesen des Buches das Wasser im Munde zusammengelaufen war.

«Puffeline?»

«Ja?»

«Ich liebe dich, aber ich verstehe dich nicht immer.»

Angela lachte herzlich: «Danke, gleichfalls.»

Und Achim dachte sich mitten im Mordermittlungswahnsinn, gegen den der ganze Politikwahnsinn der letzten Jahrzehnte geradezu normal wirkte, etwas, was er schon bei der ersten Begegnung empfand: Es gibt kein schöneres Lachen in der ganzen Welt.

59

Angela hatte eine schlüssige Theorie, wie die Morde begangen wurden, aber noch keine Gewissheit. Sie benötigte dafür Hilfe von Profis, die sich mit kniffeligen Kriminalfällen auskannten. Nun gab es zwar genug davon an Bord, aber die hatte Angela nun mal alle zum speziellen Captain's Dinner bestellen lassen, das in einer halben Stunde beginnen sollte. Achim war ein wundervoller Mr. Watson, aber kein Sherlock Holmes. Mike noch nicht mal ein Harry, der schon mal den Wagen holt, wie jener aus der Fernsehserie *Derrick*, die sie im West-Fernsehen so gerne geschaut hatte und bei der sie sich stets darüber wundern musste, wie schlecht gelaunt und teilweise mörderisch wohlhabende Münchener waren. Und mit Pupsi konnte sie sich zwar wunderbar unterhalten, wenn sie Kummer hatte und keiner davon erfahren sollte, aber seine Antworten bestanden aus lieb gucken, einem durchs Gesicht schlecken und eben pupsen. Manchmal schaffte der Mops auch alles gleichzeitig. Es gab jedoch zwei Personen, die Spitzenexpertinnen in Sachen Mord waren und die nachher nicht mit am Tisch sitzen würden, sondern gerade die Spitze der Sphinx bestiegen: die Damen vom Detection Club. Warum sollte sie nicht mit ihnen reden, damit sie ihr halfen, den letzten und entscheidenden Hinweis zu finden?

Angela machte die Augen zu und …

… fand sich in ihrer eigenen Fantasie wieder, auf der zweiten Stufe der Sphinx. Dort saßen Agatha Christie und Dorothy L. Sayers und verspeisten im Abendlicht mitgebrachte Scones, um sich für die Nacht zu stärken, in der sie den Mumienmörder überführen wollten. Wer dieser Mörder sein sollte, wusste Angela noch nicht, obwohl sie die Schöpferin der Geschichte war. Das unterschied sie von den ganzen Krimi-Profis an Bord, die schon zu Beginn des Schreibens wussten, wer die Tat begangen hatte.

Angela atmete tief durch und fragte die Damen: «Darf ich mich zu Ihnen setzen?»

«Gerne», antwortete Agatha, die von Nahem der Schauspielerin Emma Thompson noch mehr ähnelte als ohnehin schon.

«Tee können Sie haben, die Scones sind allerdings uns vorbehalten», sagte Dorothy, die aus der unmittelbaren Nähe betrachtet geradezu furchteinflößende Ähnlichkeit mit der Schauspielerin Maggie Smith besaß.

«Selbstverständlich», antwortete Angela. Weder erwähnte sie, dass sie als Schöpferin der beiden Dorothy jederzeit dazu hätte bringen können, ihr einen Scone abzugeben. Noch dass sie das englische Gebäck für unerträglich trocken hielt. Als sie vor Jahren zu einem Empfang bei Charles, damals noch ewiger Prinz von Wales, eingeladen war, hätte sie das staubige Zeug ohne Bitten an den Diener, ihr immer wieder Tee nachzuschenken, niemals herunterbekommen. Kein Wunder, dass die Engländer so viel Humor besaßen, an ihrem Essen konnten sie sich ja kaum erquicken.

«Wir haben hier etwas Gefährliches vor», erklärte Agatha, während sie Angela eine Tasse Darjeeling einschüttete. «Sie sollten also gleich gehen.»

«Ich mach es kurz», antwortete Angela, die nicht erwähnen wollte, dass sie wusste, warum die Damen die Sphinx erklimmen wollten. Die beiden hätten ihr sonst unangenehme Fragen gestellt und sich nicht so leicht mit Sätzen wie ‹Ach, das war nur so eine Ahnung von mir› abspeisen lassen. Und dann hätte Angela vermutlich die Wahrheit verraten müssen, dass die beiden ihre Geschöpfe waren, und sie damit in eine existenzielle Krise gestürzt.

«Kurz ist immer gut», fand Dorothy.

«Als Regelschöpfer des Detection Clubs», sagte Angela, «wissen Sie doch, worauf man genau achten sollte.»

«Keine Chinesen!», sagte Agatha.

«Keine Chinesen!», lachte Dorothy.

«Mir geht es um folgende Regel: ‹Alle Spuren, die der Detektiv zur Aufklärung benötigt, müssen auch dem Leser vorgelegt werden.›»

«So schreiben wir unsere Krimis», bestätigte Agatha.

«Aber natürlich», grinste die alte Dame Dorothy, «verstecken wir die Spuren so, dass niemand sie findet.»

«Die Leser», erklärte Agatha, «sollen zwar eine faire Chance bekommen, aber es auch nicht zu leicht haben.»

«Richtig schwer sollen sie es haben!», grinste Dorothy.

«Aber es soll nicht völlig unmöglich für sie sein», besänftigte Agatha.

«Und was sind das für Spuren?», fragte Angela.

«Entweder kleine Rätsel wie Anagramme …», sagte Dorothy.

Angela musste unwillkürlich lächeln.

«… oder Zeitabläufe, die nicht zusammenpassen.»

Wenn Angela mit ihrer Theorie recht hatte, war dies bei den Morden auf dem Schiff nicht der Fall. Jede Person war genau dort gewesen, wo man es bisher auch vermutet hatte.

«Oder es ist eine unscheinbare Kleinigkeit, mit der sich der Mörder verrät.»

«Gerne mal», ergänzte Agatha, «ein Satz, den er nicht hätte sagen sollen.»

«Der aber», grinste Dorothy verschmitzt, «so zwischen anderen Sätzen versteckt ist, dass man ihn beim ersten Lesen des Romans nicht wahrnimmt. Der einem erst beim zweiten Lesen, wenn man die Auflösung des Falls kennt, ins Auge fällt. Geradezu ins Gesicht springt. Mit dem Hintern zuerst.»

«Dorothy!», kicherte Agatha halb empört.

«Ich sag es, wie es ist!», entgegnete die alte Dame.

Angela setzte ihre Teetasse auf der Stufe der Sphinx ab und grübelte: Gab es einen verräterischen Satz, den sie zwar gehört, aber nicht wahrgenommen hatte?

Sie kam auf keinen. Es war verflixt, ihr ganzes politisches Leben war es wichtiger gewesen, genau zuzuhören, was von anderen nicht gesagt wurde, um herauszufinden, was sie wirklich meinten, und nun …

Das war es!

Sie hatte die letzte notwendige Spur gefunden!

Angela sprang von den Stufen auf und sagte zu den beiden Damen: «Manchmal geht es aber auch um das, was nicht gesagt wurde!»

Agatha und Dorothy sahen sie irritiert an. Und waren gleich noch verwirrter, als Angela sich vor ihren Augen in Luft auflöste. Sie verließ die Welt ihrer Romangeschichte und kehrte zurück in die Kabine. Dort schaute sie ihren Mops an und sagte zu ihm etwas, das sie als logisch denkende Frau bisher noch nie zuvor gesagt hatte: «Man sollte sich viel häufiger in seiner eigenen Fantasie verlieren!»

60

Mike klopfte gegen die eigene Kabinentür. Ach was, klopfte … er hämmerte! Marie öffnete ihm mit verheulten Augen. Bei ihrem Anblick fühlte er sich mies. So, so mies. So sehr, wie sich die Menschen, die auf dieser Welt die richtig üblen Schurkereien begingen, sich hätten fühlen müssen, aber es leider nie taten.

«Was willst du?», fragte Marie leise.

«Mich entschuldigen.»

«Entschuldigen?»

«Ja. Ich bin ein Idiot.»

«Dem kann ich nicht widersprechen.»

«Ein großer Idiot.»

«Dem auch nicht.»

«Ein gigantischer.»

Marie sagte nichts mehr.

«Es wäre schön, wenn du mir jetzt doch widersprichst», versuchte Mike es mit einem milden Scherz.

Marie tat es nicht.

«Ein supercalifragilisticexpialigetischer Idiot», benutzte Mike das Lieblingswort von Mary Poppins, die er als Kind so toll fand, vielleicht weil er da schon unterbewusst ahnte, dass er wie sie einen ausgeprägten Beschützerinstinkt besaß.

Jetzt musste Marie trotz allem lächeln und sagte: «Komm rein.»

Er schloss die Tür hinter sich, winkte Adrian zu, der auf dem Boden mit einem *Sesamstraße*-Bert-Stoffpüppchen kuschelte, sicherlich um sich zu trösten, weil seine Mama so traurig war. Der Anblick verstärkte Mikes schlechtes Gewissen. Er wandte sich an Marie und sagte entschlossen: «Ja!»

«Ja?»

«Ja, ich will dich heiraten!»

Nach einem kurzen Moment der freudigen Überraschung antwortete sie überschwänglich: «Und ich dich!»

Mike fiel eine ganze Gerölllawine vom Herzen.

«Versuchen wir es also noch einmal mit den Anträgen», lächelte Marie.

«Den Anträgen?»

«Mit beiden!»

«Ich soll dir noch einen machen?», verstand Mike nicht so ganz.

«Und ich dir!»

«Zählt nicht nur der erste, der von beiden angenommen wird?»

«Wir machen sie gleichzeitig.»

«Gleichzeitig?»

Marie kniete sich vor ihn und sagte: «Jetzt du.»

Endlich begriff Mike. Auch er ging auf die Knie.

«Mike?»

«Marie?»

«Willst du mein Mann werden?»

«Willst du meine Frau werden?»

«Und wie ich das will!», grinste Marie über beide Ohren.

«Und wie ich das will!», sagte Mike ebenfalls und dachte, dies würde der glücklichste Augenblick seines Lebens sein.

Doch da umarmte Marie ihn, und er war noch glücklicher.

Adrian kam angetapert.

Und sie umarmten sich zu viert.

Mit Sesamstraßen-Bert.
DAS war der glücklichste Augenblick.

61

Angela merkte zum dritten Mal in ihrem Leben, wie sehr sie es liebte, sämtliche Verdächtige um sich herum zu versammeln. Einen Mörder zu überführen, war für sie der größte Thrill, so viel aufregender als jede politische Verhandlung. Vielleicht sollte sie, statt Romanautorin zu werden, die Mördersuche zu ihrer Haupttätigkeit im Rentenalter machen? In der ganzen Welt Aufträge annehmen wie die Agentin 00-Merkel aus den Romanen von Safier?

Im Speisesaal hatte Angela einen großen runden Tisch aufstellen lassen, an dem alle Geladenen Platz fanden: Sophie Sellering und Detlev Reiter waren ihr gegenüber platziert und hielten Händchen. Dass dadurch auch andere von ihrer Liebe zueinander erfuhren, schien die beiden nicht zu stören. Zur Rechten des Liebespaars saßen Kapitän Clinton und Lisa Adler, die das von ihr zubereitete Montafoner Hirschragout mit Rotkohl bereits hatte auftischen lassen. Der wunderbare intensive Duft des mit Wacholderbeeren und in Rotweinsoße zubereiteten Fleisches stieg aus den Schüsseln heraus in aller Nasen, doch niemand rührte es an.

Im Gegensatz zu Sellering und Reiter hielten Kapitän Clinton und Lisa Adler kein Händchen. Liebe war zwischen den beiden gerade nicht zu spüren. Zwischen der Kulinarik-Autorin und Angela saß Sven Ding, der mittlerweile seine Trainingsklamotten durch Hemd und Hose ausgetauscht hatte. Von den Anschuldigungen, die Angela ihm auf dem

Balkon gemacht hatte, schien er immer noch schwer erschüttert zu sein. Jedenfalls trank er bereits sein drittes Glas Rotwein.

Zu Angelas Rechter war Achim platziert, der ebenso von dem leckeren Essen angetan war wie Mops Pupsi unter dem Tisch zu ihren Füßen. Den Kreis vollendeten die Pathologin Radszinski, die einen Zigarillo rauchte, Hannemann, der auch am Tisch seinen Trenchcoat nicht ablegte und vor lauter Nervosität haufenweise Weißbrot futterte, sowie Gwendolin Gold in ihrem purpurnen Strickkleid, die als Einzige von der ganzen Konstellation amüsiert zu sein schien. Kein Wunder, als Liebhaberin des klassischen Krimis schätzte sie es gewiss, einer solchen Täterüberführung das erste Mal live beiwohnen zu dürfen.

An der Eingangstür zum Speisesaal hielt Mike Wache und beäugte die Anwesenden misstrauisch. Dass er den Ring trug, den er eigentlich Marie hatte anstecken wollen, freute Angela und amüsierte sie zugleich. Die beiden Frischverlobten hatten nur den einen dabei, und Marie hatte Mike davon überzeugt, dass sie ihn abwechselnd tragen würden, bis sie an Land gingen und einen zweiten kaufen konnten.

«Also, wie wollen Sie sich heute lächerlich machen?», brach Hannemann das Schweigen, während er sich das letzte Stück Weißbrot in den Mund stopfte. Dass es nicht Angela war, die sich bei allen bisherigen Mordermittlungen blamiert hatte, sondern er und ihm dies auch heute widerfahren sollte, erwiderte sie nicht. Rache ist ein Gericht, das man einem überheblichen Mann am besten kalt servierte.

«Sie haben mir ausrichten lassen», fand nun auch Kapitän Clinton seine Sprache wieder, «dass Ihr Leben in Gefahr ist. Warum?»

«Eins nach dem anderen», antwortete Angela so, wie sie es gegenüber Krisenstäben, die im Begriff waren, die Nerven zu verlieren, stets getan hatte. «Erst einmal möchte ich die beiden bereits begangenen Morde an Bord aufklären.»

«Die beiden?», fragte Detlev Reiter. «Jochen hat sich doch selbst gerichtet.»

«Das hat er nicht», sagte Angela.

Am Tisch hielten alle für einen kurzen Augenblick den Atem an, außer Radszinski, die entspannt ihren Zigarillo schmauchte, und Achim, der schon wusste, dass Fuchs ermordet worden war, und mit der Hand ein wenig von dem Duft des köstlichen Rotkohls in seine Richtung wedelte. Hannemann fand als Erster und mit vollem Mund die Sprache wieder: «Sie sind ja völlig durchgedreht.» Dabei fielen ihm Weißbrotkrümel aus dem Mund in sein Bierglas.

«Ich werde Ihnen das alles erklären.»

«Das will ich doch schwer hoffen!», versuchte Clinton Kapitänsautorität auszustrahlen.

«Gehen wir die Ereignisse chronologisch durch und bringen damit alle hier im Raum auf den gleichen Stand meiner Ermittlungen.»

«Bitte», hauchte Sophie Sellering mehr, als dass sie es sagte.

«Florian Watzek wurde enthauptet.»

«Das ist uns auch aufgefallen», ätzte Hannemann.

«Seine Guillotine war manipuliert worden», redete Angela unbeirrt weiter.

«Von Jochen Fuchs», hielt Hannemann an seiner These fest.

«Er gehörte zur Gruppe derjenigen, die dazu Gelegenheit hatten», gestand Angela zu. «Bis auf Gwendolin Gold hatten alle die Gelegenheit, der Kapitän inbegriffen.»

«Na, hören Sie mal!», empörte sich Clinton.

«Man konnte sich», redete Angela unbeirrt weiter, «nur während der Seenotrettungsübung Zugang zur Guillotine verschaffen. Und bei der Übung waren alle bis auf Frau Gold abwesend.»

Lisa Adler rückte noch ein wenig mehr von Clinton ab. Sven Ding starrte auf sein Weinglas. Sellering und Reiter hielten sich nun verkrampft an den Händen fest. Radszinski nahm genüsslich einen tiefen Zug von ihrem Zigarillo, und Hannemann zeigte schon jetzt erste Anzeichen von Überforderung.

«Nur Sophie Sellering», redete Angela weiter, «hatte dauerhaft Zugang zu der Vorrichtung.»

Die junge Frau wurde bleich. Aber nicht so bleich wie Detlev Reiter, der sich um seine große Liebe zu sorgen begann. Und schon gar nicht so bleich wie beide zusammen, als Angela weitersprach: «Für mich war sie deshalb zeitweise auch die Hauptverdächtige.»

«Bis Jochen Fuchs die Tat gestanden hat?», fragte Reiter.

«Nein, bis Sophie Sellering mit mir im Kühllager eingeschlossen wurde.»

«Sie sind im Kühllager eingeschlossen worden?», fragte Kapitän Clinton entsetzt.

«Das sind wir.»

«Warum weiß ich das nicht?»

«Weil Sie ganz offensichtlich ein Kapitän sind, der nicht alles mitbekommt, was auf seinem Schiff passiert.»

Clintons Kopf lief rot an, aus einer Mischung von Scham und Zorn.

«Mit uns waren noch mein Personenschützer und Detlev Reiter in dem eisigen Raum. Also dachte ich nach dem Schließen der Tür, dass auch Herr Reiter nicht der Mörder sein könne.»

«Dachte? Wieso sagen Sie ‹dachte›?», wurde der Autor der Historienkrimis kreidebleich.

«Weil ich mich wieder daran erinnerte, dass mein Mann mich darauf hinwies, dass Sie beide für diese lebensgefährliche Situation verantwortlich sein könnten.»

«Warum sollten wir so etwas tun und dabei auch noch unser Leben riskieren?»

«Um davon abzulenken, dass Sie beide zusammen Florian Watzek umgebracht haben.»

Während Achim durchaus erstaunt, aber noch mehr erfreut darüber war, dass Angela eine seiner Theorien präsentierte, verließ Reiters Gesicht auch noch das letzte Blut. Entsetzt keuchte er: «Wir?»

«Sie haben es nicht ertragen können, wie schlecht Watzek Ihre große Liebe behandelt hatte. Außerdem hat er dafür gesorgt, dass aus Ihren Romanen eine der schlechtesten Serien seit *Knight Rider* gemacht worden ist.»

«Sie kennen *Knight Rider*?», staunte Radszinski.

«Welcher ehemalige DDR-Bürger kennt David Hasselhoff nicht?», lächelte Angela.

«*I have been looking for freedom …*», stimmte Achim an.

«Puffel?»

«Ja, Puffeline?»

«Was habe ich dir übers Singen gesagt?»

«Nicht in der Öffentlichkeit?»

«Nicht in der Öffentlichkeit.»

«Ihre Kosenamen sind Puffel und Puffeline?», grinste Radszinski.

«Lassen Sie uns uns auf das Wesentliche konzentrieren», wandte sich Angela wieder Detlev Reiter und Sophie Sellering zu.

«Ich finde das schon wesentlich», grinste Radszinski noch mehr, «wenn die Deutschen das gewusst hätten, hätten Sie bei den Bundestagswahlen entweder zehn Prozent weniger bekommen, weil man Sie nicht ernst genommen hätte, oder zehn Prozent mehr, weil Sie menschlicher erschienen wären.»

Angela ignorierte die Pathologin, wie alle Wahlkampfstrategen, denen sie in ihrer langen politischen Laufbahn begegnet war und die ihr vorgeschlagen hatten, mehr Privates preiszugeben. Sie fixierte Reiter mit festem Blick: «Sie und Ihre neue Freundin hatten genug Gründe, Watzek zu ermorden.»

«Darf ich etwas sagen?», mischte sich Gwendolin Gold ein.

«Gerne», gestand Angela es ihr zu, sie hatte gehofft, dass die kluge Autorin bei dem Essen ihre Gedanken mitteilen würde.

«In den klassischen Romanen des *Detection Clubs* sind es nie die Liebenden, die den Mord begehen.»

«Ich weiß», lächelte Angela, «Agatha und Dorothy haben halt tief im Inneren ein romantisches Herz.»

«Sie nennen die beiden beim Vornamen?», grinste Gold.

«Ich kenn sie mittlerweile ganz gut», grinste Angela.

«Was reden Sie da die ganze Zeit für einen Müll?», unterbrach Hannemann, der die Manieren eines durchschnittlichen AfD-Parlamentariers offenbarte.

«Wie», Detlev Reiter rang nach Luft, «sollten wir aus 30 Meter Entfernung die Tür zum Kühllager verschlossen haben?»

«Mit einer Fernbedienung.»

«Mit einer Fernbedienung?» Reiter konnte es kaum fassen.

«Ich sag doch, völlig durchgedreht», rollte Hannemann mit den Augen.

«Mit der», machte Angela unbeirrt weiter, «hätten Sie im letzten Moment die Tür wieder öffnen können, wären gerettet gewesen, aber niemand hätte Sie noch jemals für den Mörder gehalten, weil Sie doch vermeintlich selbst in Gefahr geraten waren.»

Angela betrachtete sich Sophie Sellering, die am ganzen Leibe zitterte, und Detlev Reiter, der so sensibel auf die Anschuldigungen reagierte, dass man glauben konnte, er würde gleich in Ohnmacht fallen. Angela hatte Mitgefühl mit den beiden Liebenden und beschloss, sie vom Haken zu lassen: «Natürlich ist das völlig absurd. Und deswegen habe ich die Theorie meines Ehemannes auch schlussendlich verworfen.»

Reiter und Sellering atmeten auf, und Achim zuckte lächelnd mit den Schultern: «Manchmal liegt auch ein Quantenchemiker daneben.»

«Was zum Geier ist ein Quantenchemiker?», fragte Hannemann.

«Ein Quantenchemiker wendet auf chemische Problemstellungen die Quantenmechanik an», antwortete Achim.

«Na, jetzt bin ich schlauer», seufzte der immer mehr überforderte Hannemann und nahm einen großen Schluck seines Brotkrümelbiers.

«Wenn es nicht die beiden Turteltauben waren», fragte Radszinski, «wer dann?»

«Jockel hat Flori ermordet, das wissen wir doch alle», meldete sich Lisa Adler das erste Mal an diesem Abend zu Wort. Gereizt. Mit scharfem Unterton. Angela freute sich darüber, wollte sie doch ohnehin gerade zum Essen überleiten: «Ich freue mich sehr, Frau Adler, dass Sie für uns dieses wunderbare Montafoner Hirschragout angerichtet haben. Ich finde, wir sollten jetzt alle diese Köstlichkeit essen, bevor sie kalt wird.»

«Endlich», sagte Hannemann, «sagt sie mal was Vernünftiges!»

Sellering, die aufgehört hatte zu zittern, und Reiter, dem langsam wieder Farbe ins Gesicht stieg, nahmen sich jeweils einen kleinen Schlag. Clinton, Lisa Adler und Sven Ding schon etwas mehr. Gwendolin Gold, Achim und Angela eine normale Portion, Hannemann schlug richtig zu, und Radszinski steckte sich erst mal einen weiteren Zigarillo an. Dass andere den Rauch als unangenehm empfinden könnten, kam ihr anscheinend nicht in den Sinn. Gewiss lag es daran, dass Radszinskis Sozialkontakte fast ausnahmslos aus Leichen bestanden.

«Frau Adler», wandte sich Angela an die Autorin der kulinarischen Krimis, «Sie wundern sich sicherlich, warum ich mir ausgerechnet dieses Gericht gewünscht habe.»

«Bisher habe ich das nicht getan», gab Adler zurück. «Aber schön, ich beiße an: Warum haben Sie dieses Gericht ausgewählt?»

«Sie können mir doch garantiert sagen, wie Rotkohl in Süddeutschland, Österreich und der deutschsprachigen Schweiz genannt wird.»

«Blaukraut.»

«Exakt.»

«Ihres ist übrigens ausgezeichnet!»

Die anderen Anwesenden bestätigten das mit zustimmendem Gemurmel oder Nicken und im Falle von Hannemann mit lautem Schmatzen.

«Danke», lächelte Adler geschmeichelt und wirkte für einen Moment nicht wie eine Mordverdächtige.

«Blaukraut bleibt Blaukraut, und Brautkleid bleibt Brautkleid», sagte Angela, «das habe ich vor meinen Reden immer schnell zehnmal hintereinander zum Aufwärmen gesagt.»

«Aber das muss ich jetzt hoffentlich nicht tun?», fragte Adler und führte dabei selbst ihr leckeres Ragout mit der Gabel zum Mund.

«Nein. Blaukraut enthält leichte Spuren von Blausäure», erläuterte Angela den Anwesenden.

«Wollen Sie hier mit uns Lebensmittelkunde machen?», fragte Kapitän Clinton.

«Nein, Giftkunde.»

«Giftkunde?»

«Giftkunde», bestätigte Angela. «Frau Radszinski, würden Sie bitte erklären, wie der Rotkohl im Zusammenhang mit dem Tod von Jochen Fuchs steht?»

«Er starb an Cyanwasserstoff. Und Cyanwasserstoff ist nichts anderes als Blausäure.»

«Dann hat er sich», mampfte und grinste Hannemann, «mit Rotkohl umgebracht?»

«Er wurde umgebracht. Aber nicht mit Rotkohl, sondern mit konzentrierter Blausäure», korrigierte Angela.

«Wollen Sie jetzt etwa», schwante dem Kapitän Übles, «Lisa und mich beschuldigen? So wie Sie es eben mit den anderen beiden», er deutete auf Reiter und Sellering, «getan haben?»

«Nein, nur Frau Adler.»

«Ich lasse Sie gleich wieder in Ihre Kabine sperren!», schnauzte der Kapitän, während seine Frau ihre Gabel auf den Teller mehr knallte als legte.

«Bitte lassen Sie mich ausreden», erwiderte Angela. «Sie erinnern sich doch daran, dass die Krankenschwester dachte, ich hätte Läuse?»

«Auf meinem Schiff gibt es keine Läuse!», vergaß der Kapitän für einen Augenblick, dass Angela seine Ehefrau in der Mangel hatte.

«Ich dachte das auch nur, weil ich im Medizinschrank des Kühllagers eine Ampulle gefunden hatte.»

«Sie waren auch noch am Medizinschrank?», vergaß der Kapitän für einen weiteren Augenblick, dass Angela seine Lisa beschuldigte. Die Autorin vergaß es jedoch nicht und fragte: «Und was war das genau für eine Ampulle?»

«Eine, auf deren Etikett das Wort Urbaläuse stand.»

«Urbaläuse?», fragte Adler.

«Bei dem Wort handelt es sich um ein Anagramm.»

«Was für eine Anna?», fragte Hannemann, dem einiges an Soße auf seine Krawatte getropft war.

«Wenn man in einem Anagramm die Buchstaben anders anordnet», erklärte Angela, «erhält man ein neues Wort. Man findet sie oft in klassischen Krimis als Beweisstück.»

«Wie ich Anagramme liebe!», strahlte Gold nun. Es war offensichtlich eine Mörderüberführung ganz nach ihrem Geschmack.

«Ich weiß», lächelte Angela die Autorin an.

«Für was steht dieses Anagramm?», fragte Sven Ding, der die ganze Zeit bisher geschwiegen hatte.

«Wenn man die Buchstaben umstellt, ergibt Urbaläuse …»

«Sauberlia!», rief Hannemann stolz, dass er begriffen hatte, worum es ging.

«Blausäure», korrigierte Angela. «Jemand hat sie an Bord gebracht, im Medizinschrank gekühlt und dann damit Jochen Fuchs ermordet.»

«Jockel hätte sie selbst da reinstellen können», sagte Lisa Adler.

«Dagegen spricht, dass er dann seinen Selbstmord schon geplant haben müsste, bevor er Watzek umbrachte. Aber in dem Abschiedsbrief stand geschrieben, dass ihn die Schuld erst danach übermannte.»

Lisa Adler wusste darauf nichts zu erwidern. Und Angela legte nach: «Außerdem hat er den Brief nicht geschrieben.»

Bei der Offenbarung hörten auch alle anderen auf zu essen, selbst Hannemann, dem der Mund trotz Ragout in ihm offen stand. Es gab schönere Anblicke.

Angela erzählte den staunenden Anwesenden von der Signiermaschine, die einst dem berühmten Krimi-Autor Dashiell Hammett gehört hatte. Außerdem von dem Kugelschreiber, auf dem keine Fingerabdrücke zu finden waren. Der Kugelschreiber war der Beweis dafür, dass jemand, der Handschuhe trug, den Stift in die Maschine gesteckt und sie auf Fuchs' Unterschrift umprogrammiert hatte, um sie auf dem Brief zu fälschen.

Radszinski bestätigte den Ermittlungsvorgang, und niemand rührte mehr sein Hirschragout an.

«Ich brauche noch ein Bier», stöhnte Hannemann. «Am besten ein ganzes Fass.»

«Die Buchbranche wusste», fuhr Angela fort, «dass Sven Ding ihm die Apparatur geschenkt hatte. Jeder, der eine schlechte Meinung von Florian Watzek hatte, würde mutmaßen, dass er sie auch gelegentlich für das Signieren seiner Bücher nutzte und mit an Bord genommen hatte. Und von Ihnen hier am Tisch besitzt jeder eine schlechte Meinung von Watzek.»

«Wie kommen Sie dann darauf», blies Adler ihre sommersprossigen Pausbacken wütend zu einem Heißluftballon auf, «dass ausgerechnet ich die Blausäure verwendet habe?»

«Wer benutzt gerne solche Anagramme?», stellte Angela eine Gegenfrage.

«Täter in klassischen Krimis», antwortete Gold statt Adler.

«Und die werden von Autoren geschrieben.»

«Exakt.»

«Sie, liebe Frau Gold, lieben diese Art Krimi am meisten.»

«Wollen Sie etwa sagen …», stieß Gold aus, nicht erzürnt wie Adler, sondern eher verblüfft.

«Nein, Sie können Florian Watzek nicht ermordet haben. Sie hatten nun mal keinen Zugang zur Guillotine», beschwichtigte Angela. «Aber Lisa Adler hatte ihn während der Übung. Und auch ihre Krimis sind eher klassisch in ihrer Konstruktion.»

Lisa Adler lief vor Zorn rot an.

«Sie geben Ihren Geschichten zwar einen herrlichen kulinarischen Anstrich, aber Ihre Ermittlerin Raffaela Bologna löst ansonsten ihre Fälle im Stil einer Miss Marple. Und Sie haben wegen Watzek all Ihr Geld verloren. Er war es, der Ihnen und Ihrem Mann geraten hatte, die Ersparnisse in die Produktion der Flop-Serie zu stecken.»

«Meine finanziellen Schwierigkeiten sind nur vorübergehend», zischte Lisa Adler.

«Weil Sie jetzt jede Menge Krimi-Kreuzfahrten zu Luxuspreisen anbieten können dank der Publicity durch die Morde!»

«Wollen Sie etwa», erregte sich der Kapitän, «andeuten, dass meine Frau zwei Menschen getötet hat, damit wir Reisen anbieten können?»

«Das könnte eine Erklärung sein. Aber Sven Ding hatte ebenfalls Motive, die beiden Morde zu begehen.»

Alle Augen richteten sich auf den Autor der Provencekrimis, der sich am liebsten in sein Rotweinglas verkrochen hätte. Angela berichtete davon, wie Watzek die Karriere von Sven Ding zerstört hatte, und davon, dass Jochen Fuchs ihm gedroht hatte, sollte er das düstere Geheimnis aus der Westberliner Hausbesetzervergangenheit verraten. Ersteres war den Autoren am Tisch schon bekannt, Letzteres wusste keiner außer Angela und Sven Ding selbst. Jetzt war er es, der zitterte. So sehr, dass das Rotweinglas in seiner Hand ein wenig überschwappte.

«Ich habe von Herrn Ding kein Alibi für die Zeit der Rettungsübung gehört. Nur von Jochen Fuchs, dass er angeblich mit ihm zu der Zeit geredet hatte. Darauf komme ich gleich noch zurück. Lisa Adler hingegen war bei ihrem Ehemann.»

«Der … der …», haspelte Sven Ding und verschüttete noch mehr Rotwein auf die Tischdecke, «könnte doch mit ihr unter einer Decke stecken!»

«Ja, sicherlich kann man nicht ausschließen, dass er Lisa Adler deckt.»

«Spannen Sie uns nicht länger auf die Folter», sagte Radszinski. «Sagen Sie schon, wer von den beiden es war: Adler oder Ding?»

Alle Augen richteten sich auf Angela. Man hätte die sprichwörtliche Nadel auf den Boden fallen hören, wenn Pupsi nicht gerade seinem Namen knatternd alle Ehre gemacht hätte. Aber auch den daraus resultierenden Geruch nahm vor lauter Spannung niemand wahr. Angela antwortete seelenruhig: «Keiner von beiden hat Watzek getötet.»

«Keiner von beiden?», Hannemann konnte es nicht fassen.

«Keiner von beiden», bestätigte Angela.

Ding, Adler und Kapitän Clinton stand die Erleichterung ins Gesicht geschrieben, der Rest war völlig verwirrt. Und Angela legte nach: «Niemand hier im Raum hat Florian Watzek ermordet.»

«Niemand?», fragte Gold neugierig.

«Niemand», bestätigte Angela auch diese Nachfrage.

«Wer war es dann?», wollte Radszinski es genauso wissen wie alle anderen Anwesenden.

Angela fragte sich, ob jemand von ihnen auf den Gedanken kam, es könne eine der Watzis gewesen sein. Aber alle schienen zu verwirrt zu sein, um darauf zu kommen, daher ging sie auf diese von ihr selbst schon längst verworfene Theorie gar nicht erst ein.

«Florian Watzek wurde …», Angela machte eine Kunstpause. Denn bei einer Täterverkündung bereiteten Kunstpausen besonders viel Freude.

«Sagen Sie es endlich!», polterte Hannemann.

«Florian Watzek wurde …», Angela lächelte nun und hoffte, dass sie dabei nicht allzu triumphal wirkte.

«Ich dreh hier gleich durch!», polterte Hannemann noch mehr.

«Das müssen Sie», fand Achim, «nicht extra betonen. Das sieht man.»

Hannemann sah zu Achim und grunzte ihn wütend an: «Grrr.»

«Wie eloquent Sie sein können», lächelte Achim.

Damit Hannemann ihm nicht an den Kragen ging und Mike damit zum Eingreifen zwingen würde, verkündete Angela: «Florian Watzek wurde von Jochen Fuchs ermordet!»

62

Wollen Sie uns verarschen?», brüllte Hannemann, und alle anderen Anwesenden sahen Angela fassungslos an. Sie machte eine beschwichtigende Handbewegung: «Ganz und gar nicht. Jochen Fuchs hat während der Übung die Guillotine manipuliert. Sein Alibi, die Zeit mit Herrn Ding verbracht zu haben, war gelogen. Er ging davon aus, dass Ding, sollte ihn jemand danach befragen, dem nicht widersprechen würde, nachdem er ihm mit dem Tod gedroht hatte.»

«Sie haben uns doch gerade erklärt», sagte Sophie Sellering kaum hörbar, «dass Jochen Fuchs ermordet worden ist.»

«Das wurde er auch.»

«Ich verstehe rein gar nichts mehr», seufzte Reiter.

«Frau Gold, können Sie mir vielleicht weiterhelfen?»

«Ich?», fragte die Autorin.

«Wenn Jochen Fuchs Florian Watzek ermordet hat und er selbst ermordet wurde, worauf lässt das schließen?»

«Darauf, dass Sie sich irren und Jochen sich doch selbst getötet hat.»

«Er soll tatsächlich Watzek umgebracht haben, weil er die Nummer eins der Bestseller-Liste werden wollte?» Angelas Gesichtsausdruck verriet, wie albern sie den Gedanken fand.

«Autoren sind nun mal ehrgeizig», antwortete Gold lapidar.

«Sie also auch?»

«Ich wollte nie die Nummer eins der Liste werden.»

«Nein, aber Sie wollen ausgetüftelte Mordfälle konstruieren.»

«Darum bemühe ich mich sehr», bestätigte Gold.

«Und hier haben wir einen vorliegen. Also können Sie mir vielleicht weiterhelfen?»

«Ich wüsste nicht wie.»

«Nun gut», Angela wandte sich an die Runde, «Jochen Fuchs war der Einzige, der kein Motiv besaß, Florian Watzek zu ermorden.»

«Das mit der Nummer eins», mischte Hannemann sich ein, «stand doch in seinem Abschiedsbrief!» Der Kommissar wollte trotz allem nicht davon ablassen, dass die Erklärung so simpel war.

«Herr Ding», sprach Angela den Autor der Provencekrimis an, «Sie kennen von allen hier am Tisch Jochen Fuchs am längsten und besten. Und nachdem er Ihnen gedroht hat, haben Sie auch keinerlei Interesse daran, ihn irgendwie zu entlasten. Deswegen frage ich Sie jetzt vor allen: Wäre das ein Motiv für ihn gewesen, Watzek zu ermorden?»

«Nie im Leben», sagte der Autor, der erleichtert zu sein schien, nicht mehr in der Schusslinie zu stehen.

«Hätte er ein anderes haben können?»

«Nicht, dass ich wüsste.»

«Und dennoch hat er es getan. Nicht wahr, Frau Gold?»

«Anscheinend.»

«Für Sie.»

«Für mich?»

«Warum sollte er das tun?», fragte Achim.

«Weil die beiden einen Pakt geschlossen haben.»

«Einen Pakt?», staunte Achim.

«Er ermordet für sie Watzek, sie für ihn Sven Ding!»

63

Jetzt hätte man tatsächlich die sprichwörtliche Nadel zu Boden fallen hören können, da Mops Pupsi seinem Namen gerade keine Ehre machte. Wegen der Spannung, die in der Luft lag, war er unter dem Tisch hervorgekommen und hatte seinen Körper in Habacht-Stellung gebracht. Nur Gwendolin Gold schien von Angelas Worten amüsiert zu sein: «Was für eine erstaunliche Theorie.»

«In Ihrem Twitter-Streit mit Watzek hatten Sie geschrieben: ‹Du gehörst genauso brutal umgebracht wie die Opfer in deinen Romanen.›»

«Ja, das habe ich», gestand die Autorin.

«Sie haben ihn für seine Art zu schreiben verachtet.»

«Und wie ich das habe», gestand sie auch dies.

«Sie wissen aber schon, wie sehr er von seinen Lesern geliebt wird?»

Gold verzog verächtlich das Gesicht.

«Und dass er ihnen mit seinen Büchern Freude bereitet?»

Gold schaute noch verächtlicher drein.

«Und dass Menschen Freude zu bereiten in dieser Welt einen großen Wert hat?»

«Es kommt auch darauf an, womit man es tut.»

«Da ist allerdings was dran», musste Angela eingestehen. «Sie haben nach dem Streit Ihren Verlag verloren.»

«Ja, das stand in allen Medien.»

«Und damit auch die Möglichkeit, jemals wieder ein Buch zu veröffentlichen.»

«Kein Verlag wollte mich nach dem Shitstorm, der sich über mich ergoss, noch nehmen.»

«Dafür haben Sie Watzek gehasst.»

«Aus ganzem Herzen», versuchte Gold gar nicht erst zu dementieren.

«Ihre einzige Chance, Ihr Können noch zu beweisen, war das gemeinsame Projekt mit Fuchs.»

«Ganz genau», bestätigte die Autorin.

Angela stand vom Stuhl auf und ging langsam im Kreis um die Anwesenden herum: «Aber dieses Projekt war kein gemeinsam verfasster Roman, wie ich zuerst dachte und jeder andere es auch vermutet hätte. Nein, es war ein Pakt! Den Frau Gold ausgeheckt und ihn dann Jochen Fuchs vorgeschlagen hat.»

Die Autorin sagte dazu nichts.

«Ein Pakt, bei dem Jochen Fuchs für Sie Watzek töten sollte und Sie für ihn Sven Ding.»

Der Autor der Provencekrimis schluckte.

«Sie besitzt ein Motiv für den Mord an Watzek, aber auch ein Alibi. Fuchs hingegen besaß kein Alibi, aber dafür keinen Grund, Watzek zu töten, weswegen auch niemand gegen ihn ermittelt hätte. In der nächsten Stufe des Planes hätte Fuchs für den Mord an Sven Ding, den Gwendolin Gold begehen sollte, ein Alibi gehabt. Für Frau Gold hätte es wiederum keinerlei Motiv für diese Tat gegeben, da zwischen ihr und Sven Ding keinerlei Verbindung bestand. So wäre auch sie nicht ins Visier der Polizei geraten.»

«Der perfekte Mord», staunte Achim.

«Oder besser gesagt: die perfekten Morde!» Angela blieb bei Gold stehen: «In Ihrem zweiten Kurs hatten Sie uns Teilnehmern erzählt, dass der Mörder hochintelligent ist und der ganzen Welt beweisen möchte, dass er allen überlegen ist.»

«Das ist so im klassischen Krimi», bestätigte die Autorin.

«Und Sie wollten der Welt beweisen, dass Sie eine bessere Autorin als Watzek sind.»

Gold widersprach nicht. Sie schmunzelte.

Ihr war klar, worauf Angela hinauswollte.

«Und dass Sie die allerbesten Morde von allen konstruieren können.»

Auch da widersprach sie nicht.

Sie schmunzelte nur noch mehr.

«Und was wäre als Beweis dafür besser als ein perfekter Mord in der echten Welt?»

«Rein gar nichts», lächelte Gold mit einem Male breit. Ihre Augen wirkten dabei so eisig, dass alle am Tisch zu frösteln begannen ... und Pupsi zu winseln.

64

Darf ich etwas anmerken?», fragte der Autor der Provencekrimis, der sein Glas mittlerweile auf der mit Rotwein befleckten Tischdecke abgestellt hatte.

«Gerne», gestand Angela ihm zu.

«Ich lebe. Niemand hat mich ermordet. Also auch nicht Gwendolin, um ihren Teil eines Paktes zu erfüllen.»

«Wollen Sie es», fragte Angela die Beschuldigte, «der Runde erklären?»

«Nein, Sie machen das sehr gut», antwortete Gold so souverän, dass Angela mutmaßte, die Mörderin habe noch ein Ass im Ärmel.

«Gwendolin Gold hatte mit Jochen Fuchs nicht nur einen Mitwissenden, sondern auch jemanden, mit dem sie sich die Lorbeeren für den perfekten Mord hätte teilen müssen. Also baute sie eine weitere Stufe in ihren Plan ein. Eine geradezu geniale Stufe.»

Der Autorin schien das Lob sehr zu gefallen.

«Statt Ding ermordete sie Fuchs. Auch hier wäre nie jemand darauf gekommen, dass sie ein Motiv hatte, ihn zu töten. Wusste doch niemand von ihrem Pakt.»

«Das», platzte Gold fast vor Stolz, «war nicht der einzige Vorteil an diesem Plan.»

«Ganz genau. Wenn jemand ermitteln würde, so wie ich, würde er unweigerlich auf Sven Ding als den Mörder kommen. Beinahe wäre es

Ihnen gelungen, ihm beide Morde in die Schuhe zu schieben. Sie haben also genau das getan, was Sie geantwortet hatten, als eine der Watzek-Fans Sie des Mordes an dem Starautor bezichtigt hatte. Darf ich Sie zitieren?»

«Gerne.»

«Sie sagten: ‹Ich würde nicht nur einen oder zwei Schritte vorausdenken, sondern mit drei doppelten Böden arbeiten, durch die der Detektiv wie durch Falltüren durchkracht›», Angela lächelte anerkennend: «Und wie ich gekracht bin! Beinahe wäre ich sogar ins Meer gefallen.»

«Aber das hat mich wohl kaum verraten.»

«Nein, natürlich nicht. Aber Sie sagten zu der Frau auch: ‹Ich würde nur einen Mord begehen, bei dem mit mindestens einem klassischen Rätsel gespielt wird.› Und das haben Sie bei dem Mord mit Fuchs getan, indem aus ‹Blausäure› ‹Urbaläuse› wurde. Sie lieben Anagramme wirklich.»

«Und Sie lieben Morde so wie ich», stellte die Autorin fest.

«Wir sind zwei Seiten einer Medaille.»

«‹Mörderin und Ermittlerin›», zitierte Gold ihre eigenen Worte aus dem Schreibkurs. «‹Beide sind hochintelligent. Beide wollen der Welt demonstrieren, wie klug sie sind.›»

Angela konnte nicht widersprechen, dass auch sie diese Eitelkeit besaß.

«Die eine ist ein Dämon», vollendete Gold ihr Eigenzitat, «die andere ein Engel.»

«Außer meinem Mann», lächelte Angela, «hat mich noch nie jemand Engel genannt.»

«Aus meiner Warte sind Sie der Dämon», grinste Gold.

«Ich bin Ihr Schatten und Sie meiner», bestätigte Angela.

«Also hat Sie meine Liebe zu Anagrammen auf mich gebracht.»

«Nur darauf, dass Sie Fuchs vergiftet haben. Ihren perfiden Plan mit dem Pakt haben Sie anders verraten.»

«Und wie?»

«Sie haben am Ende Ihrer Vorlesung zu mir gesagt, dass der Täter stets einen Fehler macht.»

«Ja.»

«Und den begeht er aufgrund einer Charakterschwäche, die allein ihm zu eigen ist.»

«Auch das stimmt.»

«So ein Fehler kann zum Beispiel ein einziger Satz sein, den der Mörder unterbewusst ausspricht», wusste Angela von ihrem Gespräch auf der Sphinx mit den Damen des Detection Clubs.

«Ich habe keinen einzigen unbedachten Satz geäußert!», protestierte Gold, in ihrem Stolz gekränkt.

«Ja, das stimmt. Nicht mal ein einziges falsches Wort. Sie wussten nun mal, dass ich ermittele.»

«Das haben Sie wahrgenommen?», staunte Gold.

«Nein, leider habe ich erst jetzt begriffen, dass Sie mich mit dem Antiläusemittel in den Haaren gesehen und dadurch sofort erkannt hatten, dass ich an dem Blausäure-Fläschchen war.»

«So war es», lächelte die Autorin noch souveräner als zuvor. Jetzt war sich Angela sicher, dass sie noch ein Ass im Ärmel hatte.

«Deswegen haben Sie auch versucht, mich zu töten, indem Sie mich ins Kühllager einschlossen. Sie wussten, dass ich dort noch ein zweites Mal hingehe, weil Sie mich und meinen Personenschützer in warmer Kleidung gesehen hatten, als Sie mit Sven Ding aus dem Fahrstuhl traten. Dass auch Sophie Sellering, Detlev Reiter und mein Bodyguard erfrieren würden, nahmen Sie billigend in Kauf.»

«Sie sagen mir lauter Dinge, die ich schon weiß. Aber leider immer noch nicht, was meine Charakterschwäche sein soll.»

«Ihre geradezu pathologische Verehrung der klassischen Autoren», antwortete Angela. «Wegen der haben Sie fair gespielt, wie es die Regeln des von Ihnen so verehrten Detection Clubs besagen.»

«Das muss man auch bei einem perfekten Mord!»

«Und genau mit Ihrem Fair Play haben Sie sich verraten.»

«Wie, wenn ich doch kein einziges falsches Wort gesagt habe?»

«Es kam darauf an, was Sie nicht gesagt haben!»

«Was habe ich denn nicht gesagt?», fragte Gold verblüfft.

«Das Wort ‹Roman›.»

«Roman?»

«Sie haben nie gesagt, dass Sie mit Jochen Fuchs an einem Roman arbeiten. Immer nur, dass es sich um ein Projekt handelt. Hätten Sie in dieser Hinsicht einfach mal geschwindelt, wäre ich Ihnen nie auf die Schliche gekommen.»

Gold lachte: «Das kommt wohl davon, wenn man sich an die Regeln hält.»

«Jetzt interessiert mich nur noch eins», sagte Angela.

«Und was?»

«Was Ihr Ass im Ärmel ist.»

«Es ist kein Ass.»

«Sondern?»

«Das hier!» Gold zog eine kleine Fingerpistole hervor, wie man sie aus alten Detektivgeschichten der 20er- und 30er-Jahre des letzten Jahrhunderts kannte.

Und Angela wandte sich an den Kapitän: «Ich habe doch gesagt, jemand will mich ermorden.»

65

Es war alles ganz genauso wie in den von Angela und Gwendolin Gold verehrten klassischen Krimis: Die Mörderin wollte sich durch eine Kugel an der Detektivin rächen, bevor sie ins Gefängnis abgeführt wurde.

«Die Pistole verstößt gegen die Regeln», tadelte Angela und bemühte sich dabei, möglichst gelassen zu klingen.

«Tut sie das?», fragte Gold.

«Sie wurde in der Geschichte nicht eingeführt. Die dramaturgische Regel von *Tschechows Gewehr* besagt, dass man dies tun muss, sollte sie im letzten Akt des Dramas genutzt werden. Sie müssen die Pistole also weglegen, wenn Sie weiter nach den Regeln spielen wollen.»

«Muss ich nicht», grinste Gold, «Anton Tschechow war kein Mitglied des Detection Clubs. An seine Regel fühle ich mich nicht gebunden.»

«Lassen Sie die Waffe fallen!», rief Mike.

Hannemann tauchte mit einem «Ich bin zu jung zum Sterben» auf den Lippen unter den Tisch. Die Autoren, der Kapitän und Radszinski machten es ihm nach, während Pupsi nicht mehr winselte, sondern knurrte. Achim knurrte sogar noch lauter, er erhob sich von seinem Stuhl und wollte sich schützend vor Angela stellen.

«Bleibt!», bedeutete Angela mit der linken Hand ihrem Mops, nicht Gold zu attackieren, und mit der rechten Achim, sich wieder hinzusetzen. Bei den letzten beiden Mordfällen hatten sie sich schon in Lebensgefahr gebracht, um sie zu retten. Ein weiteres Mal wollte sie das nicht zulassen. Beide gehorchten dankenswerterweise, wenn auch widerwillig.

«Ich lasse die Waffe nicht fallen», sagte Gold seelenruhig.

«Was bringt es Ihnen, wenn Sie mich jetzt töten? Damit beweisen Sie doch nicht Ihre überlegene Intelligenz.»

«Die beweise ich damit, dass Sie mich völlig falsch einschätzen.»

«Tue ich das?»

«Ich bringe nicht Sie um.»

«Wen dann?», fragte Angela irritiert und bekam nun Angst um das Leben ihrer Liebsten.

«Mich!» Gold führte die Pistole an ihre Schläfe. «Und nach meinem Tod werden meine Romane die Bestseller-Listen stürmen, und alle werden endlich sehen, was einen guten Krimi ausmacht!»

«Das hatten Sie geplant, seitdem Sie wussten, dass ich ermittele?», fragte Angela verblüfft.

«Sie haben alle Schritte entschlüsselt, aber mit diesem haben Sie nicht gerechnet», lächelte Gold stolz und wollte den Abzug drücken.

«Als Detektivin habe ich das nicht», gestand Angela.

«Aber?», hielt Gold inne.

«Wenn man Kanzlerin ist, muss man mit allem rechnen.»

«Was soll das heißen?» Es war das erste Mal, dass Gold unsicher wirkte. Bis zu diesem Augenblick war es eine Täterenthüllung nach ihrem Geschmack gewesen.

«Ich habe meinen Bodyguard vor dem Essen gebeten, Ihre Kabine zu durchsuchen und die Munition aus der Pistole zu entfernen.»

«Sie haben was?»

Gold nahm vor lauter Verblüffung die Pistole von ihrer Schläfe, um sie zu überprüfen.

«Mike, jetzt!»

Mike stürmte auf die Mörderin zu, packte sie und drehte ihr den Arm auf den Rücken. Die ganze Aktion dauerte vielleicht zwei Sekunden.

«Du», fragte Achim und tupfte sich dabei mit einer Serviette den Schweiß von der Stirn, «hast gewusst, dass Gold eine Pistole dabeihaben würde?»

«Ehrlich gesagt habe ich gedacht, sie würde es unauffällig mit Blausäure versuchen. Deswegen habe ich mein Ragout auch nicht angerührt.»

«Hast du jetzt von der Pistole gewusst oder nicht?»

«Mike», lächelte Angela den Bodyguard an. «Sagen Sie es ihm.»

«Ich war nie in der Kabine von dieser Frau», sagte Mike, während er die Mörderin vom Tisch zog.

«Du hast geblufft, Puffeline?», staunte Achim.

«Als Kanzlerin spielt man nicht immer fair», grinste Angela.

Und Gwendolin Gold schrie frustriert auf. So laut, dass es von den Wänden des Speisesaals widerhallte.

66

In der Pyramidengruft, an dem leeren Sarkophag von Imhotep, im flackernden Licht der Fackeln hatten Agatha und Dorothy die Verdächtigen um sich herum versammelt: den zerstreuten Professor Augustus Benificus, den distinguierten Archäologen Sir Alexander Wintergard, die verruchte Duchess von York und deren bulligen Butler Jamesir Bensonmum. Gemeinsam hatten die beiden alten Damen ihre Schlussfolgerungen dargelegt, dass Wintergard der Mörder der Expeditionsmitglieder war, obwohl es zuerst den Anschein machte, dass Butler Bensonmum sich als Mumie verkleidet und die Mitglieder von Wintergards Expedition getötet hatte. Ein Mann, dem die Damen des Detection Clubs nachweisen konnten, dass er seinen Lebenslauf gefälscht hatte. Allerdings weil er, so hatten sie in einem zweiten Schritt herausgefunden, seine mehreren Vorstrafen wegen Entblößens auf offener Straße nicht für förderlich bei der Stellensuche hielt.

«Ich wurde im Hafen angeschossen!», protestierte Wintergard. «Wie kann ich da der Täter sein?»

«Ja, Sie wurden angeschossen», bestätigte Agatha.

«Aber Sie haben nur eine Fleischwunde abbekommen», ergänzte Dorothy.

«Weil Sie sich genau in den richtigen Winkel der Schussbahn gestellt haben», vollendete Agatha.

«Soll ich mich etwa selbst aus der Entfernung angeschossen haben?», höhnte der Archäologe.

«Ja, aber auch nein», lächelte Agatha.

«Was soll das denn heißen?»

«Sie haben eine Fernbedienung benutzt.»

«Eine Fernbedienung? Was Besseres fällt Ihnen nicht ein?»

«Nicht uns fällt nichts Besseres ein», korrigierte Dorothy.

«Wem dann?»

«Angela.»

«Wer ist Angela?»

«Die, die unsere Geschichte schreibt.»

Die Expeditionsmitglieder schauten die Detektivinnen an, als ob sie nicht alle Mumien in den Sarkophagen hatten, was in diesem speziellen Fall mit der geraubten von Imhotep auch der Wahrheit entsprach.

«Angela?», rief Agatha mit Blick nach oben zur Decke der Gruft.

‹Spricht Agatha tatsächlich gerade mit mir?›, fragte Angela, die kurz vor Sonnenaufgang an dem kleinen Tischchen ihrer Kabine saß und soeben das Finale ihres Romans in ihr Ringbuch schreiben wollte.

«Ja, wir reden mit dir!», rief auch Dorothy nach oben. «Fällt dir wirklich nichts Besseres ein als eine Fernbedienung?»

Angela hätte so gerne ‹Doch, natürlich› erwidert, aber sie hatte sich schon die halbe Nacht das Hirn zermartert, und nur diese eine Lösung war ihr in den Sinn gekommen.

«Vielleicht solltest du dir lieber eine andere Tätigkeit als Romaneschreiben suchen», schlug Agatha ihr vor.

Angela war selbstverständlich klar, dass ihr eigenes Unterbewusstsein durch die Romanfiguren zu ihr sprach.

«Eine», ergänzte Dorothy, «bei der du richtig gut bist!»

Welche außer Politik, die sie nicht mehr ausüben konnte, sollte das schon sein?

«Detektivin, du Dummie!», lachte Dorothy.

Detektivin?

«Ja, eine professionelle!», lachte nun auch Agatha.

Eine professionelle Detektivin! Daran hatte sie auch schon kurz gedacht, als sie die Verdächtigen im Speisesaal am Tisch versammelt hatte.

«Und jetzt klapp dein Ringbuch zu und lass uns selbst unseren Mordfall lösen, wie wir es für richtig halten», befahl Dorothy.

Wer war schon Angela, dass sie den Damen des Detection Clubs widersprach? Sie klappte den Block wie befohlen zu, schaute aus dem Bullauge in den immer heller werdenden Himmel und begann zu sinnieren: Wenn das Schiff in ein paar Stunden anlegte und die ganze Pressemeute da wäre, um sie zu Hannemanns Verleumdungen zu befragen, würde sie die Wahrheit über die Uckermark-Morde und auch über jene hier an Bord verkünden. Danach, so war sie sicher, würde sie wie Sherlock Holmes und Hercule Poirot von überallher Anfragen und Hilferufe erhalten, und sie könnte zwischen den spannendsten und originellsten Fällen auswählen, die es auf der Welt gab: Statt *Der Hund von Baskerville* vielleicht etwas wie *Der Marder von Flieth-Stegelitz*. Statt *Die Morde des Herrn ABC* womöglich *Die Morde von Monsieur ChatGPT*. Statt *Mord im Orientexpress* etwa *Mord im Easyjet* …

Und während Angela sich ihre große Detektivinkarriere ausmalte …

… hörte sie einen Knall!

67

Er kam vom Balkon.

Dessen Tür offen stand!

Angela sprang auf. Ungeachtet der Gefahr stürmte sie auf den Balkon und sah …

… Achim.

Mit einer entkorkten Flasche Champagner in der Hand und zwei Gläsern auf dem Balkontischchen.

«Hast du mir einen Schreck eingejagt, Puffel!»

«Das tut mir leid, Puffeline.»

«Was machst du da?»

«Ich bin aufgewacht, habe gesehen, wie tief versunken du in deine Schreibarbeiten bist, habe mich angezogen, rausgeschlichen, den Champagner besorgt und bin unbemerkt von dir mit der Flasche auf den Balkon gegangen.» Er schüttete den Champagner in die Gläser.

«Um mit mir anzustoßen?»

«Auf deinen Erfolg.»

Angela lächelte wehmütig: «Erfolge zu feiern haben wir in den letzten Jahrzehnten viel zu oft versäumt.»

«Deswegen müssen wir das in den nächsten gemeinsamen Jahrzehnten umso ausgiebiger tun.» Achim stellte die Flasche auf den Tisch und legte seiner Frau eine Decke um die Schultern, damit sie nicht fror. Er strahlte sie dabei an, und hinter ihm ging die Sonne über dem ruhig dahinplätschernden Meer auf. Der Anblick erfüllte Angela mit einer tiefen Liebe zu ihrem Mann.

Und mit einem Mal wusste sie ganz genau, was zu tun war!

«Puffel?»

«Ja?»

«Ich habe mir überlegt, was ich der Presse nach dem Anlegen des Schiffes sagen werde.»

«Dass Hannemann ein geistiges Quantenloch ist?»

«Nein.»

«Was dann?»

«Ich werde den Journalisten verkünden, dass er auch diesen Fall gelöst hat.»

Achim staunte.

«Andernfalls würde die ganze Welt mich als große Detektivin sehen.»

«Was wäre daran so schlimm?»

«Ich würde mit Anfragen überschwemmt werden, Fälle zu lösen.»

«Würde dir das nicht gefallen?»

«Es wäre sogar wunderbar.»

«Was ist dann das Problem?»

«Dass dann unser unbeobachtetes Leben in Klein-Freudenstadt vorbei wäre.»

Achim überlegte kurz und erwiderte dann: «Ja, das wäre es wohl.»

«Selbst bei der Hochzeit von Mike und Marie würden Paparazzi auftauchen.»

«Und sie damit verderben.»

«Das will ich nicht. Wir beide sind uns seit der Rente noch einmal so viel nähergekommen …»

«Das sind wir», bestätigte Achim aus ganzem Herzen.

«Ich habe sogar gelernt, Scrabble zu lieben wie du.»

«Und ich, deine Verehrung für Shakespeare zu teilen.»

«Ich will dieses private Leben mit dir nicht aufs Spiel setzen.»

«Aber dann wird dir weiterhin eine Aufgabe fehlen», sagte Achim mitfühlend.

Angela widersprach nicht. Sie hatte das Romanschreiben angefangen, um das Loch zu füllen, das die Politik hinterließ, aber Agatha und Dorothy hatten ihr aufgezeigt, dass es nicht das Richtige für sie war. Als professionelle Detektivin würde sie aber auch nicht arbeiten können. So seufzte sie: «Ich werde schon etwas finden.»

Achim schien daran zu zweifeln. Nach kurzem Schweigen sagte er: «Weißt du, was ich dir von Herzen wünsche?»

«Was?»

«Weitere Morde in Klein-Freudenstadt.»

Angela staunte.

«So ganz unter dem Radar der Öffentlichkeit.»

Die Vorstellung war schon schön.

«Den Ermordeten wünsche ich es nicht, aber dir.»

«Mord beim Frisör?», schlug Angela amüsiert vor, ohne auf das moralische Dilemma des Wunsches einzugehen.

«Oder in der Konditorei», lächelte Achim.

«Beim Kirchenfest.»

«Bei der Gartenschau.»

«Beim Tanzkurs», schlug Achim vor.

«Mord bei der Rumba klingt besser.»

«Dann schnappst du dir den berüchtigten Rumba-Mörder!»

Angela lachte.

«Vielleicht spielen sie in dem Tanzkurs auch das Lied aller Quantenchemiker», sagte Achim.

«Quanta manera?», fragte Angela.

«Quanta maneraaaaa», sang Achim zur Bestätigung, und nun lachte Angela laut auf. Er gab ihr ein Glas Champagner und sagte: «Gewiss wird es ein Mord sein, mit dem wir noch gar nicht rechnen.»

Angela sah ihren gütigen Mann an, wie er ihr fröhlich das Glas entgegenstreckte, und antwortete: «Ich liebe dich, Puffel.»

«Ich dich auch, Puffeline.»

Und die beiden stießen im Licht der über dem Meer aufgehenden Sonne mit ihren Champagnergläsern an.

Dank

Ich danke meiner wundervollen Lektorin Ulrike Beck, meinem ebenso wundervollen Freund und Mentor Michael Töteberg und natürlich Oliver «Olf» Kurth für seine fantastischen Illustrationen. Wie sangen schon die *Village People* in Y. M. C. A.? *No man does it all by himself.*

Quellenverzeichnis Songtexte

S. 26: *Lola,* Text: Raymond Douglas Davies
S. 26: *Y.M.C.A.*, Text: Henri Belolo
S. 217: *Life is a Cabaret,* Text: Fred Ebb
S. 291: *Looking for Freedom,* Text: Gary Ian Cowtan